1

소송에서
문제되는
부동산쟁점

이 택 수

박영사

• 서문 •

본 책자는 법률교과서라기보다는 소송에서 실제 다루었던 것을 중심으로 비법률가라도 쉽게 이해할 수 있도록 케이스별로 구성하였습니다.

법원에서 벌어지는 부동산 쟁점의 유형은 무한한 것이 아니고 한정된 쟁점이 수없이 반복되는 양상입니다. 사람들의 살아가는 방식이 어느 곳이나 대동소이 하기 때문이지요.

우리나라의 법원중에서 부동산에 관하여 법적으로 가장 다양하고 특이한 재판이 이루어지는 곳이 춘천지방법원과 의정부지방법원입니다. 왜냐하면 이곳은 6.25 사변 당시 인민군이 몇 번이나 점령했던 지역이라서 등기부등 제반공부가 소실되고 자연히 특이하고 복잡한 부동산 소송이 많았기 때문입니다.

필자는 1980년대부터 춘천에서 주로 부동산, 종중, 조상 땅 찾기, 특별조치법 관련 소송을 다루었고, 자연스레 그쪽 방면에 지식과 경험이 축적되면서 본의 아니게 [부동산전문변호사]로 인식되었습니다.

그동안 일반국민이 부동산법률을 몰라서 느닷없이 눈뜨고 피해를 입는 상황을 자주 경험한 터라, 변호사 말년에 봉사하는 마음으로 그러한 피해를 입지말라고 홍보를 하기 위하여, 2020년 10월부터 부동산전문 채널 유튜브(택수의 투시경)를 시작하게 되었고 그때마다 작성한 원고들을 이와 같이 서적으로 발간하게 되었습니다.

부동산법률은 논리에 빈틈이 없어야 하고 최신 대법원판례까지 공부하여야 해서 끝없이 노력해야 하는 분야입니다.

법은 이론자체가 어려운 것은 어쩔 수 없다 치더라도, 설명만이라도 쉽게 설명해 보려고 노력해 보았습니다.

이 서적을 통하여 여러분이 보다 쉽게 법률상식에 접근할 수 있기를 바라옵니다.

쟁점별로 설명을 하다 보니 같은 내용이 반복되는 경우가 있으나 독자분들이 이해하는 데 도움이 될 것 같아 그대로 두었음을 양지하시기 바랍니다.

2024년 새해를 맞으며
저자 이택수 올림

목차

제9장 　부동산과 공사대금 　　　　　　　　　　　　　　　　　　69

제10장 　매매 　　　　　　　　　　　　　　　　　　　　　　　79

제11장 경매 127

제12장 부동산임대차 143

제13장   종중소송   **171**

제14장　부동산과 가사소송　225

제15장　분묘　235

제**1**장

소송에 임하기 전에 갖추어야 할
마음 자세

소송에 임하기 전에 갖추어야 할 마음 자세

소송에 몰입하여 건강을 잃는 분들이 많다.
재산을 잃는 것은 조금 잃는 것이지만 건강을 잃으면 전부를 잃는 것이다.

1 법률, 나에게 필요한 부분은 알자

법률은 일단 재미가 없고 어렵고 골치 아프다. 그렇다고 법률을 완전히 외면하고 살 것인가? 우리는 원하든 아니든 일거수일투족이 모두 법률의 통제를 받으며 살고 있다. 법률에 따라 행동을 한다고 상을 주거나 칭찬을 받지는 않지만, 법률에 어긋나는 행위를 하면 즉각 제재가 가해진다. 그러므로 법을 외면하고 살 수는 없다.

그렇다고 법률을 공부하자니 너무나 방대하여 도무지 엄두가 나질 않는다.

그러나 이러한 생각을 하는 사람은 욕심이 많은 사람이다. 법률전문가인 변호사도 물론 폭넓은 법률지식을 갖추어야 하지만, 그렇다고 하더라도 변호사가 모든 법률을 모두 해박하게 알 수는 없다. 변호사도 자신의 전문분야가 있게 마련이고 전문분야가 아니면 그 분야를 별도로 공부하지 않는 한, 사실 일반인의 수준과 대동소이하다. 하물며 법률비전문가인 일반인들이야 말할 것도 없다.

그렇다면 해답이 나온다. 누구든지 사회생활을 하면서 어느 특정부분에 치중하게 되고 거기에 필요한 법률관계가 형성되게 마련이다. 그렇다면 법률중에서 나에게 필요한 부분이 있게 마련이고 그 부분만 알면 된다.

나에게 필요한 부분까지도 전혀 공부할 생각이 없는 그런 사람은 없으리라 보고, 만약 그런 사람이 있다면 그 사람은 정상적인 사회생활을 하기가 어렵다고 본다. 그 이유는 필요한 법률을 아는 사람은 그때그때 전개되는 거래에서 장차 자신에게 다가올 위험요소를 사전에 피해 갈 능력이 있고 이는 머지않아 전개될 소송에서 자신의 운명을 좌우할 수도 있기 때문이다.

일반인의 입장에서 아무리 법률적으로 무장이 되어 있더라도 막상 소송이 제기되면 특별한 경우가 아니면 어차피 변호사의 조력을 받아야 한다.

의뢰인이 자신에게 필요한 법률을 얼마만큼 알고 있는지는 담당 변호사와 얼마만큼 협조를 잘 할 수 있는지의 척도가 될 수 있고, 변호사와 협조가 잘되면 그만큼 당사자 본인으로서 승소에 도움이 되는 자료를 변호사에게 충실하게 제공할 수가 있어서 그만큼 승소가능성이 높아질 수 있다.

필자는 변호사로 활동하면서 의뢰인 본인에게 그 사건의 핵심적인 법률적 쟁점을 전부 설명하려고 한다. 그 이유는 의뢰인이 법률적 쟁점을 이해하면 변호사가 예측하지 못한 유리한 자료를 스스로 챙겨오는 경우가 있기 때문이고, 그러한 의뢰인을 만나면 일단 기분이 좋다.

법률, 포기하지 말고 자신에게 필요한 부분은 능력껏 많이 알도록 하자.

2 소송 도중 저세상으로 가시는 분들을 보며 (재산이 목숨만큼 중요한가?)

한창 소송이 진행되는 동안에 소송당사자가 신경을 너무 많이 쓴 나머지 건강을 잃어 세상을 떠나는 일이 생긴다면 여러분 생각은 어떨까?

자신의 품에 안긴 재산은 고이 간직했다가 사랑하는 자식에게 물려주든가 아니면 자신이 원하는 곳에 보람있게 기부하고 싶은 게 모든 사람들의 소망이리라. 필자는 변호사로 활동하던 40년간 소송당사자가 재판이 끝나기도 전에 세상을 떠나는 분을 6명이나 체험했다.

물론 자신의 재산을 빼앗기지 않는 일, 불법으로 빼앗긴 재산을 되찾아오는 일 등 모두 중요한 일들이다.

그런데 그 과정에서 지나치게 몰입을 하고 신경을 많이 써서 정신적으로 이상이 생기고 육체적인 건강마저 잃어, 급기야 사망에까지 이른다면, 이 얼마나 어처구니 없는 일일까?

세상을 보는 관점에 따라서는,

"그까짓 것 없어도 살지. 남에게 무상으로 기부할 수도 있는데, 뭐" 하면 된다.

돈 때문에 재산 때문에 자신의 의도와는 달리 재판 도중에 건강을 잃어 끝없는 한을 품은 채 저세상 사람이 된다면, 그 분 저세상 가서라도 보상받을 길이 있을까? 위 6명 중에는 돌아가신 후에도 상속인들이 이어받아 끝까지 소송을 하여 승소한 분이 절반정도 된다.

승소하면 뭐하나? 이미 본인은 이 세상에는 존재하지 않는데. 재판 도중 건강을 잃고 세상을 떠나는 사람들의 과정은 대개 비슷하다.

민사소송이든 형사소송이든 재산과 명예가 걸려서 그 재판에서 지는 날에는 자기 인생이 망가진다는 절박감을 느낄 경우에는 자신의 모든 인생을 걸고 싸우게 된다.

상당수의 의뢰인은 이미 변호사를 찾아오기 이전에 정신적으로 상당히 약해져 있고 이미 건강에 상당한 위험신호를 갖고 있다.

이때 변호사는 매우 중요한 위치에 있다. 물론 기초자료를 세밀히 검토하여야 하고 가능한 한 장래 어떠한 내용의 판결로 최종 귀결될 것인지 정확한 진단을 내려놓는 것도 중요하지만, 의뢰인으로 하여금 재판을 끝까지 진행하여 결판을 볼것인지? 나아가 변호사를 선임할 것인지를 결정하도록 해야 한다.

대개 승소가능성이 최소한 50% 이상은 되어야 재판을 시작할 수 있다.

물론 소송을 당한 피고의 경우 "어차피 지는 건 사실인데 피해만 최소한으로 줄여 주십시요"라는 입장이라면 변호사로서도 부담이 적다.

승소가능성이 없는 사건의 경우 그 사실을 분명히 말해 주어야 한다. 막연히 승소에 대한 기대를 갖게 해서는 안 된다. 자신과 친분이 있고 신뢰하는 변호사가 승소가능성이 희박하다고 할 때는 그 말을 무시해선 안된다.

그러나 이때 '패소해도 좋으니 끝까지 최선을 다 해주십시요'라고 요구하는 분이 많다. 그러나 그분들도 최종단계에서 현실적으로 패소가 확정되면 상당한 심적인 타격을 받는게 현실이다.

'그 사람 재판에서 패소했대'하고 흘려 지나가는 말에도 상처를 받기 쉽다.

필자는 경험상 사건을 수임할 단계에서 '혹시나 이분이 재판 도중 돌아가시지나 않을까? 그렇게까지는 아니더라도 건강에 심각한 타격을 받을 가능성이 있지는 않을까?'하는 분들이 눈에 보였다.

그분들에 대하여는 승소도 중요하지만 건강을 지켜야 하기 때문에 변호사는 상담사로서 역할도 해야 한다고 본다. 대개의 경우 그분들은 혼자서 무한한 상상을 하고 모두 불행한 쪽으로만 보고 있는 편이고, 상담을 통하여 현실성 없는 상상을 해소시켜 주어야 한다.

그런데 가장 문제가 되는 경우는 자신의 정신적 고통을 타인에게 일체 말하지 않고 혼자서 꾸우욱 삭히는 분들이 문제이다.

인간은 강할 것 같아도 한없이 약하다. 차라리 괴롭다고 솔직하게 외부에 표현하는 게 낫지 속으로 더 심한 고통을 받으면서 이를 참는 것은 매우 위험하다.

필자의 경우 재판 도중 돌아가신 분들 대부분이 이러했다. 그들은 한결같이 평소 매우 점잖고 예의 바르고 자존심이 강한 분들이었다.

통상 참는 것이 미덕이라고 여겨지고 있는데, 나는 의뢰인들에게 마음속에 응어리로 남을 것 같으면 오히려 참지 말고 화를 내라고 말한다. 속에 조금씩 응어리가 생기고 그 응어리가 커져서 후에 감당을 하지 못하면 반드시 심각한 문제가 생기는 것을 수없이 봐왔다. 사소한 싸움을 많이 하는 부부가 오히려 이혼할 가능성이 적은 것과 같다.

재판과정에서 구체적으로 이분들의 모습은 이렇다.

이런 분들은 변호사가 진행하는 소송과정을 매우 꼼꼼히 알기를 원하고 변호사 이상으로 어려운 법률이론까지 공부를 하면서 사건을 상세하게 파악하려고 하는 분들이다. 특히 상대방 측에서 주장하는 사항들에 대하여 토씨 하나 빼놓지 않고 세밀히 읽고 깊이 고민한다. 상식적으로는 매우 바람직하게 보인다.

그러나 실제 소송과정에서는 근거가 없어도 자신에게 유리한 허위 주장을 거침없이 남발하는 것이 현실이다.

다소 경험이 있는 변호사들은 상대방의 그러한 주장에 대해서 '아하, 이건 근거도 없고 법원에서도 이를 대수롭지 않게 여길 것이다'라고 판단되면 크게 신경을 쓰지 않는다. 하지만 예민한 당사자 분들은 그러한 부분까지도 '혹시나 법원이 이를 인정하고 사실로 받아주면 어떡하나?'하고 엄청난 심적 부담을 느낀다.

법정에서는 증인들이 증언하는 과정이 있는데 특히 이 과정에서 그러한 경우가 많다. 물론 중립적인 입장에서 공정한 증언이 예상되는 경우는 재판결과에 중대한 영향을 미치지만, 대부분은 현실적으로 어느 당사자가 신청한 증인이 그쪽 당사자를 승소시키기 위하여 일방적으로 허위 내지는 과장하여 증언하는 경우가 태반이다.

그러한 사람들의 증언은 법원에서도 중요하게 받아들이지 않고 그런 사람들의 증언만으로 소송의 승패가 좌우되지 않는다. 소송의 승패는 그 이전에 대부분 유력한 증거가 될 문서로서 판가름난다.

그러나 예민한 분들은 증인이 증언할 경우 법정에 출석하여 그 증언내용을 직접 보고 듣는데, 그 증인이 법정에서 상대방에게 유리한 증언, 즉 자신에게 불리한 증언을 할 경우가 문제이다.

노련한 변호사들은 그러한 증언 내용을 흘려버리고 만다. 그러나 예민한 분들은 어떠한가? 며칠 동안 식음을 전폐하고 잠을 못 잔다. 이러한 현상이 그분의 건강에 어떠한 결과로 이어질지는 뻔하지 않는가?

그래서 필자는 일단 변호사를 믿고 사건을 의뢰하였으면 매우 세세한 부분에까지 신경쓰지 말라고 권하고 싶다. 자신이 믿고 사건을 맡긴 변호사가 최선을 다해 노력할 것이라 굳게 믿고, '안되면 그건 운명이지'하고 받아들이라고 말이다.

지나치게 신경을 쓰는 것은 차라리 무관심한 것보다도 해롭다. 전혀 자신에게 도움도 안되고 담당변호사에게 부담만 줄 수 있다.

건강이 망가지면 아무도 이를 보상해줄 사람이 없고 책임을 추궁할 대상도 없다.

재산은 건강에 비하면 아무것도 아니다. 자존심에 매달리는 상황이라면 그 자존심 버릴줄도 알아야 한다. 재판도중 저세상 사람이 되는 어처구니 없는 일이 발생하지 않도록 냉철한 이성을 갖고 스스로가 노력할 수밖에 없다.

3 가장 쉽게 망하는길, 보증

남의 빚보증을 서는 일이 얼마나 위험한지는 누구나 다 안다.

알고 있으면 무슨 소용이 있나? 실행을 안 하는데. 못 하는 게 아니라 안 하는 거라고 본다.

오랜 기간 변호사로 활동하면서 남의 보증을 섰다가 망하는 사람을 수도 없이 봐 왔다.

우리가 보증을 설 때의 상황은 대개 이렇다.

보통 은행이 대출을 해줄 때나, 일반채권자들, 사채업자들로부터 돈을 차용할 때에는, 토지나 건물, 이런 부동산에 근저당을 설정하고 담보대출을 하는 것이 보통이다. 그런데 그러한 담보가 없을 경우에는 사람의 보증을 서게 하고 대출을 한다.

가까운 친척, 친하게 지내는 이웃이 예컨대 은행에서 대출을 받는데 보증을 서 달라고 부탁을 하면, 대부분은 "안돼. 당신이 못 갚으면 내가 망하는데 어떻게 보증을 서?"라고 냉정하게 거절하지 못한다.

대부분은 다소 고민을 하기는 해도 결국은 인정에 못 이겨 도장을 찍어준다.

왜일까? 그 요구를 거절했다가는 "저 사람 그렇게 안 봤는데 사람이 영 다르네. 보기보다 무서워" 이런 뒷소리를 듣기 때문이다.

그렇다고 해서 보증 서준다고 보증 서주는 대가로 뭐라도 딱 부러지게 받는 것도 없다. 그런데 그 보증은 보증을 요구하는 주채무자가 '돈을 갚지 못할 경우에는 보증인이 대신 갚겠다'고 하는 내용이다. 그렇게 해달라고 보증이 필요했던 것이니까. 주채무자가 갚지 못하는 날에는 참으로 큰일이 나는 내용이다.

보증을 섰을 때는 잘 돼봐야 본전이고 이득을 보는 것은 거의 없다.

한번 잘못되면 그동안 가까이 지내던 우호관계도 산산조각나고 온 집안이 통째로 망하게 된다.

그런데도 불구하고 보증을 서는 분들 대부분은 "틀림없이 주채무자가 돈을 갚을 거야. 설마 내가 돈을 갚아야 되는 일이 있을라구?"라는 막연한 기대를 품고 보증을 선다.

하여튼 여러분이 이제까지 보증을 섰다가 피해를 본 적이 없다면 천만다행이다.

남의 보증을 섰다가 망해서 길거리에 나앉는 사람이 너무나도 많이 발생해서 사회적으로 문제가 되니까, 정부에서는 2008년도에 [보증인 보호를 위한 특별법]을 제정하기까지 하였다.

그 특별법의 핵심 3가지는 이렇다.

첫째, 보증계약을 체결할 때 보증채무의 최고액을 서면으로 특정하여야 한다.

둘째, 채권자는 주채무자가 채무변제를 하지 못하거나 경제사정이 악화되었을 경우 이를 보증인에게 통보한다.

셋째, 보증기간의 약정이 없는 때에는 그 기간을 3년으로 본다는 것이다.

그러나 그 특별법은 아무런 실효를 거두지 못하고 있고 현재는 그런 법률이 존재하는지? 변호사들조차도 모르고 있는 것이 현실이다.

특별법이 첫째 항목대로, 책임의 한도를 정하기 위하여 보증채무의 최고액을 서면으로 특정한다고 해도 보증인에게 아무런 도움도 없다. 보증인의 책임을 면제하거나 경감시켜 주는 것이 아니기 때문이다.

그리고 특별법에서는 둘째로, 주채무자의 변제자력에 문제가 발생한 사실을 보증인에게 통지하라고 규정하고 있는데, 통지를 한다고 하여 뾰족한 해결책이 나오지 않는다.

위 특별법의 법조문중 비교적 강력할 것으로 예측되는 것이 세 번째로 규정한 보증기간 3년이다.

그런데 법조문 자체가 '특별한 약정이 없을 때에는 보증기간을 3년으로 본다'는 것이기 때문에 3년을 초과하여 약정을 하더라도 아무 문제가 없다.

그리고 특별법에서는 보증기간은 갱신할 수 있다고 규정하고 있는데 이 말은 연장이 가능하다는 말이다.

처음에 우호적인 관계 때문에 보증을 섰는데 그동안 서로 사이가 나빠진 경우가 아니면 3년 후에 기간을 연장해달라고 요구하였을 때 이를 거절할 수 있을까? 또 도장 찍어주고 만다.

그리고 중요한 것은, 보증기간을 3년으로 제한한다는 법조문의 의미인데,

그 의미가 3년의 기간동안에 발생한 보증사고로 인하여 보증인에게 책임이 발생하였을 경우 이미 발생한 그 책임이 3년이 지나면 소멸한다는 것이 절대 아니다.

3년이라는 기간동안에 생긴 보증사고에 대하여는 3년이 지나서도 책임이 계속 남아 있다는 내용이고, 이런 내용으로 대법원이 판결한 예도 있다.

그런데 문제는 금융기관이나 사채업자들이 이 특별법의 내용을 정확히 파악을 하고 있으면서 피해 가고 있다는 것이다. 그들은 대부분 변제기와 보증기간이 3년을 초과하지 않도록 계약을 하고, 3년 안에 또다시 보증인의 도장을 받아 보증기간을 이어가는 것이 현실이다.

그렇기 때문에 그 3년이라는 조항도 실효성이 거의 없고, 보증인 보호를 위한 특별법이라는 법률은 있으나 마나 한 법이 되었다.

변호사로 장기간 활동하는 동안, '**주채무자가 변제를 하지 못해 보증인이 책임을 져라**'고 하는 민사소송에서 위 특별법의 법조문을 이용하여 보증인이 승소하는 예를

한 건도 본 적이 없다.

결국 그 법은 실효성이 없어져서 변호사들조차 그런 법이 있다는 사실을 모르게 된 것이다.

아직도 보증을 서는 일이 우리 주위에서 수없이 발생하고 있다.

정 보증을 서야 할 일이 있으면 보증을 서는 대신 차라리 '당장 급한 돈은 현금으로 지원해주고 그 돈은 포기하세요'라고 권하고 싶다.

보증을 거절하였을 때에는 짧은 미안함으로 끝나지만, 보증을 섰다가 사고가 나는 순간에는 채무자와 함께 난파선에 타고 있다가 한꺼번에 침몰할 수 있다.

4 변호사 1명은 내 사람으로 만드세요

필자가 평생 변호사로 활동하면서 일반인이라면 금방 이해하기 쉬운 상식임에도 현실적으로 많은 분들이 이를 모르고 있고, 모르기 때문에 곤경을 겪는 것을 무수히 보아 왔다.

그렇기 때문에 우리가 살아가면서 변호사와 의사 1명씩은 허물없이 대화할 수 있도록 '내 사람'으로 만들어 놓으라고 강력하게 권해 드린다.

갑작스럽게 법률자문을 받을 필요가 있어도 '설마 괜찮겠지' 하고 무심코 있다가 그 사이에 계획을 짜 놓은 상대방에게 당하거나, 소멸시효가 완성되어 내 권리가 소멸되기도 한다.

건강문제도 마찬가지이다. '설마 괜찮겠지' 하고 몇 개월 지난 사이에 병세가 악화되어 손을 쓸 수 없는 상황이 벌어지는 일이 우리 주위에서 수도 없이 발생하고 있다.

이러한 경우 부담없이 편하게 변호사에게 법률문제를 물어보고, 의사에게 건강문제에 대하여 물어보면, 변호사와 의사라고 하여 모든 분야를 전부 알 수는 없어도, 적어도 '어디에 가서 어떠한 방법으로 어떤 조치를 취하세요'라는 정도의 조언은 해줄 수 있고, 그 조언에 따르면 일생일대의 큰 재앙을 피할 수도 있다.

변호사는 법률문제에 관해, 의사는 건강문제에 관해 전문가들이어서 그들이 법률문제와 건강문제를 보는 시각은 일반인과는 현저한 차이가 있기 때문에 평소에 하는 조언이라도 매우 소중한 내용일 수 있다.

그러므로 평소 변호사와 의사를 1명 정도 내 사람으로 만들어 놓는다면, 그렇지 않는 것과는 비교도 할 수 없을 만큼 유용할 수 있다.

변호사와 의사는 문턱이 높아서 사귀기가 어렵다 한다.

절대 그렇지 않다. 과거에는 변호사와 의사가 숫자가 워낙 적어서 문턱이 높다고 생각하는 사람이 있었던 게 사실이다. 그러나 현재는 워낙 그 숫자가 많아서 실제로도 문턱이 높지 않고, 문턱을 높게 만들어 놓고 거리를 두고 생활하는 변호사와 의사가 거의 없다. 물론 자연스럽지 못한 방법으로 접근하면 변호사와 의사는 물론이고 누구든지 경계를 하게 마련이다.

다행히 가까운 친척 중에 변호사와 의사가 있다면 별문제가 없겠지만 그렇지 않은 경우에는 의도적으로라도 한 사람 정도 가깝게 사귀어 놓기를 권한다.

필자의 경우에도 평소에 법률관계에 관하여 많은 질문을 받고 대답해 주며 산다. 그후 답변해준 대로 처리하여 일이 잘되었다고 고맙다는 말도 많이 들었다.

물론 그 경우 이를 귀찮게 생각하는 변호사와 의사가 있기는 하겠지만 대개의 경우 그렇지 않다. 이를 귀찮게 생각하는 사람은 그들이 변호사와 의사이기 때문이 아니라, 설령 그들은 다른 직업을 택하였다고 하더라도 그럴 사람들이다.

미리 경계를 하면서 변호사와 의사에게 접근하려는 용기를 내지 못하고 살고 있는 사람이 많은 게 현실이지만, 그런 부분은 전혀 의식하지 말고 지인 대하듯 서슴없이 대하라고 권해드린다.

의사와 변호사들이 우리가 생각하는 것만큼 그렇게 권위의식을 갖고 있지 않다.

그러면 어떻게 해야 사귈 수 있냐고요?

다른 것 없다. 우리가 호감가는 사람을 대하듯, 예의 갖추고 경조사 등 작은 일에도 관심을 보이면, 서로 어려운 일이 생겼을 때 나몰라라 하지 않고 서로 도와줄 수 있는 관계가 형성될 것이다. 그 정도면 "내 사람", 내지 "평생 같이 갈 사람"이라고 생각하지 않을까?

변호사와 의사 1명씩 내 사람으로 만들어 놓는 일은 다른 어떤 일보다 중요하다. 용기를 내서 당장 착수하시기 바란다.

5 　이런 변호사 절대로 선임하지 마세요

　　필자는 40년간을 변호사로 활동해왔고, 변호사로만 활동한 것이 아니고, 각종 사회활동도 많이 한 편이다.

　　자신있게 말씀드린다. 이런 변호사는 절대로 선임해서는 아니 된다고.

　　통상 변호사를 민사사건에서는 소송대리인으로, 형사사건에서는 변호인으로 선임하게 되는데, 이때 변호사에게 지불할 보수를 약정한다. 변호사 보수가 상품값처럼 일률적으로 정해진 것은 아니지만, 대부분의 변호사는 사건의 재산적 가치(소송물가액), 난이도, 끝날 때까지의 소요시간 등을 고려하여, 변호사 보수의 기준을 나름대로 정해놓고 의뢰인에게 요구한다.

　　이후 약정서에 변호사 보수, 즉 착수금과 사례금을 기재하고 서명날인을 한다. 그리고 그 약정서는 변호사가 소득세 신고할 때 세무신고자료가 된다.

　　그런데 가끔 약정서에 기재된 금액 이외의 돈을 추가로 요구하는 변호사가 있다. 그들은 소위 검사나 판사에 대한 로비가 필요하다고 하면서 돈을 요구한다. 많은 의뢰인이 귀가 솔깃해져 그 돈을 주는 경우가 많다.

　　이런 변호사는 절대로 선임하지 말아야 한다. 모두 거짓말이다.

　　한 30년 전까지만 해도 명절 때나 법관, 검사가 인사이동으로 임지를 떠날 때, 인사치레로 소액의 돈을 지불해 왔던 게 사실이다. 그러나 특정사건을 앞에 두고 판 검사에게 돈을 주고 유리한 결과를 끌어냈다면 이는 뇌물죄와 같은 형사처벌의 대상이 되는 한편, 곧바로 판검사가 옷을 벗어야 될지도 모르는 일이기 때문에, 그런 일은 없다.

　　재판은 1심, 2심, 3심에 걸쳐 이루어지는데, 예컨대, 설령 만에 하나 1심판사가 로비에 영향을 받아 특정 당사자에게 불공정하게 유리한 판결을 했다고 치자. 항소를 하면 전혀 다른 판사가 사건을 담당하고, 상고를 하면 대법관이 판결을 하는데, 불공정한 판결을 하였다면 상급심에서 뒤집어질 가능성이 대단히 높다. 판사는 자신의 판결이 상급심에서 뒤집어지는 것을 가장 싫어한다. 그렇기 때문에 로비를 받아 불공정한 판결을 하는 예는 거의 없다.

　　많은 사람들이 판사들을 불신하는데, 판사도 인간이기 때문에 나름대로의 철학, 인생관이 다를 수 있고, 그런 결과로 판결이 얼마든지 달라질 수 있다.

예컨대 요즘 성범죄가 가장 무서운 범죄 중 하나가 되었는데, 성범죄 관련 사건을 담당한 판사의 성별에 따라 그 결과가 매우 달라서, 이를 염려스러워 하는 사람도 있을 정도이다.

그런 이유로 결과가 달라진다면 그것이야 어쩔 수 없는 일이다. 판사도 사람이다.

이런 변호사도 선임하면 안 된다.

변호사가 특정사건의 담당검사나 판사와 특별히 가까운 친분관계가 있다고 과시하면서 마치 자신이라야만 성공할 수 있다고 하는 경우가 있다. 대개 그런 변호사가 약정서에도 없고 영수증 발행도 하지 않은 채 돈을 요구하는 경우가 많다. 그런 변호사, 절대로 선임하면 안 된다.

특정판사와 변호사의 인맥관계, 예를 들어 출신 학교, 근무지 등은 대부분은 이미 법조계에서 알려져 있고, 설령 모른다고 하더라도 인터넷을 통하여 쉽게 확인할 수 있다.

판사들이 가장 싫어하는 것은, 그 판사가 특정사건에 대한 판결을 하면서, '특정 변호사와의 친분관계 때문에 불공정한 판결을 하였다'고 의심을 받는 일이다. 어떤 판사는 그러한 오해를 받을 것 같은 생각이 들면, 흔하지는 않지만, 사건을 다른 판사에게 재배당을 하는 경우도 있고, 인사이동으로 조만간 그 자리를 떠날 것이 예상되는 경우에는 사건을 후임판사에게 넘기고 떠나는 경우도 있다.

필자는 후배 변호사들에게 자신있게 말한다. "변호사로는 큰 돈을 벌 수 없다. 돈을 벌려면 변호사 때려치고 장사를 하라"고.

부지런히 공부하고 연구하는 변호사에게 사건을 위임해야 한다.

아무리 실력이 있는 변호사라고 하더라도 한동안 공부를 안 하면 뚜쟁이가 되고 만다. 매월 쏟아져 나오는 책 한 권 이상의 분량이 되는 대법원판결, 그리고 수도 없이 많은 연구논문 등을 수시로 점검하면서 끊임없이 공부를 하는 변호사라야 사건을 망치지 않고 좋은 결과를 이끌어낼 수 있다.

법은 요술이 아니고 법률가는 요술쟁이가 아니다. 요술쟁이가 되어서도 안 된다. 요술쟁이처럼 행세하는 변호사에게 속아 손해를 보지 않도록 조심하시기 바란다.

6 계약서 작성할 때 '이것' 조심하세요

우리는 살면서 계약서를 작성하는 경우가 많다. 경우에 따라서는 자신이 평생 모은 재산을 계약서 1장으로 남에게 넘길 수도 있고 그 반대일 경우도 있다.

법과 현실은 냉정하다. 일단 계약서가 문서로 작성되어 양 당사자가 적법한 절차에 따라서 서명날인을 하면 그 계약서는 법률적으로 매우 강한 효력을 갖는다. 이러한 문서를 실무에서는 [처분문서]라고 한다. 처분문서로는 매매계약서, 차용증(지불각서) 등이 대표적이다.

그 다음부터는 그 계약서 문구에 대한 해석만이 문제가 될 뿐 계약서 문구 자체를 바꿀 수가 없다. 임의로 바꿨다가는 오히려 사문서 변조죄로 형사처벌을 받을 수가 있다.

민법상 계약과 관련하여 수많은 법적인 쟁점이 있고, 베테랑 변호사들도 혼란스러운 경우가 많다. 때로는 법원판결도 왔다갔다 갈피를 못 잡는 경우가 있을 정도로 부동산계약과 관련된 법해석은 매우 복잡하고 다양하다.

그런데 계약서 작성단계에서 사소한 실수로 중대한 하자가 발생하였다면, 예컨대 계약서의 문구 하나를 잘못 사용하였다면, 이러한 복잡한 법률적인 문제를 따지기도 전에 권리를 포기한 것과 같은 상황이 벌어질 수 있다.

판사조차도 그 내용이 애매모호하여 무슨 의미인지 잘 모르겠다고 하는 경우라면 차라리 나을 수 있다. 그러나 달리 해석할 여지가 전혀 없는 확실한 경우라면 이미 심각한 문제가 발생한 것이다.

정확한 통계를 조사한 것은 아니지만, 상당수가 법률적인 문제를 따지기도 전에 계약서의 문귀가 본인이 의도한 대로 작성되지 않았기 때문에, 아니면 자격도 없는 사람이 계약을 체결하였기 때문에, 등등의 문제로 분쟁이 시작하기도 전에 사건의 운명이 판가름나는 것 같다.

그렇다면 구체적으로 어떠한 사항을 명심해야 할지에 대하여 알아보자.

가. 기본적인 마음가짐

첫째, 믿는 사이일수록 문서로 확실해 해두어야 한다.

매우 가까운 사이이더라도 사람은 시간과 장소에 따라 변할 수 있다.

더욱이 일단 소송에서 반대 당사자가 되어 상호 대립되는 상황이 발생하면 [가장 믿어야 할 사람을 못 믿는 세상]이 벌어진다. 부자지간의 소송, 형제자매간의 소송이 타인과의 소송보다 더 치열하다.

확실한 문서로서 남겨두지 아니할 경우에는 우선 그런 말을 한 적 자체가 없다고 부인하고, 그 다음에는 그런 의미가 아니었다고 내용을 부인한다.

그러므로 믿는 사이일수록 문서로서 확실하게 해두라는 것이다. 상대방이 문서로 작성하기를 거부한다면 차라리 거래를 끊는 것이 좋다.

둘째, 선무당이 사람 잡는다.

절대로 법률전문가가 아닌, 어설프게 아는 사람들의 말에 따라 행동하지 말아야 한다. '법률전문가의 도움을 받으려면 비용이 들지 않습니까?'할지 모른다. 비용이 들더라도 중요한 사항에 관한 의사결정을 할 때에는 전문가의 조력을 필히 받아야 한다. 선무당이 잘못 말해준 대로 따랐다가 실수를 한 것이라고 한들 핑곗거리가 될 수 없다.

셋째, 중요한 결정을 함에 있어서는 한 템포 늦추라고 권한다.

일단 도장을 찍어 문서가 완성된 후에 잘못을 발견하고 전문가를 찾아가는 것은 버스 지나간 다음에 손을 드는 것과 똑같다.

나. 부동산에 관한 매매계약서를 작성할 때 유의사항

첫째, 일단 부동산에 관한 거래를 할 경우에는 반드시 부동산등기부등본을 발부받아 법률적으로 얽혀 있는 사항들을 면밀히 살펴 보아야 한다. 등기부에는 근저당이 설정되어 있는지, 채권자가 가압류를 해놓은 것은 없는지 등 대부분의 법률관계가 기재되어 있다. 그 내용들을 사전에 필수적으로 모두 파악해야 한다.

대부분의 경우 부동산중개인을 통하여 중개인이 설명하는 것만을 믿고 거래를 해도 상당 부분 위험은 피할 수 있지만, 중개인이 설명을 하더라도 중개인이 설명하는게 맞는지 직접 확인해 보라고 권하고 싶다. 부동산등기부의 기재내용은 한글만 알면 어렵지 않다.

재판실무에서는 사전에 계약당사자가 등기부를 모두 열람한 것임을 전제로 판단을 하고 있기 때문에 등기부 확인을 제대로 하지 않았다는 주장은 아예 할 생각조차 하지 말아야 한다.

둘째, 부동산에 관한 거래를 하기 이전에 현장 답사를 필히 해야 한다.

부동산에 관한 외부 현상은 직접 답사를 하지 않는 한 확실하게 확인할 방법이 없다. 사진으로 확인하면 된다고요? 백문이 불여일견이다. 사진으로 보는 것과 실제로 보는 것은 정말로 확연하게 다르다.

우리의 법원은 특단의 사정이 없는 한 누구나 사전에 현장 답사를 한다고 전제를 하고 판단을 하고 있다.

셋째, 계약장소에 나온 사람이 정당한 권리자인지를 확인하여야 한다.

권리자가 아닌 사람이 대리로 계약서를 작성하는 경우에는 반드시 대리인임을 증명하는 위임장을 받아두어야 한다. 위임장에는 권리자(소유자)의 인감도장이 날인되고 인감증명이 첨부되었어야 안전하다. 인감증명은 첨부되었는데 인감도장이 아닌 막도장이 날인된 경우가 있다. 이건 안 된다.

넷째, 상대방을 전적으로 믿지 말아야 한다. 특히 상대방이 과잉친절을 베풀면서 서두를 경우에는 일단 한 템포 늦추고 좀더 신중해질 필요가 있다. 상대방이 선한 사람인지 악한 사람인지까지를 따질 필요가 없다.

여러분 중 상당수는 '당연한 것인데 그게 뭐 그리 중요하냐?'고 할 수 있다.

그런데 실제로 많은 사람들이 알면서도 실수를 하고 나중에 '내가 왜 그랬는지 나도 이해가 가지 않는다'고 한탄을 한다. 아무리 많이 알고 있어도 정작 필요할 때 활용하지 못하였다면 전혀 모르고 있는 사람과 똑같다.

제 2 장

조상 땅 찾기

제 2 장   조상 땅 찾기

조상 땅 찾기는 본인 스스로 노력해야 한다. 남에게 전적으로 의존하지 마라.

1 토지조사부, 임야조사부로 조상 땅 찾기 및 문제점

조상 땅을 찾는 가장 유력한 자료로 토지조사부와 임야조사부가 있다.

일제 강점기 때 처음으로 국가차원에서 전 국토의 토지와 임야에 대한 도면이 작성되고 소유자를 표시하였다. 즉 조선총독부가 1912-1918년 사이에 대지와 농지에 대하여 토지조사부를 작성하였고, 1918년에 임야조사부를 작성하였다. 그후 소유자가 변경되면서 등기부등본으로 이어져 오늘에 이르고 있다. 결국 토지조사부와 임야조사부는 오늘날 토지등기부와 임야등기부의 시발점이라고 할 수 있다.

토지조사부를 기초로 조상 땅 찾는 데 있어 실무적으로 문제되는 것을 차례로 본다.

토지조사부에 선조가 소유자로 기재되어 있으면, 이는 그 선조의 소유로 인정되고 이를 [창설적효력]이라고 한다. 그런데 조선총독부가 조사하여 작성한 토지조사부에 대하여 이의를 제기하는 경우가 있었다. 이때는 [재결]을 거쳐 소유자가 정정될 수 있었다. 결국 재결에 의해 소유자가 변경되었다면 변경된 자가 창설적으로 소유자로 인정된다.

실무상 자주 문제되는 사항을 알아보자.

첫째, 동일인 입증이다.

지금은 주민등록번호가 있어서 동일인 입증이 용이하지만 그 당시에는 주민등록번호도 없는 데다가, 주소도 OO면 OO리까지만 표시되는 경우가 있어서 토지조사부상의 소유자가 자신의 선조라는 사실이 확실하지 않은 경우가 있다. 일제 감정기 때는 이름을 한자로 기재하였지만 한자까지 동일한 동명이인이 존재할 가능성은 항상 있다. 동일인이라는 사실은 그 토지의 소유권을 주장하는 당사자 측에서 입증해야 한다.

둘째, 상속인이라는 사실을 입증하는 데 문제가 많다.

토지조사부상의 소유자는 1912-1918년 사이의 생존자이어서 모두 사망하였다. 현행민법이 1960.1.1.부터 시행되었는데, 그 이전에 사망한 경우에는 장자, 엄격히 말하자면 호주상속인만이 원칙적으로 단독으로 상속을 했다.

그러나 1960.1.1. 이후에 사망한 경우에는 신 민법에 따라 처와 직계비속등이 공동상속하고 그 상속분에 대한 민법이 수차 개정되었기 때문에 상속분을 계산하기가 매우 복잡하다.

그런데 6.25 사변 당시 호적이 모두 소실된 지역이 많고 그 경우에는 상속관계를 입증할 수 있는 증거자체가 없어진 경우도 많다. 이때는 [족보] 혹은 [가승] 등으로 입증할 수도 있다.

하여튼 상속관계까지 입증되었다면 조상 땅을 찾을 수 있는 근거는 마련된 셈이다.

그렇다면 대법원이 인정하는 [권리추정력있는 문서]에 조상이 소유자로 기재된 증거를 확보하였을 경우 예외없이 그 땅을 찾을 수 있을까?

6.25 사변이 끝난지 70년이 지난 현시점에서 하나하나 본다.

우선, 현재 그 땅(토지 혹은 임야)이 미등기이고 어느 누구도 권리행사를 하지 않고 있다면, 소유권을 회복할 가능성이 매우 높다. 이때는 국가를 상대로 소유권확인판결을 받아 보존등기를 할 수 있다.

그러나 대부분의 토지나 임야는 누군가가 권리행사를 하면서 소유권등기가 되어 있다. 이럴 경우에는 현재의 그 등기가 무효라는 사실을 입증하여 그 등기를 말소할 수 있어야 소유권을 회복할 수가 있다.

이 경우 6.25 사변 이후 경료한 최초등기는 멸실회복등기 아니면 보존등기 둘 중 하나이고, 거기에 터잡아 그 이후의 소유권 변동내역이 순차로 기재되어 있다.

6.25 사변 이후의 최초등기가 멸실회복등기라면, 이는 6.25 사변 이전의 소유권을 인정할 수 있는 근거(등기권리증, 등기부등본, 토지대장, 임야대장, 납세영수증 등)에 의하여 경료한 것이어서, 그 멸실회복등기가 원인무효라는 사실을 입증하기가 곤란하고 소유권회복이 쉽지 않다.

다음으로 6.25 사변 이후의 최초등기가 보존등기라면, 그 보존등기명의인이 6.25 사변 이전의 소유자와 일치하는지가 관건이다.

현재의 보존등기명의자가 6.25 사변 이전의 소유자와 일치하지 않는다면, 6.25 사변 이후의 보존등기는 원인무효로 말소되어야 하고, 이에 터잡아 순차 이루어진 모든 등기도 원칙적으로 말소되어야 하기 때문에 특단의 예외 사유가 없는 한 소유권을 회복할 수 있다.

그렇다면 어떠한 예외사유가 있을 때 소유권을 찾을 수 없는지에 대하여 본다.

첫째, 6.25 사변 이후의 타인의 보존등기가 특별조치법으로 경료된 경우이다.

왜냐하면 특별조치법에 근거하여 보존등기를 한 경우에는 보증인들이 보증서를 작성하고 면장이 확인서를 발급하여 이를 근거로 보존등기가 된 것인데, 그 보존등기를 말소하려면 보증서와 확인서의 내용이 허위임이 밝혀져야 한다는 것이 대법원의 확고한 입장이다.

그러나 허위임을 입증하려면 우선 보증서와 확인서가 현출되어야 하는데 보증서와 확인서가 보존년한이 경과되었다는 이유로 지자체가 이를 폐기한 경우가 많다. 또한, 현출되더라도 작성자가 대부분 사망하여 없거나, 생존하더라도 허위로 작성한 것이 아니라고 하는 등, 보증서와 확인서의 내용이 허위라는 사실을 입증하기가 사실상 어렵기 때문에, 특별조치법으로 경료된 보존등기를 말소하기가 쉽지 않아서 소유권을 회복하기가 어렵다.

둘째, 모든 부동산은 민법 제245조에 의거하여, 소유의 의사로 평온 공연하게 20년간 점유하면 [점유취득시효]가 완성되고, 소유자로 등기한 자가 소유의 의사로 평온, 공연, 선의, 무과실로 10년간 점유하면 [등기부취득시효]가 완성된다.

토지나 임야가 일단 타인명의로 등기가 되어 장시간이 경과하면 이를 누군가는 점유하여 취득시효가 완성되었기 때문에 소유권을 찾을 수 없는 경우가 대부분일 것이다.

대지나 전답은 점유하지 않고 장기간 방치 되는 경우가 거의 없지만 임야와 하천의 경우에는 간혹 점유하지 않는 경우가 있고, 점유하고 있다고 주장하더라도 그 점유를 인정받지 못하는 경우가 많다.

특히 소유자가 나타나지 않는다는 이유로 국가가 국유재산법에 의거하여 무주부동산공고를 거쳐 국가소유로 등기를 한 경우에는 장기간 점유하지 않고 방치되고 있는 경우가 종종 있다. 이러한 경우에는 취득시효의 장벽이 없기 때문에 그만큼 소유권을 회복할 가능성이 높아진다.

그러나 국가가 위와 같이 등기를 한 경우 대법원이 국가 편에 서서 취득시효를 인정하는 경우가 거의 없다는 사실을 주목할 필요가 있다.

2. 구임야대장, 구토지대장으로 소유권등기를 할 수 있는 경우와 없는 경우

토지에 대하여는 토지등기부등본이 있고 토지대장이 있다. 소유권이 인정되려면 토지대장이 아니라 토지등기부등본에 소유자로 등재되어야 한다.

그리고 토지대장에 [구토지대장]이라는 것이 원래부터 별도로 있는 게 아니라 토지대장의 양식이 여러차례 바뀌면서 현재는 전산화된 토지대장을 사용하고 있는데, 그 이전에 사용되던 토지대장은 전부 구(舊)토지대장이라고 한다.

구토지대장도 일제 강점기 때의 것이 있고 6.25 사변 이후 최근까지 사용되었던 것이 있어서 시대의 순서에 따라 그 종류가 여럿이다. 공문서는 일정 보존연한이 경과하면 폐기하는게 원칙인데, 구토지대장에는 과거의 중요한 사항이 기재되어 있어서 정부에서는 이를 영구보존하고 있다.

부동산등기법 제65조에 의하면, 미등기토지에 대하여 보존등기를 할 수 있는 경우로서,

1) 토지대장에 소유자로 등재되어 있는 경우

2) 소유권확인판결을 받은 경우

2가지를 규정하고 있다.

그렇다면 구토지대장도 모두 국가가 작성한 것이어서 구토지대장에 소유자로 등재되어 있으면 이를 근거로 보존등기를 할 수 있다고 해야 마땅하다.

그러나 구토지대장에 소유자로 등재되어 있어도 보존등기를 할 수 없는 경우가 있는데 그 이유는 다음과 같다.

1945년 해방이 되고 1950년 6.25 사변이 발발했다. 전쟁이 나기 2개월 전인 1950년 4월에 지적법(2009.6.9. 폐지)을 제정하였고, 6.25 사변 중에 소유권을 입증할 수 있는 토지대장과 등기부등본 등 토지에 관한 공적 장부가 인민군 지배하에 있던 지역에서는 대부분 소실되어 없어졌다.

그 지적법은 전쟁이 날 것을 예상하지 못하고 만든 법이라서, 토지와 임야가 멸실되었을 경우에 대비한 소유권복구절차에 관한 규정이 전혀 없었다. 그러다가 6.25 사변이 끝나고 22년이 지난 1975.12.31.이 되어서야 지적법을 개정하면서 소유권 복구절차에 관한 규정을 두게 되었다.

그동안 나라에서 세금을 거두어 들이려면 토지의 소유권을 제대로 복구한 다음에 거두어야 했다. 그런데 수복 이후 1975.12.31.까지 그 사이의 혼란기에 세금을 부과하기 위하여 토지대장에 세금을 납부할 사람을 제대로 조사도 하지 않고 소유자로 등재하고 그로부터 세금을 징수해 왔는데, 수복 후 1975. 12.31. 이전에 토지대장에 소유자로 복구된 사람은 모두 법령의 근거없이 조세징수를 위한 행정편의에 의하여 복구된 것이다. 물론 그중에는 다른 방법으로 입증하여 소유권을 찾은 사람도 있고, 반대로 세금만 납부하다가 소유권을 빼앗긴 사람도 있다.

대법원(1987.5.26. 선고 86다카2518 판결)도 "1975.12.31. 구지적법 개정 전에 복구된 구 토지대장의 소유자란에 이름이 기재되어 있더라도 권리추정력을 인정할 수 없다"고 하여, 이를 근거로 소유권을 인정할 수 없다는 입장이다. 따라서 1975.12.31. 이전에 복구된 구토지대장만으로는 소유자로 등기를 할 수 없게 된 것은, 바로 이러한 이유 때문이었다.

반면에 1975.12.31. 개정된 지적법에 의거하여 그 이후에 토지대장을 복구한 사람들은, 최종목표가 등기부에 소유자로 등재하는 것이어서, 토지대장에 소유자로 등재함과 동시에 등기부에도 소유자로 등재하였기 때문에, 1975.12.31. 이후에 복구한 토지대장의 소유자로서 현재까지 등기를 하지 못하고 있는 경우는 거의 없다.

그리하여 현재 토지대장에 소유자로 등재되어 있으면서도 등기를 하지 못하고 있는 사람은 99%, 수복 후 1975.12.31. 이전, 그 사이에 토지대장에 소유자로 등재된 사람이라고 보면 된다.

그리고 부동산 등기법 제65조 제2호에 의하면, 미등기토지에 관하여 소유권확인판결을 받아 소유권을 증명하면 보존등기를 할 수 있다. 이 때 누구를 상대로 하여, 즉 누구를 피고로 하여 판결을 받아야 할까?

이에 대하여, 대법원은 [① 토지대장상 소유자로 등록되어 있는 자가 있는 경우에는 그 대장상 명의자를 상대로 소유권 확인판결을 받으면 되고, ② 대장상 소유 명의자가 없거나 있어도 누구인지 알 수 없는 경우에는, 국가를 상대로 소유권확인판결을 받아야 한다(2001.7.10.선고99다34390)]는 입장이다.

그렇다면 토지대장에 소유자로 등재되어 있으면 그를 상대로 확인판결을 받아야 하는게 원칙이지만, 수복 후 1975.12.31. 이전에 토지대장에 등재된 소유자는 여기에 해당하지 않는다. 왜 대법원이 말하는 소유권확인판결의 피고가 되는 대장상의 소유자는 토지대장을 근거로 소유권등기를 할 수 있는 사람이라야 하는데, 6.25. 사변 이후 1975.12.31. 이전의 대장상의 소유자는 그렇지 않기 때문이다.

결국 이 경우에는 대장상의 소유 명의자가 없는 걸로 보고 별도의 증거에 기초하여 국가를 상대로 소유권확인판결을 받아야 한다.

그런데 임야대장 중에는 해방 전 일제 강점기 때 작성된 것이 있는데, 그 임야대장도 구임야대장이라고 부르긴 하지만 전혀 성격이 다르다.

일제 강점기 당시 조선총독부령에 근거하여 1914.4.25. 구토지대장규칙이 제정되고, 이를 준용하여 1920.8.23. 구임야대장규칙을 제정하였다. 그 임야대장규칙에 근거하여 작성된 구임야대장에 소유자로 등재되어 있으면 이는 적법한 법적근거에 기하여 등재된 것이기 때문에 소유자로 인정되어야 한다는 것이 대법원의 확고한 입장이다. 구토지대장규칙에 근거하여 작성된 구토지대장의 경우도 마찬가지이다.

대표적으로 대법원(1993.10.26. 선고 93다28638 판결)은 [구 임야대장규칙(1920.8.23. 조선총독부령 제113호)에 의하여 준용되는 구 토지대장규칙(1914.4.25. 조선총독부령 제45호) 제2조에 의하면 소유권의 이전은 등기공무원의 통지가 없으면 토지대장에 등록할 수 없고,(중략) 당시 임야대장에 소유권을 양수취득한 것으로 등재된 자는 원칙적으로는 소유권이전등기를 받아 소유하였던 자라고 추정할 수 있다]라고 판결했고,

대법원(2018다290825 판결)도 [일제강점기 때 작성된 토지대장에 소유자로 등재되어 있다면, 이는 적법절차에 따라 마쳐진 것이어서, 적어도 그 소유자로 등재된 사람은 진실된 소유자로 보아야 한다]는 입장이다.

해방 전은 물론이고 해방되면서 일본인이 쫓겨 가고 난 이후에도, 아직 우리나라의 법이 제정되어 지적업무를 정식으로 승계하기 이전에는, 종전의 법을 따를 수밖에 없었고, 1945년 해방 후 1950년 6월 25일 이전, 5년 동안의 임야대장과 토지대장도 역시 당시에는 조선총독부가 만든 법이긴 하지만, 임야대장규칙과 토지대장규칙이라는 적법한 법적근거에 의하여 작성된 것임은 사실이기 때문에, 권리추정력이 있고 이는 조상 땅을 찾는 데 유력한 증거가 된다.

현실적인 절차로서 이런 경우에는 일단 부동산등기법 제65조 제2호에 의하여 국가를 상대로 소유권확인판결을 받아 보존등기를 해야 한다.

3 해방 후 1947년 작성된 토지대장, 임야대장으로 조상 땅 찾을 수 있나?

6.25 사변 수복 후 1975.12.31.이전에 작성된 토지대장으로는 소유권을 찾을 수 없다는 사실, 다만 일제 강점기 때 작성된 토지대장이나 임야대장은 법적 근거에 의하여 작성된 것이어서 조상 땅 찾기의 유력한 증거가 된다는 사실은 앞에서 설명하였다.

그렇다면 1947년도의 토지대장이나 임야대장은 다를까?

1947년이면 해방된 이후이고 6.25 사변이 발발하기 이전으로서, 일본인들이 쫓겨간 이후에 우리나라 공무원에 의해 작성된 토지대장으로 소유권을 회복할 수 있을까?

대법원은 1947년도에 작성된 토지대장에 대하여 판결을 한 예가 있다.

대법원 1990.3.27. 선고 89다카26601 판결은 [1947.7.3. 시행하던 토지대장규칙 제2조에 의하면 국유지의 불하, 교환, 양여 또는 미등기토지의 수용에 인한 경우나 미등기토지를 국유로 하는 경우외에는, 등기공무원의 통지가 있기 전에는 토지대장에 소유권의 이전을 등록하지 못하게 되어 있으므로, 이 사건 토지의 등기부 등이 멸실되었고 토지대장에는 원고 명의로 소유권이 이전된 것으로 등기되어 있었다면, 특별한 사정이 없는 한 그 등기부가 멸실된 당시, 이 사건 토지에 관한 소유권자로 등기된 자는 원고였다고 보지 않을 수 없다.]라고 하여, 1945년 해방이전에 작성된 토지대장과 동일한 효력이 있다는 취지로 판결했다.

즉 해방되면서 일본인이 쫓겨가고 난 이후에도, 아직 우리나라의 법이 제정되어 지적업무를 정식으로 승계하기 이전에는, 종전의 법을 따를 수밖에 없었고, 해방 후 6.25 사변 이전의 토지대장도 역시 당시에는 조선총독부가 만든 법이긴 하지만, 적법한 법적근거에 의하여 작성된 것임은 사실이기 때문에, 조상 땅을 찾는 데 유력한 증거가 된다.

6.25 사변 당시 공산군점령하에 들어가지 않은 지역은 아직도 일제 강점기 때의 구토지대장과 구임야대장이 대부분 보존되어 있고, 공산군점령하에 들어 갔어도 일부

소실되지 아니한 서류가 남아있는 경우가 있다.

실제로 그러한 구토지대장, 구임야대장을 근거로 조상 땅을 찾은 사람이 상당히 많다.

4 국가가 무주부동산 보존등기한 후 진정한 소유자가 나타나면 국가는 돌려주어야 하나? 이때 국가는 취득시효주장할 수 있나?

국유재산법 제12조에 의하면, 소유자가 없는 부동산(무주부동산)은 6개월 이상 공고를 한 후 이해관계인이 나타나지 않는 경우 국가는 이를 국유재산으로 취득할 수 있다.

전국에는 무주부동산이 수없이 많고, 국가가 무주부동산을 등기하기 위하여 공고를 하였을 때 내 소유라고 이의를 제기한 예는 극소수에 불과한데, 그 이유는 진정한 소유자가 자신이 진정한 소유자라는 사실을 모르는 경우가 대부분이고, 또한 설령 알더라도 국가가 공고를 하였다는 사실을 모르기 때문이다.

결국 무주부동산은 이러한 이유로 국유재산법에 의하여 대부분 국가가 보존등기를 하여 소유하고 있는 게 현실이다.

이럴 경우 진정한 소유자의 상속인이 나타나서 소유권을 회복하려고 국가를 상대로 보존등기 말소청구를 하면 어떻게 될까?

이때 국가는 거의 예외없이 [국가명의의 보존등기는 국유재산법에서 규정한 무주부동산 공고절차에 따라 정당하게 경료된 것이어서 말소할 수 없다]고 항변한다.

이에 대하여 대법원의 입장은 확고하다.

대법원 1998.2.23. 선고 98다59132 판결은, 일제 감정기 때 임야조사부상 소유자의 상속인이 국가를 상대로 말소를 청구한 사안에 대하여 이렇게 판결했다. [특정인 명의로 사정된 토지는 특별한 사정이 없는 한 사정명의자나 그 상속인의 소유로 추정되고, 토지의 소유자가 행방불명되어 생사 여부를 알 수 없다 하더라도 그가 사망하고 상속인도 없다는 점이 입증되거나, 그 토지에 대하여 민법(제1053조 내지 제1058조)에 의한 국가귀속 절차가 이루어지지 아니한 이상, 그 토지가 바로 무주부동산이 되어 국가 소유로 귀속되는 것이 아니며, 무주부동산이 아닌 한 국유재산법에 의한 무주부동산의 처리절차를 밟아 국유재산으로 등록되었다 하여 국가 소유로 되는 것도 아니다.]고 판결했다.

즉 대법원은 [진정한 소유자의 상속인이 나타난 이상 그 부동산은 무주부동산이 아니고, 아무런 보상절차도 없이 무주부동산의 처리절차에 따라 국유재산으로 등록한 것만으로 국가소유가 되지 않는다.]는 것이다. 결국, 국가는 보존등기를 말소하여야 하고, 진정한 소유자의 상속인이 다시 보존등기를 할 수 있다는 입장이다.

이때 국가로서는 소유권을 빼앗길 상황에서 국가가 장기간 점유하였다는 이유로 취득시효완성을 주장하여 소유권을 유지하려고 한다.

이에 대한 대법원의 입장을 본다.

첫째, 국가가 등기부취득시효를 주장할 경우이다.

등기부취득시효가 인정되려면, '소유자로 등기한 자가 소유의 의사로, 평온, 공연하게 선의, 무과실로 10년간 점유하여야 한다.' 여기서는 과실있는 점유인지가 핵심이다.

이에 대하여 대법원(2016.8.24. 선고 2016다220679 판결)은 [등기부취득시효가 인정되려면 점유의 개시에 과실이 없어야 하고, 증명책임은 주장자에게 있으며, 여기서 무과실이란 점유자가 자기의 소유라고 믿은 데에 과실이 없음을 말한다. 그런데 부동산의 등기부상 소유자가 존재하는 등 소유자가 따로 있음을 알 수 있는 경우에는, 비록 소유자가 행방불명되어 생사를 알 수 없더라도 부동산이 바로 무주부동산에 해당하는 것은 아니므로, 소유자가 따로 있음을 알 수 있는 부동산에 대하여 국가가 국유재산법에 따른 무주부동산 공고절차를 거쳐 국유재산으로 등기를 마치고 점유를 개시하였다면, 특별한 사정이 없는 한 점유의 개시에 자기의 소유라고 믿은 데에 과실이 있다.]고 판결했다.

즉, 등기부취득시효가 인정되려면 점유에 과실이 없어야 하는데 이 경우에는 과실이 있다는 것이어서, 국가의 등기부취득시효주장을 배척한다는 것이다.

둘째, 국가가 점유취득시효를 주장할 경우이다.

부동산을 20년간 소유의 의사로 평온 공연하게 점유한 자는 등기함으로써 소유권을 취득한다.

이때 국가는 이미 등기가 되어 있기 때문에, 다른 요건만 충족하여 점유취득시효가 완성되었다고 인정되면, 곧바로 소유권을 유지할 수 있다.

다만 이 경우 핵심은 국가가 점유취득시효로 취득하려면 자주점유를 하였어야 하는데 국가의 점유가 과연 자주점유이냐?이다.

대법원판례 중에 무주부동산 공고를 통하여 국가가 보존등기를 한 경우 국가가 점유취득시효를 주장한 사안에 대한 직접적인 판례는 아직 없는 것 같다.

그러나 대법원(2009.9.10. 선고 2009다32553 판결)은 국가가 사유지를 보상절차 없이 도로로 편입하여 점유한 사안에 대하여 이와 같이 판결했다.

[부동산의 점유권원의 성질이 분명하지 않을 때에는, 「민법」 제197조 제1항에 의하여 점유자는 소유의 의사로 선의, 평온 및 공연하게 점유한 것으로 추정되는 것이며, (중략) 「국유재산법」 등에 정한 공공용 재산의 취득절차(보상절차)를 밟는 등, 토지를 점유할 수 있는 일정한 권원 없이, 사유토지를 도로부지에 편입시킨 경우에는, (중략) 자주점유의 추정은 깨어진다고 보아야 할 것이다]라고 판결했다.

대법원은 [사유토지에 대하여 국가가 보상절차 없이 점유하는 것은 자주점유로 볼수 없어 점유취득시효를 인정할 수 없다]는 것이다.

대법원의 이러한 입장대로라면, 무주부동산을 공고를 거쳐 국가가 보존등기를 한 것도, 아무런 보상절차 없이 이루어진 것이기 때문에, 국가의 점유는 자주점유로 볼수 없어 국가의 점유취득시효를 인정할 수 없다는 결론에 도달한다.

그렇다면 진정한 소유자는 아무리 늦게 나타나도 취득시효로 빼앗길 염려가 없는가?

아니다. 국가가 보존등기 후 이를 처분하지 말라는 법이 없다. 일반인에게 처분하면, 새로운 소유자는 정당하게 취득한 것이 되어 그의 점유는 자주점유로 인정되고, 또 국가로부터 정당하게 취득하였기 때문에 ,그 이후의 점유는 과실없는 점유가 되어, 점유취득시효 또는 등기부취득시효가 인정될 수밖에 없다.

그렇기 때문에 일반인이 장기간 점유한 경우에는, 진정한 소유자가 나타나도 소유권을 영영 찾을 수 없게 될 확률이 대단히 높다.

5 국가가 보존등기한 조상 땅 찾아오는 방법

국유재산법 제12조에 의하여 국가가 소유자 없는 부동산(무주부동산)은 6개월 이상 공고를 한 후, 국유재산으로 취득한 경우 찾아올 수 있는지에 대하여는 앞에서 설명하였다.

여기서는 찾아오는 구체적인 방법에 대하여 본다.

우선 국가가 국유재산법에 따라 소유권등기를 한 경우에는 법원의 판결을 받지 않고서는 이를 찾아올 수가 없는 게 현실이다. 법원의 판결을 받지 않고서는 아무리 소유권자라고 주장해도 이를 받아들여 소유권을 인정해 줄 주체가 없다. 그리고 국가를 상대로 소송을 하였을 경우 국가 입장에서는 진실된 소유자가 맞는지에 대한 철저한 검증을 하기 위하여 강하게 맞서는 것이 또한 현실이다.

편하게 생각하면 '소유권등기를 하고 있는 국가로부터 이전등기를 받으면 간단하지 않느냐?'고 할 수도 있다. 그러나 현행법상 국가로부터 직접 이전등기를 받을 수 있는 법률적인 방법이 없다.

첫째, 국가명의의 등기를 말소하여 미등기 상태로 만든 다음에,

둘째, 진정한 소유자 혹은 그의 상속인들이 보존등기를 하는 2단계의 절차를 거쳐야 한다.

미등기부동산에 대하여는 이전등기를 할 수가 없다. 논리상 일단 누군가의 명의로 보존등기를 한 후에야 그 다음부터 이전등기가 가능하다.

미등기인 부동산에 대하여 보존등기를 하려면, 부동산 등기법 제65조 제2호가 말하는 [확정판결에 의하여 자기의 소유권을 증명하는 자]에 해당하여야 한다. 이때 [자기의 소유권을 증명하는 자]가 되기 위하여 받는 판결을 [소유권확인판결]이라고 하고, 그러한 판결을 받기 위하여 제기하는 소송을 [소유권확인소송]이라고 한다.

소유권확인소송은 국가를 피고로 하여 제기한다.

문제는 소유권확인판결을 받으려면 소유권을 입증하는 방법이 핵심과제이다.

이에 대하여는 토지조사부, 임야조사부, 보안림편입지명세서, 사방공사계획서등 등 일제 강점기 때 조선총독부가 작성한 다양한 문서가 있고, 또한 6.25 사변 이후에 작성한 것이 아니고 일제 감정기 때, 즉 8.15. 해방 이전에 작성하여 현재도 관할 시

군이 보관하고 있는 구토지대장이나 구임야대장으로도 소유권을 입증하여 조상 땅을 찾을 수 있다. 소유권확인판결을 받을 수 있을 정도의 증거가 있으면, 국가가 경료한 소유권등기도 말소할 수 있고, 또한 그 판결로 보존등기도 할 수 있어서 부동산을 영원히 내 소유로 할 수 있다.

그렇다면 소송을 제기하여 국가명의의 등기를 말소한 다음, 새로이 소송을 또 제기하여 소유권확인판결을 받아야 하는가? 즉 2회에 걸쳐 소송을 제기하여야 하는가?

그렇지 않다. 국가명의의 보존등기를 말소하라고 할 경우의 피고는 당연히 등기명의자인 국가가 피고가 된다. 한편 부동산등기법 제65조에 의하여 소유권확인판결을 받을 경우의 피고도 역시 국가이다.

그렇기 때문에 하나의 소장에 국가를 피고로 하여 첫 단계로 국가명의 등기를 말소하라고 청구하고, 그 다음 단계로 소유권확인청구를 동시에 하면, 대개의 경우 2가지의 청구가 모두 승소하든지 모두 패소한다. 2개의 청구 중 하나는 승소하고 하나는 패소하는 일은 특별한 경우가 아니면 있을 수 없다.

이러한 2가지 청구가 모두 승소한 하나의 판결문을 받은 후 법무사에게 의뢰하면, 법무사가 그 판결에 의하여 국가명의등기를 말소하고 또 진정한 소유자명의의 보존등기업무를 수행하고 있다.

6 조상 땅 찾기 소송, 종중소송에서 족보(族譜)의 역할

우리나라의 선조들은 조상을 섬기는 일을 매우 중요하게 여겨왔고, 우리 스스로가 옛날 훌륭하신 조상 누구의 후손이라는 사실을 매우 자랑스럽게 생각하고 있다.

이러한 바탕이 있으니까 조상과의 연결을 증명하는 족보를 일반적인 서적 정도로 생각하는 것이 아니라, 차원이 다르고 자신의 존재를 증명하는 정도로 매우 중요하게 여겨 왔다.

일반적으로 우리 선조들은 집안에 아들이 결혼을 하여 며느리가 들어오거나 아들이 태어나면 일단 소가족 중심의 혈연관계를 수시로 문서로 작성해 왔다. 이를 [가승(家乘)]이라고 한다. 30-50년에 한번씩 대종회에서 족보를 제작하여 왔는데, 그때마다 소가족 중심으로 작성한 가승이 전국에서 모아져 족보가 되었고, 그 내용이 정식으로 족보에 올라가면 그 가승은 없애고, 새로운 족보를 기준으로 다음 족보제작 때 사용할 새 가승을 다시 작성하는 일을 반복하여, 그 역사가 많게는 수천년에 이른다.

그리하여 우리는 조상의 뿌리가 매우 분명하고 이를 족보가 증명해왔다. 우리나라의 법원에서도 족보의 기재를 중요한 증거 자료로 인정해오고 있다.

이러한 족보가 조상 땅 찾기 소송이나 종중소송에서 매우 중요한 자료로 역할을 해오고 있다. 흔히 조상 땅 찾기에서 '조상 땅'이라는 것은 6.25 사변 이전 관공서에서 작성된 문서에 어느 토지의 소유자로 조상의 이름이 기재되어 있는 것을 말한다. 그러면 그후에는 그 조상의 후손이 자기자신이라는 사실을 증명하여야 한다.

호적등본이나 제적등본으로 그 사실을 입증할 수 있으면 완벽하다.

그러나 현실은 우리가 1950년 6.25 사변을 거치면서 관공서의 많은 공문서가 소실되었다. 호적, 제적까지도 소실된 경우에는 내가 후손이라는 사실에 대한 입증이 어렵게 된다. 이럴 경우 족보로서 입증하려고 하는데 족보는 관공서가 작성한 것이 아니어서 그 진실성이 떨어진다고 보고 있는 것은 어쩔 수 없다.

대법원 2000.7.4. 선고 2000스2 결정은 [족보는 종중 또는 문중이 종원의 범위를 명백히 하기 위하여 일족의 시조를 기초로 하여 그 자손 전체의 혈통, 배우자, 관력(官歷) 등을 기재하여 제작·반포하는 것으로서, 족보가 조작된 것이라고 인정할 만한 특별한 사정이 없는 한 혈통에 관한 족보의 기재 내용은 이를 믿는 것이 경험칙에 맞는다]라고 하였고, 실제로 족보로서 조상 땅을 찾은 예가 상당히 많다.

그러나 족보가 있다고 하여 만사가 해결된 것이 아니다.

우리 선조들은 족보에 기재된 이름과 집에서 부르는 이름이 다른 경우가 많았다. 족보에 기재된 이름은 소위 [족보에 오른 이름]이라고 하여 함부로 사용하지 않고 집에서 흔히 사용하는 이름을 별도로 가지고 있는 경우가 많았다.

호적은 일제 강점기 때 처음 생긴 것인데, 우리 조상들은 초기에는 호적을 족보만큼 중요하게 여기지 않아 호적에 출생신고를 할 때 족보에 오른 이름이 아닌 집에서 부르는 이름으로 올린 경우가 많았다. 이럴 경우 족보에 자(字)라고 표시한 다음 집에서 부르는 이름을 병기한 경우가 있는데, 그럴 경우에는 족보로 입증이 가능하나 그런 것도 없는 경우에는 족보로 입증하는 게 쉽지 않다.

어찌되었든 호적 제적이 없을 경우 족보가 상속관계를 증명하는 중요한 자료로 이용되고 있는 게 현실이다.

다음은 종중소송에서의 족보의 역할이다.

종중이라고 하면 중시조가 있게 마련이고, 그 중시조의 후손이라야 종중원이 될 수가 있는데, 어느 중시조의 후손이라는 것은 족보에 그 중시조의 후손으로 등재되어 있어야 한다. 그렇기 때문에 족보에 등재되지 않았거나 달리 등재되어 있다면, 그 사람은 다른 방법으로 입증을 하지 못하는 한, 현행법상 특정 종중의 종중원이 될 수가 없다.

그리고 종중총회를 하더라도 족보에 중시조의 후손으로 등재되어 있는 사람만이 종중원이기 때문에 그들에게만 소집통고를 하게 된다.

대법원 2021.11.11. 선고 2021다238902 판결에서 [종중 총회를 개최함에 있어서는, 특별한 사정이 없는 한 족보 등에 의하여 소집통지 대상이 되는 종중원의 범위를 확정한 후 국내에 거주하고 소재가 분명하여 통지가 가능한 모든 종중원에게 개별적으로 소집통지를 함으로써 각자가 회의와 토의 및 의결에 참가할 수 있는 기회를 주어야 하므로, 일부 종중원에 대한 소집통지 없이 개최된 종중 총회에서의 결의는 그 효력이 없다.]라고 명시되어 있으며, 이런 내용의 판결은 여럿 있다.

어찌되었든 종중은 족보가 없이는 논의조차 하기가 어려운 게 사실이다.

그런데 문제는 과거 족보는 모두 한자로 되어 있는데 요즈음 30-40대 법조인들은 한문을 몰라 족보를 읽을 수 없는 게 현실이다.

제 **3** 장

부동산등기

부동산등기

소유권이 이전되었느니 넘어갔느니 하는 말은, 예를 들어 매매계약이 체결되고
매매대금을 완불하였느냐가 아니라, '이전등기가 되었느냐?'는 의미이다.
법이론이 가장 복잡하고 변호사들이 가장 공부를 많이 해야 할 분야가
부동산등기이다.
그러나 재판과정에서 승패를 가름하는 쟁점은 다양하지만 한정되어 있다.

1 등기부도 못 믿는다. 등기부 믿고 소유자와 계약했는데 빈털터리된 사연

누구든지 부동산을 매수할 경우에는 등기부상 최종소유자인지를 확인하고 계약
을 한다. 그런데 전재산을 털어서 거액의 돈을 마련하여 등기부상 최종소유자와 계약
을 체결하고 이전등기까지 마쳤는데, 이를 빼앗기고 빈털터리가 된 분의 사연을 소
개한다.

등기부상에 소유자로 등재되어 있으면 법률상 소유자로 추정된다. 이를 [등기의
추정력]이라고 한다. 우리는 [등기의 추정력]을 믿고 등기부상 소유자와 매매, 임대차
등 모든 거래를 한다.

그런데 누군가가 이전등기에 필요한 서류를 위조하여 자신 명의로 불법으로 이
전등기를 하는 경우가 있다. 그와 같이 불법으로 등기한 사실이 밝혀지면, 그 위조범
은 공정증서원본불실기재죄에 해당하여 형사처벌을 받게 되고 그 범인에게 이전된 등
기는 원인무효의 등기가 된다. 그래서 진정한 권리자가 말소를 청구하면 그 이전등기
는 말소되는 게 현행 우리 민법의 기본원칙이다. 여기까지는 정의에 부합하는 타당
한 결과이다.

그런데 통상 위조범은 자신명의로 이전등기를 한 후 곧바로 다른 사람에게 매도

하여 돈을 챙기는데, 위조범으로부터 다시 그 부동산을 아무것도 모르고 매수한 선의의 매수인은 현행 법제도하에서는 전혀 무방비상태이다.

즉, 위조범이 불법으로 등기한 것에 기초하여 그로부터 이전등기를 한 것이라는 이유로, 위조범 명의의 등기가 말소되면 그 이후 선의의 매수인 앞으로 이전된 등기까지 모조리 자동적으로 원인무효의 등기가 된다.

선의의 매수인이 그 부동산을 매수하기 위하여 근저당을 설정하고 대출을 받았을 경우 그 근저당설정등기도 불법등기에 기초하여 이루어진 것이라는 이유로 원인무효의 등기가 된다. 그렇기 때문에 돈을 대출한 금융기관까지도 손해를 볼 수 있다. 물론 손해를 본 금융기관은 선의의 매수인의 다른 재산을 찾아 채권행사를 하겠지만 그렇다고 해서 손해를 전부 보상받는다는 보장도 없다.

나아가 선의의 매수인으로부터 또다시 그 부동산을 매수한 또다른 선의의 매수인이 있을 경우 그 매수인의 이전등기도 역시 불법등기에 터잡아 이루어진 것이라는 이유로 원인무효의 등기가 되어 말소될 운명에 처하게 된다.

등기부에는 소유권이 계속 변동되는 내역이 기재되고 있는데, 중간에 어떤 소유자의 등기가 위와 같이 불법으로 등기된 것이어서 말소될 운명에 처하게 되면 그 이후에 이루어진 등기는 모두 말소된다는 것이다.

필자를 찾아온 상담자가 바로 여기에 해당되는 분이었다. 불법으로 등기를 하여 이를 팔아넘긴 범인이 다른 재산이 많아서 손해를 배상할 수 있다면 그나마 다행이겠지만, 대개 이러한 경우 범인은 교도소에서 몇 년간 몸으로 때우고 피해자에게 손해를 배상할 생각조차 하지 않는 경우가 많다.

이 분의 경우에도 범인은 구속되어 재판을 받고 있고 진정한 소유자가 등기말소를 구하는 내용의 소송을 제기하자 그 소장을 갖고 찾아온 분이었다.

현행법상 이 딱한 사정에서 구제받을 수 있는 길은 딱 한 가지가 있다. 그것은 민법 제245조 제1항에서 20년간 소유의 의사로 평온 공연하게 점유하여 점유취득시효에 해당하거나 제2항의 등기부취득시효에 해당해야 하는 경우이다.

그러나 점유취득시효에 해당하려면 20년이라는 긴 기간이 필요하므로 여기에 해당되어 구제받기란 쉬운 일이 아니다.

그렇다면 등기부취득시효에 해당하여야 하는데, 여기에 해당하려면 자신명의로 이전등기를 경료하고 10년간 소유의 의사로, 평온, 공연하게 선의이며 과실없이 그 부동산을 점유한 경우(제245조 제2항)이어야 한다.

　그 의뢰인은 시가대로 돈을 주고 매수하였기 때문에 등기부취득시효의 요건인 소유의 의사로 평온, 공연하게, 선의로 점유한 것으로 인정받을 수 있다. 그러나 선의의 매수인이라고 하더라도 앞선 등기가 어떠한 사유로든 불법등기라는 사실을 의심할 수 있었는데도 주의를 기울이지 않아 몰랐다는 사정이 인정되면, '과실있는 점유'라고 인정되어서 구제받을 수가 없다.

　또한 민법 제245조 제2항이 요구하는 조건(소유의사, 평온, 공연, 선의, 무과실)을 갖추었더라도 10년 이상 그 부동산을 점유하여야 하는데, 그 분은 10년에 턱없이 모자랐다.

　결국 그 분은 재판을 하나마나 전 재산을 잃고 말아야 하는 딱한 처지에 처하게 되었다.

　이렇게 선의의 피해자가 눈물을 흘려야 하는 상황을 막으려면 등기부등본을 관리하는 국가가 이를 책임져 주는 것이 바람직하다.

　그러나 그러기 위해서는 국가예산이 뒤따라 주어야 하고 법률이 제정되어야 하는데 현재 우리나라는 그 정도에 이르지 못하고 있다. 이에 대비하여 보험에 가입하는 방안도 생각해 볼 수는 있다.

　어찌되었든 등기부를 믿는 데도 이러한 한계가 있다는 엄연한 현실을 알고는 있어야 한다.

　부동산중개인에게 책임을 물을 수 있지 않느냐고 할지 모른다. 부동산중개인을 통하여 거래가 이루어졌다고 하더라도, 중개인이 불법등기사실을 알고도 중개를 한 것이 명백하지 않는 한, 중개인에게도 책임을 물을 수가 없다.

　우리가 이러한 세상에서 살고 있다.

2　부동산사기의 주범, 선이전등기 하지 마라

　요즈음 부동산개발이 한창이고 산천이 하루아침에 돌변하고 있다. 이와 함께 전 재산이나 다름없는 토지를 잃고 시름의 나날을 보내는 분들이 주위에 많이 보인다. 예상하지 못한 일로 많은 재산을 한꺼번에 잃어 버리면 그 정신적인 충격을 이기지 못해서, 재산보다도 몇배가 중요한 건강까지 잃게 된다.

이러한 일이 생기는 이유가 무엇인지 그리고 이러한 일이 생기지 않게 하려면 무엇을 조심해야 하는지에 대하여 본다.

어떤 분이 2천평의 임야를 갖고 있었다. 편의상 그분의 이름을 임소유 씨라고 하겠다. 최근 가까운 거리에 아파트와 상가가 들어서고 도로가 개설되고, 조용하던 임야가 좀 시끌시끌해졌다. 몇 년 전만 해도 평당 1-2만원 정도였던 땅이 지금은 평당 20-30만원이 되었다고 한다. 부동산중개인들은 은근히 매도하라고 권유해 왔다. 그러나 임소유 씨는 당장 급히 돈이 필요한 것도 아니고 왠지 시간이 흐르면 그 가격이 더 오를 것이라는 막연한 기대하에 모든 유혹을 뿌리쳤다.

그런데 얼마 전 먼 친척되는 사람이 부동산 컨설팅임원이라는 명함을 제시하고 나타나, "모든 비용은 자신들이 책임을 지겠다. 모든 사업이 종료한 후에 비용공제 후 평당 100만원씩 지불할테니 믿고 맡겨보라"고 했다. 계산해보니 20억원! 평생 만져보지 못한 돈이 생기는 것이어서 가슴이 설레었다. 그 대신 그들이 제시하는 조건은, 자신들도 개발비용이 부족하여 은행에서 대출을 받아야 하는데, 2가지 중 하나를 선택하라는 것이었다.

첫째 그 부동산의 소유권을 자신들에게 넘겨서 자신들 명의로 대출을 받던가,

둘째, 임소유 씨 명의로 그대로 두고 임소유 씨가 근저당을 설정하여 대출을 받은후 자신들에게 주던가.

이를 임소유 씨가 선택하라는 것이었다. 개발업자들의 인상이 너무 좋고 신뢰성이 있어 보여서, 임소유 씨는 이전등기를 먼저 해주는 쪽을 선택하였다.

그런데 그후 어찌되었을까?

개발업자들은 주위의 인접토지까지 동일한 조건으로 선이전등기를 한 후 비교적 크게 택지조성사업을 시작했다. 그런데 개발사업에 포함된 인근토지 일부가 원래는 종중소유로 종중원에게 명의신탁을 한 것이었는데, 종중에서 종중원이 임의로 팔아먹으려 한다는 이유로 소송을 제기했고, 법원이 공사중지가처분결정을 하여 재판이 끝날 때까지 사업을 진행할 수 없게 되었다. 개발업자들은 만날 때마다 죄송하다고 사과를 했다.

공사가 장기간 중단되고 은행이자는 점점 누적되고 급기야 은행이자를 납부하지 못하여 그 임야에 경매가 진행되는 사태까지 벌어졌다. 그동안 개발업자는 다른 사채

업자로부터 진 부채를 변제하기 위하여, 대출받은 돈의 대부분을 그쪽으로 지출해 왔다. 결국 임소유 씨가 개발업자에게 넘긴 부동산도 경매가 되었다.

애초부터 사기꾼들이 사기를 친 것이라면 사기죄로 고소를 하여 형사처벌이라도 받게 할 여지가 있지만, 이 사건은 업자들도 전혀 예상하지 못한 종중에서 소송이 들어오는 바람에 공사를 하지 못하여 파탄에 이른 것이기 때문에 사기죄가 성립할 여지도 없다.

이와 같은 사태가 발생한 경우 공통적인 특징은 책임자로 나선 사람은 무일푼이어서 손해를 배상받기가 불가능하다는 사실이다. 이 경우도 마찬가지이었다.

임소유 씨는 한탄한다. 이런 사태를 애초에 예방하려면, 임소유 씨가 이전등기를 먼저 해주지 말고 임소유 씨가 소유권을 그대로 갖고 있으면서 자신명의로 근저당을 설정하여 대출을 받는 것을 선택하였어야 했다고 크게 후회하고 있었다.

그러나 임소유 씨는 어느 쪽을 선택하든 이미 불행의 늪에 빠진 것이다. 자신명의로 두고 자신명의로 근저당을 설정하여 대출을 받았더라도, 방법만 다를 뿐 그 부동산을 날릴 운명에 처한 것은 마찬가지이다. 업자들이 제시하는 2개의 안을 모두 거절했어야 했다. 그들이 제시한 2가지 중 어느 하나를 선택할지 고민하는 순간 이미 불행의 늪에 빠진 것이다.

이러한 일로 부동산을 날리는 대표적인 모습이 위 2가지 중 하나이다.

설령 그들이 사기꾼이 아니라고 하더라도 충분한 자본금이 없이 하는 사업은, 성실한 사람이 열심히 노력을 해도 언제 무슨일이 벌어질지 아무도 예측하기 어렵다. 이 경우와 같은 위험은 선량한 일반으로서는 예상하기 어렵기 때문에 만약 그런 위험까지 책임지라고 하면 개발업자들은 모두 발을 뺄 것이다.

국가에서는 신탁법이라는 법을 제정하여서, 부동산신탁회사가 설립되어 이러한 사업을 대행하고 있다. 임소유 씨도 차라리 부동산신탁회사에게 신탁을 하여 개발을 의뢰하였다면 비교적 안전하였을 것이다.

3 세상에 이럴수가? 매매후 선이전등기해주고 10년이 지나서 생긴 일

아직도 취득시효와 소멸시효에 관하여 이해를 못하시는 분들이 많다. [남의 소유라면 100년이 돼도 돌려주어야지 20년 점유하였다고 취득시효로 빼앗으려 하면 말이 되는가?], 내지는 [한번 빚을 지면 대를 이어서라도 갚아야지 일정기간 지났다고 소멸시효가 완성되었다는 이유로 떼어 먹으면 이게 말이 되느냐?]라고 서슴없이 말하는 분이 있다.

이는 완전히 시대에 뒤떨어진 생각이고 하루빨리 고치지 아니하면 이 시대를 살아가는데 애로가 많을 것이다.

부동산에 관하여 매매계약을 체결하였으면 제때에 잔금을 받고 소유권이전등기까지 하여야 마무리가 되는데, 잔금을 수령하지 아니한 상태에서 먼저 이전등기를 한 후, 서로 믿고 10년이 지났다. 그후 어떠한 일이 벌어지는지에 대하여 실제로 있었던 사건을 토대로 본다.

민법 제162조 제1항은 "채권은 10년간 행사하지 아니하면 소멸시효가 완성한다." 제2항은 "채권 및 소유권 이외의 재산권은 20년간 행사하지 아니하면 소멸시효가 완성한다."라고 규정하고 있다.

즉 모든 채권은 최대 10년이 경과하면 시효로 소멸하고, 소유권이 아닌 권리는 20년간 행사하지 아니하면 시효로 소멸한다는 것이다. 소유권은 소멸시효에 걸리지 아니한다.

참고로 점유권은 점유를 상실함으로써 점유권이 없어지기 때문에, 점유권이 시효로 소멸한다는 것은 논리적으로 상상할 수가 없다.

부동산 매매를 한 경우 매도인은 매매대금을 달라는 청구권이 생기고 매수인은 소유권이전등기청구권이 생긴다. 매도인의 매매대금청구권이나 매수인의 소유권이전등기청구권은 모두 채권이기 때문에, 10년이 경과하면 소멸시효가 완성되어 소멸한다. 돈받을 채권만이 아니라 모든 청구권은 채권으로 소멸시효에 걸린다.

다만 중요한 사실은 매수인의 소유권이전등기청구권은 예외적으로 매수인이 매매계약이후 매도인으로부터 목적물을 [인도받아 점유하고 있는 경우]에는 소멸시효에 걸리지 않는다는게 대법원의 입장이다.

매도인의 매매대금청구권과 매수인의 소유권이전등기청구권은 [동시이행관계]라고 하여, 당사자일방은 상대방이 그의 의무를 이행하기 전까지는 자신의 의무의 이행을 하지 아니할 권리가 있다.

그렇다면 매도인의 매매대금청구권과 매수인의 이전등기청구권은 동시이행관계에 있으니까 양쪽 모두 소멸시효가 진행되지 않거나 나아가 나의 권리만 소멸시효로 소멸하는 경우는 없어야 하지 않는가라고 생각할 수 있다.

그러나 그렇지 않다. 이에 대하여 대법원(1991.3.22. 선고 90다9797 판결)은 [부동산에 대한 매매대금청구권이 소유권이전등기청구권과 동시이행의 관계에 있다고 할지라도 (중략) 매매대금 청구권은 그 지급기일 이후 시효의 진행에 걸린다.]라고 하였다.

즉 청구권은 신속히 행사하라는 소멸시효제도의 취지에서 그런 해석을 하는 것이기 때문에 동시이행관계여부를 떠나 소멸시효에 걸린다고 해석하는 것이다.

그렇기 때문에 잔금이행이 되지 않고 이전등기도 되지 아니한 상태에서 10년이 경과하면 두 개의 권리, 즉 매도인의 잔금이행청구권과 매수인의 이전등기청구권이 모두 소멸시효가 완성되어 권리가 소멸할 수도 있다. 경우에 따라서는 이미 지불한 계약금과 중도금에 대하여 반환해달라는 청구권도 소멸시효가 완성되어 소멸할 수가 있다. 일반 상식으로는 이해가 안될 수 있다.

참고로, 채권자가 돈을 대여하고 이를 담보하기 위하여 근저당을 설정하는 경우가 있다. 근저당이 설정되어 있다고 하더라도 그 채권은 소멸시효로 소멸할 수 있고, 소멸하면 피담보채권이 없어지기 때문에 그 근저당등기는 말소될 수 있다는 사실 명심하여야 한다.

주택임대차보호법의 적용을 받는 임대차에서 임대기간이 경과한 이후 임차인이 보증금을 반환받지 못하였다는 이유로 이사를 가지 않고 그 임차목적물을 계속 점유하고 있다면, 임차인의 임차보증금반환채권은 소멸시효가 진행되지 않는다는 것이 대법원(2020.7.9. 선고 2016다24424, 244231 판결)의 입장이라는 사실도 참고할 사항이다. 임차인을 보호하는 해석이다.

그리고 당사자일방이 이행을 지체하거나 이행불능이 되었을 경우에는, 그 상대방은 계약을 해제할 수가 있는데, 계약을 해제하려면 자신의 권리가 살아 있어야 한다.

그런데, 위와 같이 자신의 권리가 소멸시효완성으로 소멸한 경우에는, 권리가 없어졌기 때문에 계약을 해제할 수 조차 없게 된다.

본론으로 돌아와서, 잔금을 받지 아니한 상태에서 선이전등기를 하고 매수인이 그 부동산을 점유하고 있는 상태에서 10년 이상의 기간이 경과하였다.

이상 설명한 바에 의하면 매수인은 이미 이전등기를 받고 점유까지 하고 있으니까 손해날 것이 없다. 그런데, 매도인의 잔금지급청구권은 10년이 경과하여 소멸시효가 완성되었다.

그리고 매도인의 매매잔금의 청구권은 잔금지급기일로부터 10년의 소멸시효가 진행되는 것이지 위 토지의 소유권등기를 매수인에게 이전해준 때로부터 10년의 소멸시효가 진행되는 것이 아니어서, 이전등기날자를 따지면 10년이 되지 않았다고 주장해도 소용이 없다.

물론 이 경우 매수인이 소멸시효가 완성된 사실을 내세우지 않고, 그 잔금을 지불하겠다고 하면 아무 문제가 없다. 그러나 실제로 있던 사건은 매수인이 혼자 살고 있다가 사망하고 매도인으로서는 그 상속인들을 난생처음 보는 사람들이었다. 그 상속인들은 아무것도 모르는 상태인 데다가 매도인에게 좋지 않은 선입견을 갖고 있었다.

그 상속인들은 [그동안 잔금도 지불하지 않았는데 등기를 이전받고 10년 이상 점유까지 한다는 게 이해되지 않는다]고 하면서 [설령 채무가 있더라도 10년의 소멸시효가 완성되었다]고 주장하고 나섰다. 매도인으로서는 그 상속인들을 설득하지 못하는한, 법적으로는 꼼짝없이 잔금을 떼일 수밖에는 없다.

이러한 일은 믿는 사이일수록 자주 생길 수 있다.

모든 권리는 세월이 흘러도 불변의 상태로 지속되는 게 아니라, 수시로 소멸하고 생기기를 반복한다는 사실을 이 기회에 명심하고 자신에게 주어진 권리는 신속히 행사하여야 한다.

4 원인무효등기라도 말소되지 않는 경우

예를 들어 부동산이 원소유자로부터 제1소유자, 2소유자, 3소유자에게로 순차로 이전되었고, 제3소유자의 등기에는 근저당등기, 가압류등기가 경료되었다고 가정해 본다.

이때 제1소유자명의의 등기가 위조된 이전등기신청서류에 의하여 경료되었다면, 제1소유자명의의 등기는 원인무효이고, 여기에 기초하여 순차로 이루어진 제2소유자의 등기, 제3소유자의 등기, 거기에 기초한 근저당등기 가압류등기등은 모두 말소될 운명에 처한다. 즉 등기부에 소유자로 등기가 되어 있더라도 그 전 소유자의 등기가 원인무효일 경우, 이에 기초하여 이루어진 후순위등기는 모두 말소될 운명이기 때문에, 등기부를 믿고 등기부상 소유자로부터 부동산을 매수하였다가 고스란히 빼앗기는 경우가 의외로 많다는 사실, 이미 여러번 강조한 바 있다.

이러한 현상을 [등기에 공신력이 없다]라고 말한다.

그러나 원인무효등기이어서 말소될 운명에 있다고 하더라도 예외적으로 말소되지 않는 경우가 있다

첫째, 원소유자가 자신은 제1소유자에게 매도한 사실이 없는데 제1소유자가 서류를 위조하여 불법으로 소유권을 이전한 것이라는 이유로 소송을 제기하여, 제2소유자, 제3소유자, 이에 기초한 근저당권자, 가압류권자를 상대로 모든 등기를 말소하라고 청구하였다. 여기에서 가장 이해관계가 크게 걸린 사람은 현재 소유권을 갖고 있는 제3소유자이다.

이 경우 제1소유자는 불법으로 등기를 넘겼지만, 제1소유자가 원소유자와 협의를 하여 사후에 새로이 매매를 하거나 증여를 받는 등 원만히 합의를 하는 바람에, 제1소유자가 소유권을 정당하게 취득한 것으로 되었다면, 제1소유자명의의 등기는 원래는 원인무효이지만 합의를 함으로서 제1소유자가 진실된 소유자가 되었기 때문에, 제1소유자의 등기와 이후의 후순위등기는 모두 말소될 위기에서 벗어난다.

원인무효등기가 이와 같이 살아나는 이유를 학계에서는 [실체관계에 부합]하기 때문이라고 표현한다. 즉 제1소유자의 등기는 원인무효이지만, 합의를 함으로써 실체관계에 부합한다는 말이다.

둘째, 취득시효와 관련된 문제이다.

예를 들어 앞에서 제1소유자의 등기는 원인무효이어서 말소될 운명인데, 제2소유자는 제1소유자의 등기가 진실된 등기라고 믿고 이를 매수하였다고 가정해본다.

민법 제245조 제1항에 의하면 [20년간 소유의 의사로 평온 공연하게 부동산을 점유하는 자는 등기함으로써 그 소유권을 취득한다]라고 하여 점유취득시효에 관하여 규정하고 있다.

제2소유자와 제3소유자가 위와 같이 점유하여 어느 누구든지 20년이 경과하거나 아니면 둘이 합하여 20년이 경과하면, 20년이 경과한 시점의 등기명의자는 점유취득시효가 완성되어 법조문대로라면 등기함으로서 소유권을 취득하게 된다.

그런데 이미 원인무효등기이지만 등기가 되어 있고 그 등기는 점유취득시효완성으로 인하여 실체관계에 부합하기 때문에 말소될 운명에서 벗어난다는 말이다.

한편 민법 제245조 제2항은 [부동산의 소유자로 등기한 자가 10년간 소유의 의사로 평온 공연하게 선의이며 과실없이 그 부동산을 점유한 때에는 소유권을 취득한다]라고 하여 [등기부취득시효]에 관하여 규정하고 있는데, 제2소유자나 제3소유자의 점유가 10년이 되거나 둘의 점유가 합하여 10년이 되어 등기부취득시효의 요건을 갖춘 경우에는, 역시 실체관계에 부합하기 때문에 원인무효등기가 살아나 말소를 면할 수 있다.

[취득시효는 원인무효를 이긴다]는 말이 바로 이걸 두고 하는 말이다.

그러나 점유취득시효나 등기부취득시효의 요건을 갖춘다는 것이 말처럼 쉬운 일이 아니라서 취득시효로 구제받는 경우가 그리 흔하지 않다.

셋째, 중간생략등기의 경우이다.

예컨대 원소유자가 제1소유자에게 매도하고 제1소유자가 다시 제2소유자에게 순차로 매도하였는데, 소유권이전등기는 제1소유자를 건너뛰고 원소유자로부터 직접 제2소유자에게 경료되었다.

원소유자와 제2소유자는 직접 매매가 이루어진 것이 아니어서 이는 엄연히 불법이고 원인무효등기이다. 중간생략등기는 2단계의 매매를 1단계의 매매로 위장하는 것이어서 우선 탈세를 하게 마련이고, 발각되었을 경우 이에 대한 법적인 제재가 따른다.

그렇지만 중간생략등기라는 사실이 밝혀져, 법적인 제재를 받는다 하더라도, 제2소유자는 소유권을 취득한 것만은 사실이기 때문에, 제2소유자명의의 이전등기는 실체관계에 부합하여 말소를 면할 수 있다.

5 특별조치법등기에 대하여 꼭 알아야 할 점

임야와 농지등 토지에 관한 등기말소청구소송에 있어서, 특히 원인무효라는 이유로 등기말소를 청구하는 사건에 있어서, 특조법으로 등기를 했는지 여부는 소송의 승패를 좌우할 수 있는 매우 중요한 사실이다.

각종 특별조치법이 왜 제정되었는지에 대하여 그 경위를 알아보자

우리나라는 1950년 6.25 사변이라는 전쟁을 치렀는데, 그 과정에서 공산군이 점령했던 지역에서는 임야나 농토 등 토지에 관한 등기부등본, 토지대장, 임야대장 등 사유재산을 입증하는 자료들을 의도적으로 불태웠다. 공산당은 토지의 사유제도를 인정하지 않기 때문이다.

6.25 사변이 끝나고 고향에 돌아온 후, 다행히 등기권리증(땅문서) 등 소유권을 입증할 수 있는 근거서류를 소지하고 있는 사람들은 소유권회복등기를 할 수가 있었는데, 대부분의 사람들은 소유권을 입증할 아무런 증거가 없는 상태이었다.

그리하여 처음으로 1964년에 [일반농지의 소유권이전등기등에 관한 특별조치법], 1969년에 [임야소유권 이전등기등에 관한 특별조치법]이 제정되어, 농지와 임야에 관하여 소유자에게 등기를 할 수 있는 길을 열어놓았다. 위 특별조치법은 한시법이어서 일정기간이 지나면 자동적으로 효력이 없어졌다.

이런 특별조치법으로 소유권을 회복하는 방법은 이렇다. 해당 지역을 잘 아는 사람(대개 나이가 많은 사람)을, 국가가 농지에 관하여는 농지위원으로, 임야에 관하여는 임야위원으로 선임하여, 그들로 하여금 어느 토지 혹은 임야는 아무개 소유임을 보증한다는 [보증서]를 작성하게 하고, 관할 면장이 그 보증서를 근거로 어느 토지는 아무개 소유임을 확인한다는 [확인서]를 작성하면, 이를 근거로 관할등기소에 아무개 소유로 소유권등기를 할 수가 있었다. 참으로 많은 사람들이 소유권을 찾았다.

그러나 그후에도 소유권을 회복하지 못한 사람들이 수도 없이 나타나서 현재까지 여러번 특별조치법이 제정되어 소유권을 찾아주었고, 2020년에도 새로운 특별조치법이 제정되어 3년간 시행되었다.

현실에서는 보증인들이 제대로 확인을 하지 않고 내용이 허위인 보증서를 작성하여서, 특별조치법위반죄로 형사처벌을 받은 사례가 매우 많았다.

그러면 특조법으로 이루어진 등기는 어떠한 효력이 있는가? 이게 중요하다. 우리 대법원은 [특조법등기는 보증인이 작성한 보증서의 내용과 이를 근거로 작성한 확인서의 내용이 허위임이 밝혀지지 않는한, 그 특조법등기의 효력을 부인할 수 없다.]는 것이 일반적인 입장이다.

등기에 공신력이 없다는 사실을 몇 번이나 강조한 적이 있다. 공신력에 관하여 요점만 반복하여 말씀드리자면, 위조된 서류에 근거하여 이루어진 등기는 원인무효가 되는데, 이와 같이 원인무효로 말소될 운명에 있는 등기는 물론이고 이에 기초하여 순차로 이루어진 모든 등기가 말소될 수밖에 없다는 것이다.

다만 10년의 등기부취득시효나 20년의 점유취득시효가 완성되면 말소를 면할 수 있다.

그런데 특조법에 의한 등기가 이루어지면 원인무효를 피할 확률이 높다.

그 이유는, 대법원은 특조법에 의하여 경료된 등기의 추정력을 깨기 위하여는 보증서와 확인서의 내용이 허위임을 입증하여야 한다는 입장인데, 실제로 보증서와 확인서가 허위임을 입증하기가 쉽지 않다.

첫째 그 작성자가 스스로 허위로 작성하였다고 자백하거나, 둘째 보증서와 확인서를 허위로 작성하였다는 이유로 특별조치법위반죄로 형사처벌을 받은 경우가 아니면, 현실적으로 이를 입증할 방법이 없다.

그러나 보증인들은 보증 당시 지역 사정을 잘 아는 대부분 나이가 많은 사람들이어서, 현재는 생존한 사람이 많지 않고, 또 보증서와 확인서의 내용이 허위임을 밝히려면 보증서와 확인서 그 자체를 확보한 다음, 그 내용의 진실여부를 따져야 하는데, 지자체에서 보존연한이 도과하였다 해서 보증서와 확인서를 폐기하고 이를 보존하지 않는 경우가 많아서, 현실적으로 보증서와 확인서의 내용이 허위라는 사실을 입증하기가 매우 어렵게 되었기 때문이다.

그렇기 때문에 소유권분쟁이 있는 경우, 재판실무에서 특조법등기가 된 사실이 밝혀지면 해당부동산의 등기가 무효라고 주장하는 당사자가 패소할 가능성이 높아지게 된다.

이 말은 특조법으로 등기를 한 토지는 원인무효가 될 가능성이 적기 때문에 이를 매수하였을 경우 그렇지 않은 경우보다 비교적 안전하다는 말과 같다.

그렇다면 특조법으로 등기된 사실을 어떻게 확인하느냐? 모든 법률에는 공포당시에 법률 제○○○호라고 번호가 부여되는데, 특조법으로 등기가 이루어진 경우 등기부의 소유권등기란에, 예를 들어 "법률 제2111호에 의거하여"라고 하여 등기가 이루어진 근거 법률의 번호가 기재된다. 법률 제2111호는 **[임야소유권이전등기에관한특별조치법]**의 번호이다. 간혹 등기공무원이 등기부에 그 기재를 누락하는 경우가 있는데, 그럴 때는 구토지대장에 법률번호가 기재되어 있다.

특조법등기가 이만큼 중요하다.

6 멸실회복등기에 대하여 꼭 알아야 할 점

우리나라는 1950년 6.25 사변을 겪으면서 토지대장이나 등기부등본 등 국가가 관리하는 토지에 관한 공문서가 상당부분 멸실되어 아직도 그 상처가 그대로 남아 있다.

전쟁이 소강상태에 접어든 1952.10.15.에 대법원은 **[멸실회복등기의 실시요강]**을 제정하여 6.25 사변 때 멸실된 등기를 회복하도록 하였고, 이 실시요강에 따라 이루어진 등기가 바로 멸실회복등기이다. 현행 부동산등기법이 1960.1.1. 시행됨으로서 대법원의 위 실시요강도 효력이 없어졌으니까 멸실회복등기는 원칙적으로 1960. 1.1. 이전에 이루어졌다고 보면 된다.

멸실회복등기신청을 할 때, 멸실되기 이전의 등기필증(일명 등기권리증 혹은 '땅문서'라고도 함)을 개인적으로 소지하고 있으면 완벽한 회복등기가 가능했다. 그러나 6.25 사변 중에 등기필증을 잃어버린 사람이 많았다.

그리하여 대법원은 위 실시요강에서 밝히기를 **[이 회복등기신청에는 전등기의 등기필증을 첨부하여야 한다. 그러나, 이를 제출하기 불능한 때에는 멸실 직전의 등기부등본이나 초본, 토지대장등본, 기타 권리를 증명하는 공문서를 첨부할 수 있다]**고 했다. 기타 권리를 증명하는 공문서로는 재산세 고지서나 납부영수증, 일제 강점기 때 보안림편입지명세서, 사방공사계획서, 그리고 뒤에 언급하는 **[세무서장이 발급하는 소유권증명서]** 등 다양하다.

모든 등기는 등기의 접수날자, 접수번호, 등기의무자 및 등기원인이 기재되어 있고 이는 매우 중요한 사항들이다. 그런데 멸실회복등기에 이것들이 [알 수 없다]는 의미로 접수날자나 접수번호등이 [불상] 혹은 [불명]이라고 기재된 것이 많아서, 이게 무슨 유효한 등기이냐고 많은 분들이 이의를 제기하였다.

완벽한 멸실회복등기가 되기 위해서는 멸실전의 등기사항들을 고스란히 옮겨놓아야 하는데, 등기필증이나 6.25 사변 이전에 발부받아 놓은 등기부등본이 없으면 전 등기의 접수날자, 접수번호 등을 알 수가 없다.

당시 멸실회복등기를 담당하는 공무원이 보기에 접수날자, 접수번호는 알 수 없지만 아무개 소유임이 분명하다고 판단되는 경우, 멸실회복등기를 해주면서 접수번호, 접수날자 등을 알 수 없다는 의미로 [불상] 혹은 [불명]으로 기재한 것이다.

대법원도 처음에는 접수날자, 접수번호 등이 불명으로 기재된 멸실회복등기에 대하여 효력을 인정하지 못한다고 판결을 했던 적이 있다.

그러다가, 대법원 1981.11.24. 선고 80다3286 전원합의체 판결로 입장을 정리하였다. 즉 [멸실회복등기에 있어 전등기의 접수연월일, 접수번호 및 원인일자가 각 불명이라고 기재되었다고 하더라도, 별다른 사정이 없는 한 이는 등기공무원에 의하여 적법하게 수리되고 처리된 것이라고 추정함이 타당하다]라고 판시하여, 멸실회복등기의 권리추정력을 전면적으로 인정하게 되었고, 현재까지도 변함이 없다. 즉 멸실회복등기도 일반등기와 동일한 효력이 있다는 것이다.

그런데 소유권보존등기를 멸실회복등기로 한 경우 주의할 사항이 있다.

대법원 판례를 정리하여 결론만 보자면 다음과 같다.

[보존등기를 멸실회복등기를 통하여 한 경우에는, 제3자가 사정(일제 감정기 때 토지조사사업의 일환으로 사정받은 것을 의미함)받았거나 또는 멸실전(6.25 사변 이전) 등기부상에 소유자로 등기한 자가 따로 있고, 그가 타인에게 양도한 사실을 부인할 경우에는, 멸실회복을 통하여 한 보존등기는 추정력이 없다]는 것이다. 즉 말소되어야 한다는 입장이다.

여기에 예외가 있다. 6.25. 사변 후 1860년대 후반부터 소유권을 찾아주기 위하여 여러차례 특별조치법이 시행되었다.

회복등기가 대법원의 '멸실회복등기실시요강'이 아니고, 1960년대 이후에 특별조치법에 의거하여 회복등기를 하는 경우가 있었다. 이 특별조치법에 의거하여 회복등기를 한 경우에는 이미 다른 제3자가 사정을 받았거나 소유자로 등기를 했던 사실이 밝혀졌어도, 특별조치법으로 한 회복등기는, 등기의 근간이 된 보증서나 확인서의 내용이 허위임이 밝혀지지 않는한, 유효하다는 것이다. 특별조치법으로 등기한 것이 이만큼 효력이 대단하다.

또 하나 중요한 사항이 있다.

수복 후 정부에서는 멸실회복등기를 많은 국민들이 이용하라고 배려를 한 바 있다. 수복 직후에는 지적공부를 작성 비치하고 등록하는 사무를 관할 세무서장이 세금 받기 위해 관장하고 있었는데, 1951년도에 시행된 구 지적법에서 [세무서장이 발급하는 소유권증명서로도 멸실회복등기실시요강에 따른 멸실회복등기를 할 수 있도록] 보완한 바 있다. 즉 시장, 읍, 면장에게는 그러한 증명서를 발급할 권한이 없었다.

그런데 읍장이 발급한 소유권증명서를 이용하여 멸실회복등기를 하였다가 원인무효등기가 되어 소유권을 빼앗긴 사례가 있었다. 이는 전적으로 공무원들이 실수를 한 것이다.

7 중복등기의 실무

부동산 1개에는 등기용지가 1개이어야만 하고, 이를 [1부동산1등기용지원칙]이라고 한다.

그럼에도 불구하고 부동산은 1개인데 등기부가 2개인 경우가 있다. 2개의 등기부의 소유자가 같은 사람이라면 문제가 비교적 크지 않지만, 소유자가 다른 경우에는 문제가 심각하다. 둘 중 한사람은 소유권을 상실할 수밖에 없기 때문이다.

등기를 신청하고 관리하는 것이 모두 불완전한 사람이 하는 일이어서 이런 일이 생기는 것이고, 실제로 의외로 많은 사건이 법적 분쟁으로 번지고 있다.

중복등기가 문제되기 위해서는 중복된 2개의 등기가 모두 유효한 등기로서의 자격을 갖추어야 한다. 예컨대, 불법행위에 의하여 생성된 등기는 원인무효이어서 말소될 것이기 때문에 등기의 중복이 생길 수 없다.

그리고, 예컨대 토지면적이 실제로는 1,000평인데 등기부에는 고작 다섯평이라고 되어 있으면 실제상황과 현저히 불일치한다. 또한 건물등기부에 그 건물의 주소가 실제와 다른 경우가 있다. 이러한 등기는 부동산의 실제상황과 현저하게 달라서, 법적표현으로는 [공시의 **효력이 없기 때문에**] 유효한 등기가 아니어서 역시 등기의 중복이 생길 수 없다.

그렇다면 중복등기가 왜 생기는가?

우리는 6.25 사변 때, 정부가 관리하는 등기부와 토지대장 등 부동산에 관한 공부가 상당부분 소실되었다. 수복 후 지적복구를 하면서 기초자료가 부족하여 정확하지 못하였고, 이 과정에서 상당수의 중복등기가 생겼다.

그리고 실무에서는 예를 들어, [갑]토지를 [을]토지에 합병하면 [갑]토지는 없어졌으니까 [갑]토지의 등기부는 폐쇄하여야 하는데, 실수로 폐쇄를 하지 않아서 중복등기가 생기게 된다. 한편 [갑]토지에서 [을]토지가 분할되었는데, 등기소에서 등기부를 정리할 때 실수로 [병]토지에서 [을]토지가 분할된 것으로 등기부를 잘못 정리하였다면 중복등기가 생기게 된다. 이처럼 중복등기는 여러가지 사유로 생기고 있다.

중복등기의 효력에 대한 대법원의 입장을 본다.

첫째, 등기명의인이 **동일한 경우**에 대하여 대법원은 판결하기를, [동일부동산에 관하여 동일인명의로 중복보존등기가 경료된 경우, 부동산등기법이 1부동산1등기용지원칙을 택하고 있는 이상, 뒤에 있는 등기는 실체관계의 부합여부와 관계없이 무효이고 이 무효인 등기에 터잡아 타인명의로 소유권이전등기가 경료되었더라도 이 등기 역시 무효이다]라고 판결했다(대법원 1983.12.13 선고 83다카743).

둘째, 등기명의인이 **다른 경우**에 대하여 대법원은, [동일 부동산에 관하여 등기명의인을 달리하여 중복된 보존등기가 경료된 경우에는, 먼저 이루어진 보존등기가 원인무효가 되지 아니하는 한, 뒤에 된 보존등기는 비록 그 부동산의 매수인에 의하여 이루어진 경우에도 1부동산1등기용지원칙을 채택하고 있는 부동산등기법 아래에서는 무효라고 해석함이 상당하다]고 판결했다(대법원 1990.11.27. 선고 87다453 전원합의체).

위 2개의 대법원 판결을 쉽게 요약하자면, [등기명의인이 동일하건 다르건 먼저 이루어진 등기가 유효하고 뒤에 이루어진 등기는 무효이다. 그리고 무효인 등기에 기초하여 이루어진 그 이후의 이전등기, 근저당등기등도 모두 무효이다]라는 것이다.

중복등기와 취득시효에 관하여는 제7장에서 설명하기로 한다.

8 매수인이 이전등기를 해가지 않을 경우의 해결방법

　부동산에 관하여 매매가 이루어지고 매매대금이 완불되면 매수인 측에서 서둘러 이전등기를 하려고 온갖 노력을 하고 혹시나 문제가 있지는 않을까 노심초사하는 게 보통이다.

　그런데 간혹 매도인은 매수인에게 소유권이전등기에 필요한 서류를 교부하고 매매목적물을 인도하는 등 매도인으로서 할 일을 모두 이행하였는데, 매수인이 이전등기를 하지 않고, 이런저런 핑계를 대면서 미루는 바람에, 각종 세금이 매도인에게 부과되는 등, 오히려 매도인 측에서 애를 태우는 경우가 있다.

　이때 매도인 측에서 해결방법이 무엇일까?

　참고로, 매매에 따른 이전등기에 있어서 원칙상 등기권리자는 매수인이고 등기의무자는 매도인이다.

　부동산등기법 제23조에 의하면, 등기는 법률에 다른 규정이 없는 경우에는 등기권리자와 등기의무자가 공동으로 신청하고, 판결에 의한 등기는 승소한 등기권리자 또는 승소한 등기의무자가 단독으로 신청한다고 규정하고 있다.

　즉, 매매등 거래에 따른 부동산의 이전등기를 해달라고 하는 신청은 등기권리자인 매수인과 등기의무자인 매도인이 공동으로 신청하는 것이 원칙인데, 공동신청이 등기당사자 일방의 비협조로 이루어질 수 없을 경우가 있다.

　대부분의 경우에는 분쟁이 있을 경우 등기권리자인 매수인이 등기의무자인 매도인을 상대로 소유권이전등기청구 소송을 제기하여 판결을 받은 후 단독으로 등기신청을 하여 이전등기를 마치는 것이 보통이다.

　그러므로 통상 매매로 인한 이전등기를 할 경우에는 매도인이 소지하는 등기권리증, 매도인의 인감증명이나 인감도장등이 필요한데, 판결로 이전등기를 하는 경우에는 오직 판결문과 여기에 확정증명과 송달증명을 첨부하면 되고, 위와 같은 매도인의 등기권리증이나 인감증명등은 필요하지 않다.

　그런데 반대로 등기의무자인 매도인이 등기권리자인 매수인을 상대로 소유권이전등기를 해가라는 청구를 할 수 있느냐의 문제이다.

　이에 대하여는 대법원판결은 할 수 있다고 하는 입장이다.

대법원(2001.2.9. 선고 2000다60708 판결)은 [부동산등기법은 등기는 등기권리자와 등기의무자가 공동으로 신청하여야 함을 원칙으로 하면서도(제23조 제1항), 판결에 의한 등기는 승소한 등기권리자 또는 등기의무자가 단독으로 신청할 수 있도록 규정하고 있다(제23조 제4항). 위 조항에서 승소한 등기권리자 외에 등기의무자도 단독으로 등기를 신청할 수 있게 한 것은, 통상의 채권채무 관계에서는 채권자가 수령을 지체하는 경우 채무자는 공탁 등에 의한 방법으로 채무부담에서 벗어날 수 있으나 등기에 관한 채권채무 관계에서는 이러한 방법을 사용할 수 없으므로, 등기의무자가 자기 명의로 있어서는 안 될 등기가 자기 명의로 있음으로 인하여 사회생활상 또는 법상 불이익을 입을 우려가 있는 경우에는 소송의 방법으로 등기권리자를 상대로 등기를 인수받아 갈 것을 구하고 그 판결을 받아 등기를 강제로 실현할 수 있도록 한 것이다]라고 판결했다.

그러므로 등기의무자인 매도인에게도 예외적으로 매수인에게 이전등기를 해가라고 청구할 수 있는 권리가 있다. 이처럼 등기의무자(매도인)에게 인정되는 등기청구권을 [등기인수청구권] 혹은 [등기수취권]으로 표현하기도 한다.

따라서 부동산의 매수인이 이전등기를 해가지 않는 경우에는 등기의무자인 매도인 측에서 등기인수청구권에 기하여 소송을 제기하여 판결을 받아 이전등기를 할 수 있다.

9 친목단체나 작은 교회도 부동산소유권등기 할 수 있다

얼마 전 어떤 분이 찾아와 하시는 말씀이 '7년 전 산골에 몇 명 안되는 교인들이 뜻을 보아 지목이 잡종지인 작은 토지를 매수하여 이전등기는 하지 않은 채 일부는 농사를 짓고 현재는 임시로 소형으로 건물을 지어 예배를 보는 교회당으로 이용하는데, 매도인이 얼마 전부터 너무 싸게 팔았다고 투덜대며 매매를 취소하려는 것 같아, 마음 변하기 전에 빨리 교회명의로 등기를 할 수 있는 길이 없느냐?'고 문의를 한 적이 있다.

보통의 이전등기하는 것처럼 '교회명의로 이전등기신청을 하면 되는 것 아닙니까?'라고 쉽게 생각할 수 있는데 그렇지 않다.

부동산의 소유자로 등기를 할 수 있는 주체로는 사람, 즉 자연인과 법인 2가지가 있다. 그리고 법인에는 사람 중심의 사단법인(대표적으로 회사) 재산 중심의 재단법인(대표적으로 장학재단)이 있다.

그리고 사단법인이든 재단법인이든, 여기에서 말하는 법인이 되려면 원칙적으로 주무관청의 허가를 받아 법인등기가 되어 있어야 한다.

그런데 이 분은 법인의 등기는 요란한 것 같아 싫고, 그렇다고 교인들 전체명의로 하려니, 교인들의 변동이 있으면 그때마다 고쳐야 하고, 또 그중 한 사람이라도 후에 문제를 일으키면 곤란하니 단체명의로의 등기를 원한다는 것이었다.

사단법인의 실체를 갖추고 있지만 등기를 하지 않는 상태, 이를 [법인 아닌 사단]이라 하는데, 일명 [법인격 없는 사단] 또는 [권리능력이 없는 사단]이라고도 한다. 이 분은 바로 이런 [법인 아닌 사단]형태로의 등기를 바라는 것이었다.

이게 가능하다.

교회가 정식 법인으로 등기를 하지 않았어도 민법이 인정하는 [법인 아닌 사단]으로서의 요건을 갖추면 교회명의로 등기를 할 수 있다.

여기에서 [법인 아닌 사단]이 되기 위해서는 사단법인의 실체를 갖추고 있어야 한다고 했다. 실체를 갖추고 있어야 한다는 말이 무슨 의미이냐?

일반적인 사단법인과 마찬가지로 정관이나 규칙을 마련하여 대표자의 선임 방법, 총회의 운영, 재산 관리 등이 문서로 정해져 있어야 하고, 구성원이 특정되어 있고 대표자 및 임원진이 선임되어 있는등 사단으로서의 조직을 갖추고 있어야 하고, 그리고 목적에 맞는 활동을 하고 있거나 할 준비가 되어 있어야 한다는 것이다.

[법인 아닌 사단]에는 '교회'와 '종중'이 대표적이고 그외에 아파트입주자대표회의, 아파트부녀회, 각종 친목회 등 대법원이 실제로 [법인 아닌 사단]으로 인정한 종류가 매우 다양하다. 그리고 우리 주위에는 실제로 법인 아닌 사단이 무수히 많다.

[법인 아닌 사단]이 발생하는 이유는, 1) 주무관청의 허가를 받지 못하였거나, 2) 법인이 되면 행정관청의 감독을 받아야 하는데 그러한 감독 기타 규제를 받는 것을 원하지 않아 처음부터 법인으로 만들지 않았거나, 3) 법인이 설립도중에 있거나, 등등 여러 가지이다.

이와 같이 [법인 아닌 사단]으로 인정되면, [법인 아닌 사단]이름으로 부동산 등기도 할 수 있고, 소송당사자가 되어 원고나 피고가 되어 소송도 할 수 있다. 다만 법인아닌 사단이 부동산의 소유자로 등기를 하려면 재산세징수등 부동산에 관한 국가정책상 [부동산등기용 등록번호]를 부여받아야 한다.

등록번호를 부여받으려면 정관(규약, 회칙), 대표자임을 증명하는 서류(대표자를 선임하는 총회 회의록)를 첨부하여 관할 시, 군, 구청에 신청하면 되고, 절차가 그렇게 까다롭지 않다.

이와 같이 등록번호를 부여받으면 정식으로 법인등기를 하지 않고도 [법인 아닌 사단]명의로, 즉 교회명의로 부동산 토지와 건물에 대하여 등기를 할 수 있다.

여기서 꼭 알아야 할 사항, 농지는 농지법상 농지취득자격증명을 받아야 등기를 할 수 있는데 농지취득자격증명은 실경작자라야만 받을 수 있다.

종중은 실경작자로 인정할 수 없어서 농지취득자격증명을 받을 수가 없기 때문에, 현행법상 종중명의로 등기를 할 수 없다고 했다. 이는 교회에도 공통되는 사항이다. 교회라는 단체도 실경작자로 인정받을 수 없어 농지는 등기를 할 수 없을 수 있다. 교회가 법인으로 등기를 했는지? 여부는 상관이 없다.

이상 [법인 아닌 사단]에 관한 설명은 단순히 교회뿐만 아니라, 각종 친목회, 동아리모임에도 적용될 수 있다.

여러분은 세세한 절차까지 알 필요는 없고, 그러한 법제도가 있다는 정도만 알고 있어도 충분하다. 어차피 등록번호 부여라는지 소유권등기에 관한 절차를 밟으려면 법무사등 전문가의 도움을 받아야 할 것이니까 이 정도까지만 알고 있어도 충분하리라 본다.

10　가등기, 놀라지 말고 이 정도는 알자

우리가 부동산에 관한 거래를 할 때는 사전에 필히 등기부등본을 발부받아 해당 부동산의 상황을 살피게 되는데, 등기부에 가등기가 되어 있으면 저당권이나 전세권이 설정된 것보다도 더 깜짝 놀라 모든 거래를 중단하는 경향이 있는게 현실이다.

가등기에 관하여 최소한으로 이 정도는 알고 있을 필요가 있다.

첫째, 가등기의 [가]는 임시 가(假)자이다. 말그대로 임시로 해놓는 등기를 말하고 가등기와 대칭되는 개념이 [본등기]이다. 우리가 통상 등기라고 하는 것은 본등기를 의미한다.

둘째, 가등기에는 [청구권 보전가등기]와 [담보가등기] 2가지가 있다.

청구권보전가등기는 예컨대 매매계약을 체결하고 계약금을 지불한 다음, 잔금지급기일까지 장기간이 남아 있고 그 사이에 매도인이 다른 사람과 2중으로 계약을 하거나 근저당을 설정할 것에 대비하여, 매도인이 그와 같은 행위를 하지 못하도록 하기 위해 하는 가등기를 말한다.

이에 반하여 담보가등기는 금전을 차용하고 이를 담보하기 위하여 하는 가등기로서 명칭만 다른 저당권이라고 보아도 좋다.

셋째, 청구권보전가등기는 어떠한 효력이 있는가?

우선, 청구권보전가등기는 그 자체로는 아무런 효력이 없고 가등기에 기한 본등기를 해야만 엄청난 효력을 발휘한다. 가등기를 한 이후 본등기를 하기 이전 그 사이에, 제3자가 한 모든 등기, 예컨대 이전등기, 저당권등기, 전세권등기, 가압류등기, 가처분등기, 압류등기 등 모든 등기는 본등기를 하는 순간 등기소에서 직권으로 말소한다.

즉 우선순위를 따질 때 본등기가 아니라 가등기를 기준으로 따지게 되는데, 가등기보다 순위가 늦은 등기는 후에 본등기가 되면 모두 말소된다는 것이다. 이를 가등기의 [순위보전의 효력]이라고 한다.

그렇기 때문에 청구권보전가등기가 이루어진 부동산은 이를 제대로 파악하지 못하는 한 가급적 거래를 하지 말아야 한다.

반면 담보가등기는 명칭만 다른 별개의 저당권이라고 보면 되기 때문에 가등기날자와 다른 권리의 등기날자 즉, 제3자의 저당권, 전세권, 가압류등 모든 권리의 등기날자를 비교하여 우선순위만을 따지면 된다.

예컨대 가등기후에 제3자의 압류등기가 되고 그 이후에 본등기가 순차로 된 경우를 가정해 본다. 이 경우 그 가등기가 청구권 보전가등기라면 가등기의 순위보전의 효력 때문에 압류등기는 말소되지만, 그 가등기가 담보가등기라면 압류등기는 우선순위가 가등기보다 후순위로 밀릴 뿐 말소되지 않는다.

그렇다면 청구권보전가등기인지 담보가등기인지를 구분해야 하는데 무엇을 기준으로 구분해야 하는가가 문제이다.

대법원이 제정한 [등기예규]에는 등기를 할 당시에, 청구권보전가등기는 [소유권이전청구권가등기]라고 등기부에 기재하고, 담보가등기는 [소유권이전담보가등기]라고 하여 [담보가등기]라는 표현을 등기부에 기재하도록 되어 있다.

그런데, 실무현장에서는 담보가등기를 하면서 [소유권이전청구권가등기]라고 표시하고 있는데도 불구하고, 이에 대하여 법적으로 아무런 제재를 하지 않고 있는게 현실이다. 그러므로 등기부등본상으로는 양자를 구별할 방법이 없다.

실무적으로는 궁여지책으로 이렇게 구별할 수밖에 없다.

담보가등기권자는 자신의 채권을 변제받기 위하여 임의경매를 신청할 수가 있다. 저당권자와 같다. 그러므로 가등기권자가 경매신청을 하였다면 그 가등기는 담보가등기이다.

가등기권자가 경매를 신청하지 않은 경우에는 어떤가? 경매를 진행하는 법원은 해당부동산에 가등기가 있으면 가등기권자에게 [담보가등기이면 채권계산서를 제출하라] 다른 말로 [배당요구를 하라]고 통고를 한다. 저당권자 등 채권자에게 보내는 동일한 내용의 통고서이다.

이때 그 가등기권자가 채권계산서를 제출하면, 즉 배당요구를 하면, 그 가등기는 담보가등기이고 채권계산서를 제출하지 않으면 청구권보전가등기라는 사실을 그제서야 알게 된다. 채권계산서 제출여부는 [법원경매정보사이트]에 들어가 [문건/송달내역]을 보면 확인할 수 있다.

이 부분은 법령의 개정을 통하여 불편을 해소할 필요가 있다.

그 가등기가 청구권보전가등기이고 그 가등기권자가 최선순위의 권리자라면, 후순위 권리자의 신청에 의한 경매로 인하여 비록 누군가가 경락을 받았더라도, 가등기에 기한 본등기가 경료되었다면 그 경락인은 소유권을 빼앗기게 된다. 매우 강력한 효력이다.

한편 담보가등기는 가등기담보법 제4조에 의하여, 가등기권자가 채권원리금을 계산하여 부동산가액이 그 이상일 경우에는 그 차액을 채무자에게 청산한 후 소유권을 취득하도록 되어 있는데 이를 [청산절차]라고 한다. 담보가등기권자가 청산절차를 완료하면 완전한 소유권을 취득한다.

그런데, 법원의 경매개시결정이 있기 이전에 가등기권자가 청산절차를 완료하면, 그 이후 경락이 되어 제3자가 경락을 받아도 그 제3자는 소유권을 취득할 수 없다.

가등기에 기하여 본등기를 한 경우 등기부에는 가등기와 본등기 2개가 모두 기재되어 있다. 가등기권자의 권리를 말소하려면 본등기만 말소하면 되는게 아니다. 본등기가 말소되어도 가등기는 살아있고 이를 이용하여 또다시 본등기를 할 수 있기 때문에 본등기와 별도로 가등기말소도 청구하여야 한다는 사실 명심하여야 한다.

청구권보전가등기에 기한 본등기를 할 수 있는 기간은 10년이다. 이때 10년은 [제척기간]이라고 하는데, 소멸시효와 다른 점은 소멸시효는 시효기간 중 일부변제나 승인을 하면 시효진행이 중단되는 [중단사유]가 있는데, 제척기간은 10년의 기간이 경과하면 무조건 권리가 소멸한다.

모든 채권은 민사채권은 10년, 상사채권은 5년이 지나면 소멸시효가 완성되어 소멸하는데, 가등기의 피담보채권이 시효소멸하면 담보가등기도 말소될 수 있다.

마지막으로 가등기가 투기꾼에 의하여 악용되는 사례를 소개한다.

투기꾼이 계약금을 지불하고 가등기를 요구하여 매도인이 무심코 응하였다고 가정하자. 청구권보전가등기는 10년간 유효하다. 가등기가 경료된 부동산은 아무도 쳐다보지 않는다. 그동안 투기꾼은 연락을 끊고 그 부동산의 가격이 오를 때만 기다리다가 뒤늦게 나타나 권리를 주장하면 꼼짝없이 당할 수 있다.

그러므로 이럴 경우 투기꾼이 행세를 못하도록 특약조항을 단단히 준비해야 한다.

11 경료된지 10년 넘은 가등기가 유효하게 존재 할 가능성에 대하여

가등기에는 2가지, 즉 [청구권 보전가등기]와 [담보가등기]가 있고 가등기에 대한 일반적인 설명은 앞에서 하였다.

일반적인 경우 매매계약을 체결하면 소유권이전등기청구권이 발생한다, 그 소유권이전등기청구권은 10년간 행사하지 아니하면 시효소멸한다. 다만 매수인이 그 부동산을 [인도받아 점유하고 있으면 소멸시효가 진행되지 않는다]는 것이 대법원의 입장이어서, 10년이상이 되어도 시효로 소멸하지 않는다는 말이 생긴 것이다.

그렇다면 가등기의 경우 가등기권자가 부동산을 인도받아 점유하고 있으면 10년이 경과해도 가등기가 영원히 소멸하지 않는지에 대하여 본다.

우선 청구권보전가등기의 경우이다.

대법원 1997.7.25. 선고 96다47494, 47500 판결에서, [매매예약에서 예약자의 상대방이 매매예약 완결의 의사표시를 하여 매매의 효력을 생기게 하는 권리 즉, 매매예약 완결권은 일종의 형성권으로서 당사자 사이에 그 행사기간을 약정한 때에는 그 기간 내에, 그러한 약정이 없는 때에는 그 예약이 성립한 때로부터 10년 내에, 이를 행사하여야 하고, 그 기간을 지난 때에는 상대방이 예약 목적물인 부동산을 인도받은 경우라도 예약완결권은 제척기간의 경과로 인하여 소멸한다.]라고 명시하고 있다.

즉 청구권보전가등기는 10년 내에 예약완결권을 행사하지 아니하면 가등기권자가 부동산을 인도받아 점유하는지 여부를 불문하고 그 예약완결권이 제척기간의 경과로 소멸하기 때문에, 예약완결권이 소멸한 가등기는 말소를 면할 수가 없게 된다.

그런데 여기서 예약완결권을 행사한 경우에는 문제가 있다. 매매예약 후 제척기간내에 매매예약완결권을 행사하면 정상적인 매매가 성립한다. 통상 내용증명우편으로 매매예약을 완결한다는 의사를 표시하여 매매가 성립한다. 그리고 나서 가등기에 기한 본등기를 하게 된다.

이때 가등기에 기한 본등기를 하지 않고 가등기와는 무관하게 일반적인 매매로 인한 소유권이전등기를 하는 경우도 있으나, 이때에는 여기에서 말하는 이론들이 전혀 해당이 없다.

여기에서 매매예약완결권을 행사하여 매매가 성립된 경우 언제까지 가등기에 기한 본등기를 해야 하는지에 대한 제한규정이 없다.

그렇다면 이러한 가등기에 기한 본등기청구권도 일반 소유권이전등기청구권과 같이 [매매가 성립하여 그 청구권을 행사할 수 있는 날]로부터 10년 내에 행사하지 아니하면 시효소멸한다고 보아야 하고, 매수인(가등기권자)이 인도받아 점유하고 있으면 소멸시효가 진행되지 않는다고 보아야 할 것이다.

매매로 인한 소유권이전등기청구권이 생기려면 통상 매매잔금을 지불해야 한다. 그렇다면 가등기권자가 [제척기간 내에 매매예약완결의 의사표시]를 하고 아울러 [매매잔금도 완불]하면 가등기에 기한 본등기청구권이 생기는데, 그 본등기청구권은 10년간 행사하지 아니하면 시효로 소멸하고, 가등기권자가 그 목적물을 인도받아 점유하고 있으면 이론상으로는 영원히 소멸시효가 진행되지 않는다고 보아야 전체적으로 일관성있는 해석이 될 것이다.

그렇다면 매매대금을 완불하였으면서 장기간 이전등기를 받지 않는 일이 실제로 발생할 확률은 비록 적을지라도, 이론상으로는 본등기청구권이 살아 있는 한 목적물을 인도받아 점유하고 있는 동안은 10년이 넘은 가등기가 유효하게 존재할 수 있다.

다음으로 담보가등기의 경우이다.

저당권의 경우에는 피담보채권이 시효로 소멸하면 그 저당권등기는 존재 의미가 없어서 말소된다.

마찬가지로 담보가등기의 경우에도 피담보채권이 시효로 소멸하면 그 가등기는 존재의 의미가 없어서 이해관계인이 청구하면 말소된다. 이 경우 채권의 소멸시효기간은 채권의 종류에 따라 10년, 5년, 3년이 될 수도 있다.

이때 담보가등기권자가 해당 부동산을 인도받아 점유하면 자신의 채권이 소멸시효에 안 걸리는가? 즉 10년이 지나도 계속 채권이 살아 있는가?

저당권등기가 되어 있는 경우 저당권자가 부동산을 인도받아 점유하더라도 저당채권이 소멸시효가 진행되어 소멸하듯이, 담보가등기의 경우에도 마찬가지로 가등기권자가 부동산을 인도받아 점유하더라도 채권이 시효소멸할 수 있다.

어느 쪽이든 피담보채권이 시효소멸하면, 채권자가 부동산을 인도받아 점유하는지 여부와는 관계없이, 저당권등기이든 담보가등기이든 더 이상 그 등기는 존재의미가 없어 말소된다.

대법원 2009.11.12. 선고 2009다51028 판결도 [담보가등기를 경료한 부동산을 인도받아 점유하더라도 담보가등기의 피담보채권의 소멸시효가 중단되는 것은 아니다]라고 하여 이를 명백히 했다.

그리고 저당권의 경우 채무자가 돈을 갚지 못하면, 채권자가 경매를 신청할 수는 있을지언정 저당목적물에 대하여 저당권자에게 직접 소유권을 이전하라고 청구할 수는 없다.

마찬가지로 담보가등기의 경우에도 채권을 변제하지 못하였을 경우, 가등기권자가 경매신청을 할 수는 있어도, 이론상 가등기권자에게 직접 소유권을 이전하라고 할 수가 없다.

그렇다면 담보가등기의 경우 부동산을 인도받아 점유하는 경우 소멸시효에 걸리니 안걸리니 하는 말이 왜 나오는가?

담보가등기의 경우에는 채무를 변제하지 못할 경우 특수한 과정을 거친다. 담보가등기는 금전을 차용하고 이를 담보하기 위하여 가등기를 한 것인데, 채무자가 채무를 변제하지 못할 경우 가등기권자가 가등기된 부동산을 통째로 이전해 가는 예가 많아서, 채무자가 일방적으로 손해를 보는 것을 방지하기 위하여 **[가등기담보등에관한법률]**이 제정되어 현재 시행되고 있다.

약칭 가등기담보법 제4조에 의하면, 가등기권자가 채권원리금을 계산하여 부동산가액이 그 이상일 경우에는 그 차액을 채무자에게 지불하여야 하고, 부동산가액이 채권원리금에 못미치는 경우에는 청산할 필요없이 그 부동산의 소유권을 취득할 수 있도록 되어 있다. 이를 **[청산절차]**라고 한다.

이러한 청산절차가 종료하는 순간, 가등기권자에게 소유권이전등기청구권이 발생한다.

즉 이때의 소유권이전등기청구권은 일반적인 경우와 같이 청산절차가 종료하는 순간부터 10년의 소멸시효가 진행되고, 부동산을 인도받아 점유하면 소멸시효가 진행되지 아니한다.

그렇다면 이때 그 가등기는 말소되지 않고 계속 유효하게 존재하는가?

이론적으로는 이와 같이 담보가등기의 경우, 청산절차가 완료되어 가등기권자에게 소유권이전등기청구권이 발생하였다면, 이미 담보채권은 소유권이전등기청구권으로 변형되어 채권자체가 소멸하였기 때문에, 채권의 소멸시효를 논할 여지 자체가 없어졌다. 그리고 가등기도 담보기능을 다하고 존재가치가 없어졌다.

정리하자면, 다음과 같다.

청구권보전가등기는 10년이 경과하면 예약완결권이 제척기간도과로 소멸하여 가등기도 말소되어야 한다. 다만 제척기간내에 예약완결권을 행사하여 정상적인 매매가 성립한 이후에는, 가등기에 기한 본등기청구권은 일반 소유권이전등기청구권과 같이 10년의 소멸시효가 적용되고 매수인인 가등기권자가 부동산을 인도받아 점유하고 있으면 소멸시효가 진행되지 않는다.

그리하여, 이론상 본등기청구권이 살아 있는 동안은 가등기도 말소되지 않는다고 보아야 하기 때문에 10년이 넘은 가등기가 살아 있을 가능성이 있다.

이와는 달리, 담보가등기는 피담보채권이 시효로 소멸하면 그 자체로 가등기의 존재의미가 없어 소멸하고 부동산을 인도받아 점유하는지 여부에 관계없이 10년이 경과하면 채권의 소멸시효가 완성되어 소멸하고 따라서 가등기도 말소되고 만다.

다만 담보가등기가 청산절차를 거쳐 가등기권자에게 이전등기청구권이 생긴경우에는 그 이전등기청구권은 통상의 이전등기청구권과 같이 10년간 행사하지 아니하면 시효로 소멸하고 가등기권자가 이를 인도받아 점유하면 소멸시효가 진행되지 않는다.

그러나 이 경우에는 그 가등기는 청산절차를 거치면서 그 존재가치가 소멸하였고, 담보가등기의 경우에는 청산절차를 거친 후 가등기에 기한 본등기를 하는 것이 아니고 청산을 원인으로 하여 별도의 소유권이전등기를 하는 것이기 때문에, 10년이 넘은 가등기가 그대로 유효하게 존재할 필요성이 없어졌다.

그리하여 담보가등기의 경우에는 청구권보전가등기와는 달리 논리적으로 10년이 넘은 가등기가 유효하게 존재할 여지가 없다.

부동산 소유권

부동산 소유권

평소에 공부를 많이 해야 할 분야이다.
그래야 예상치 않은 손해를 면할 수 있다.

1. 공유부동산, 분할하여 단독소유하는 방법

토지와 건물이 단독소유가 아니고 여러사람의 공유로 등기가 되어 있는 경우가 있다. 공유자들은 공유지분을 소유하고 있고, 각 공유자들은 자신의 지분을 자유로이 매매할 수 있어 아무런 불편이 없어 보인다.

그러나 예컨대 토지를 단독소유가 아니고 공유자의 1인으로서 지분만 갖고 있을 때에는 자기의 지분의 경계가 일반인이 식별할수 있도록 표시되어 있는 것이 아니어서 구분하여 이용할 수도 없고, 전부를 일시적으로나마 이용하려면 다른 공유자의 동의를 받아야 하는데, 다른 공유자가 동의를 하지 않을 때에는 곤란한 문제가 생길 수 있다.

한편 처분을 하고 싶어도 매수하는 사람이 토지전제를 매수하려고 할 경우 다른 공유자가 처분을 거부하면 처분도 못하는 상황이 생긴다.

그리하여 공유자는 대부분 소유권을 제대로 행사하지 못하는 게 현실이다.

이러할 경우 부동산을 쪼개서 각자의 단독소유로 하는 방법이 있는데, 이를 [공유물분할]이라고 한다.

민법 제268조 제1항은 [공유자는 공유물의 분할을 청구할 수 있다. 그러나 5년 내의 기간으로 분할하지 아니할 것을 약정할 수 있다]라고 규정하고 있다.

즉 공유자는 위와 같은 분할금지약정이 없는 한, 원칙적으로 자유로이 공유물의 분할을 청구할 수 있는데, 이를 [공유물분할자유의 원칙]이라고 한다.

다만 아파트 부지와 같은 [집합건물법]상의 대지나 [농어촌정비법]에 따른 농업 생산기반 정비사업이 시행된 농지는, 공유토지가 분할될 경우 커다란 부작용이 생길 염려가 있기 때문에 예외적으로 공유물분할을 하지 못하도록 정책적으로 법률로 규정하고 있다.

공유물을 분할하는 방법으로는 공유자 간의 협의에 의하여 분할할 수가 있는데, 이 경우 현물을 쪼개어 분할할 수가 있고(현물분할), 팔아서 돈으로 나눌수도 있고(대금분할), 공유자가 협의로 달리 정할 수도 있다.

그러나 공유자간에 협의로 완벽하게 분할이 이루어지는 경우가 흔하지 않고 이럴 경우 법원에 공유물분할청구소송을 제기하여 분할을 하게 된다.

법원에 공유물분할소송을 제기할 경우에는 분할을 원하는 공유자가 원고가 되어서 나머지 공유자 전원을 피고로 하여 분할청구를 하여야 한다. 일부 공유자를 제외하고 공유물분할을 논할 수 없기 때문이다. 즉 공유자는 원고이든 피고이든 반드시 공유물분할소송의 당사자에 포함되어야 한다. 이를 [필요적공동소송]이라고 한다.

공유물분할소송이 제기된 경우 법원은 먼저 현물분할을 시도한다. 부동산을 공유지분에 따라 물건을 쪼개어 분할하는 것, 즉 현물분할을 원칙으로 하되, 다만 당사자간에 구체적인 분할안에 대하여 협의가 이루어지지 않거나, 현물로 분할하면 현저히 가액이 줄어들 염려가 있는 경우에는 법원은 경매를 명하여 돈으로 분배하는 소위 [경매분할]을 명할 수도 있다.

그 외에도 법원은 공유자들의 이해관계를 세밀히 따져서, 예컨대 갑, 을, 병 3인의 공유인 상태에서 갑이 을과 병을 상대로 공유물분할청구를 한 경우, 갑의 지분만을 분할하고 을과 병은 나머지 부분을 두 사람의 공유로 남기는 판결을 할 수도 있다.

경매분할을 할 경우에는 통상 경매가격이 시가에 못미치는 경우가 많기 때문에 법원에서도 가급적 경매분할을 하지 않으려고 한다.

예를 들어, 공유자 일부가 고층 빌딩을 소유하여 지분비율에 따른 분할이 불가능하고 경매분할도 할 수 없는 경우에는, 토지를 공유자의 형편에 부합하게 분할을 명하면서, 자신의 지분보다 많은 면적을 소유하게 되는 공유자로 하여금, 토지를 적게 소유하게 되는 공유자에게 그 부족분만큼을 가액으로, 즉 돈으로 배상케 하는 내용의 분할을 명하는 판결을 하는 예도 있다.

경우에 따라서는 공유자 1인의 단독소유로 하고, 단독으로 소유를 하게 되는 공유자가 나머지 공유자에게 가액으로 배상케 하는 판결을 한 예도 있었다.

참고로 [공유토지분할에 관한 특례법]에서는 공유토지분할에 관하여 사회형평에 맞게 분할에 관한 세부규정을 두고 있다.

2 토지 건물, 한 번 동일인 소유이었으면 건물철거 안 된다 (관습법상의 법정지상권)

토지소유자와 건물소유자가 다른 경우에는 건물소유자는 토지소유자의 눈치를 보게 마련이다. 토지사용료도 지불해야 하고 사정에 따라서는 토지소유자가 건물을 철거하라고 할 수도 있기 때문이다.

민법 제366조는 [저당물의 경매로 인하여 토지와 그 지상건물이 다른 소유자에 속한 경우에는 그 토지소유자는 건물소유자에 대하여 지상권을 설정한 것으로 본다. 그러나 지료는 당사자의 청구에 의하여 법원이 이를 정한다]라고 규정하고 있다. 이것이 바로 [법정지상권]규정이다.

예를 들어 건물에 거주하는 사람에게 임차권이 있으면 임차권이 존속하는 동안은 주인이 건물인도나 퇴거청구를 하지 못하듯이, 건물소유를 위하여 토지에 지상권이 설정되어 있으면 토지 소유자는 건물철거를 청구할 수 없다. 이러한 내용은 모두 당사자의 약정에 의하여 정해진다.

그런데 경매로 인하여 소유자가 달라진 경우 지상권이 발생한다는 것은 당사자의 약정이 아니라 민법 제366조가 법률로 정하였다고 하여 이를 [법정지상권]이라고 한다.

그렇다면 토지와 건물이 동일인 소유이었다가 경매가 아니고 매매나 증여등으로 소유자가 달라진 경우에는 토지소유자가 건물의 철거를 맘대로 요구할 수 있는가?

경매로 소유자가 달라진 경우에는 법정지상권때문에 철거를 구할 수 없는데 매매나 증여등으로 소유자가 달라진 경우에는 맘대로 철거를 해주어야 한다면 이는 형평의 원칙에 어긋난다. 그리하여 대법원은 매매나 증여 등으로 인하여 소유자가 달라진 경우에도 건물소유자를 위하여 지상권이 있는 것으로 인정하여서 건물소유자가 토지소유자의 철거요구에 대항할 수 있는 지상권을 인정하고 있다. 대법원이 인정한 이러한 지상권을 [관습법상의 법정지상권]이라고 한다.

대법원이 인정하는 관습법상의 법정지상권이 성립하기 위하여는, 토지나 건물이 동일인 소유였다가 그중 하나가 매매, 증여, 대물변제, 공유지분할, 국세징수법에 의한 공매, 강제경매 등의 원인으로 처분되어 소유자가 다르게 되었어야 한다.

그러나 다음과 같은 경우에는 관습법상 법정지상권이 성립하지 않아서 건물을 철거해야 한다.

첫째, 토지소유자가 건물을 소유하여 토지와 건물의 소유자가 동일인이었는데, 토지의 진정한 소유자가 나타나 소송을 제기하여 토지소유자의 등기가 원인무효로 말소하는 바람에 소유자가 달라진 경우에는 관습법상 법정지상권이 성립하지 않는다.

둘째, 명의신탁된 토지는 등기가 수탁자명의로 되어 있지만 실질적인 소유자는 뒤에 숨은 신탁자소유이다. 수탁자가 신탁자의 동의를 받지 않고 건물을 지은 경우에는 외부적으로는 소유권등기가 토지와 건물이 수탁자 동일인 소유이었더라도 토지가 명의신탁해지를 원인으로 신탁자에게 이전되면 신탁자와 수탁자 사이에서는 수탁자에게 건물소유를 위한 관습법상의 법정지상권이 성립하지 않는다.

셋째, 토지와 건물이 동일인 소유인 상태에서 모두 양도되어 여전히 양수인이 토지와 건물을 소유하고 있다가, 그중 하나가 채권자취소권. 일명 사해행위취소에 의하여 양도가 취소되는 바람에 소유자가 달라진 경우에도 관습법상의 법정지상권이 성립하지 않는다.

넷째, 토지와 건물이 동일인 소유이었다가 토지가 환지되는 바람에 소유자가 달라진 경우에도 관습법상의 법정지상권이 성립하지 않는다. 이 경우 지상권을 인정하면 환지받은 토지 소유자에게 예상하지 못한 손해를 가할 수 있고 환지라는 제도 자체가 무색하게 되기 때문이다.

다섯째, 토지와 건물의 소유자가 달라진 상태에서, 건물소유자가 건물의 소유를 목적으로 한 토지임대차계약을 체결한 경우에는, 건물소유자가 관습법상의 법정지상권을 포기한 것으로 보아야 한다는 것이 대법원의 입장이다.

여섯째, 건물소유자가 건물을 철거하기로 특약을 하였다면 당연히 관습법상의 법정지상권은 포기한 것으로 보아야 할 것이다.

이상 관습법상의 법정지상권이 인정되지 않는 경우를 살펴 보았다.

관습법상의 법정지상권은 등기여부에 관계없이 효력이 발생하기 때문에, 등기를 하지 않아도 건물소유자는 토지소유자가 수차례 바뀌더라도 지상권을 주장하여 토지소유자의 철거요구에 대항할 수 있다.

다만 법정지상권이 붙은 건물을 양수한 사람이 법정지상권을 취득하려면 양도인이 법정지상권을 등기한 후 그것을 이전등기 받아야 하지만, 그 이전등기를 하지 않았더라도, 양수인은 양도인의 법정지상권을 대위하여 주장할 수 있기 때문에 토지소유자의 철거청구에 대항할 수 있다.

관습법상의 법정지상권은 영구적인 권리인가? 그 존속기간에 대하여는 민법 제280조제1항이 지상권의 존속기간에 대하여 상세히 규정하고 있는데 이에 따라야 한다는 것이 대법원의 입장이다.

마지막으로 관습법상의 법정지상권이 성립하면 토지사용료 즉 지료는 어떻게 되는가? 이 경우 대법원은 당사자간 협의가 성립되지 아니할 경우 민법 제336조를 준용하여 당사자의 청구에 의하여 법원이 정하라는 입장인데 통상 감정가에 의한다.

3. 저당권설정, 가압류, 지상권 등이 등기 되어 있는 토지, 건축허가를 받거나 사용승낙하려면 그들의 동의를 받아야 하나?

우리가 일상생활을 하면서 타인의 토지에 건축을 하거나 할 경우, 토지소유자로부터 토지사용승낙을 받아야 할 경우가 많다.

더욱이 이와관련된 법률관계가 매우 까다로운데, 관할 시군 담당공무원은 법률전문가도 아니고 또한 그들은 민원이 생기는 것을 몹시 싫어하다 보니까 민원이 발생할 염려가 있으면 대부분 [이해관계인의 동의를 받아오라]고 내미는 실정이다.

토지사용승낙을 해주었다는 것은, 토지의 소유권은 그대로 갖고 있지만, 이를 사용수익할 수 있는 권한은 타인에게 이전되었다는 것을 의미한다.

토지는 소유권은 그대로 갖고 있더라도, 예컨대 돈을 차용하고 담보로 저당권설정등기를 할 수도 있고, 채권자가 압류및 가압류등기, 가처분등기를 할 수도 있고, 또 소유자가 타인에게 지상권등기, 지역권등기, 전세권등기, 임차권등기 등을 해줄 수도 있는 등 소유자 혹은 제3자가 행사할 수 있는 권리의 종류가 다양하다.

이러한 종류의 등기가 되어 있는 토지에 대하여 건축허가를 받거나, 소유자가 타인에게 사용승낙을 해준다면 기존권리자와의 사이에 이해가 충돌되는 것은 분명하다.

이러한 경우 토지소유자가 건축허가를 받거나 아니면 타인에게 토지사용승낙을 할 경우 기존권리자로부터 동의를 받아야 하는지? 각도를 달리해서 허가관청에서는, 예컨대 타인의 토지에 건축허가를 하거나, 타인소유 토지에 진입로를 개설하는 조건으로 건축허가를 하여야 할 경우, 당연히 그 타인으로부터 사용승낙을 받아야 하는데, 그때 기존권리자의 동의가 필요한지?에 대하여 알아본다.

첫째, 저당권 또는 근저당권이 설정된 경우이다.

저당권이 설정되어 있다는 것은 저당채무자가 채무를 변제하지 못할 경우에는, 저당권에 기하여 경매(임의경매)를 신청하여 채권을 회수할 수 있다는 것이 전제되어 있다. 그런데 그 토지에 경매가 개시되었을 때, 채권자입장에서는 그 토지가 고가로 낙찰되기를 희망한다. 그런데, 그 토지에 건물이 축조되어 있거나, 타인이 사용승낙을 받아 건물부지나 도로로 사용하는 경우, 경매에 입찰하는 사람 입장에서는 응찰하기를 꺼려하는 경향이 있게 마련이다.

그렇다면 근저당이 설정된 토지에, 건축허가를 받거나 그 토지를 타인에게 사용승낙을 할 경우 근저당권자의 동의를 받아야 하는가?

저당권이 설정된 경우에는 저당권자가 그 토지를 사용수익할 권리가 없고 오직 담보가치에만 영향을 미친다.

통상 이와 같이 동의를 받아야 하는지가 문제될 경우, 법률이 특별히 동의를 받아야 한다는 제한 규정을 두고 있지 않다면, 원칙적으로 동의를 요하지 않는다고 해석하여야 한다.

현행법은 이에 대하여 제한규정을 두고 있지 않기 때문에 저당권자의 동의 없이 건축허가를 받을 수 있고, 또 타인에게 사용승낙을 할 수도 있다.

둘째, 압류 가압류의 경우이다.

압류나 가압류는 금전채권자가 자신의 채권을 확보해두기 위하여 소유자의 동의를 받을 필요도 없이, 일방적으로 법원의 결정을 받아 등기부에 기재하는 것이다.

토지소유자가 건축허가를 받거나 타인에게 사용승낙을 해주어야 할 경우, 이와 같이 압류나 가압류등기가 되어 있을 때, 그들의 동의를 받아야 하는가?

실제로 있었던 일이다. 모 지자체에서 건축허가를 함에 있어 그 토지에 제3자의 압류등기가 되어 있었고, 허가청에서는 압류채권자의 동의를 받아오라고 보완요구를 하였다. 그러나 압류권자는 자신에게 이로울 게 전혀 없어서 동의를 해줄 리가 없었고, 허가청에서는 압류권자의 동의가 없다는 이유로 건축허가신청을 반려했다.

이에 대하여 법제처가 2011.1.28.(안건번호 10-0464) 유권해석을 한 게 있다. 즉 법제처는 [건축법 제11조에 건축허가를 신청한 경우 허가권자는 해당건축물의 신축에 대한 압류권자의 동의가 없다는 이유로 해당 건축허가신청을 반려할 수 없다]고 해석하였다. 그 이유는 건축법등 관련법령에서 압류권자의 동의를 받아야 한다는 제한 규정을 두지 않고 있다는 것이다. 타당한 해석이다.

그렇다면 가압류등기가 되어 있을 경우에도 이를 동일하게 해석하여야 할 것이고, 나아가 압류나 가압류등기가 된 토지에 사용승낙을 할 경우에도, [압류, 가압류권자의 동의가 필요치 않다]고 해석될 수밖에 없다.

셋째, 해당토지에 처분금지가처분등기가 되어 있는 경우이다.

이와 관련하여 가처분등기가 되어 있는 토지에 건축허가를 함에 있어 가처분권자의 동의를 받아야 하는지?에 대하여 법제처가 유권해석을 한 실례가 있다.

즉 법제처(2016.7.20. 안건번호 16-0160)는 [주택건설사업을 시행하려는 대지에 '처분금지가처분등기'가 경료되어 있는 경우로서 그 가처분채권자가 관련 본안소송에서 승소확정판결을 받거나 이와 동일시할 수 있는 사정이 발생하기 전인 경우에는, 해당 대지 소유권자의 사용승낙만 있으면, 그 가처분채권자의 동의를 받지 않거나 가처분등기를 말소하지 않더라도 주택법 제16조 제4항 제2호에 따른 "대지를 사용할 수 있는 권한을 확보"한 것으로 볼 수 있다]고 해석을 하였다. 결론은, 가처분권자의 동의가 없어도 건축허가가 가능하다는 것이다.

이를 유추해 볼 때, 가처분등기가 되어 있는 토지에 대하여 타인에게 토지사용승낙을 함에 있어서도 역시 [가처분권자의 동의를 받을 필요가 없다]고 보아야 할 것이다.

넷째, 지상권, 지역권, 전세권, 임차권등기가 되어 있는 경우이다.

지상권, 지역권, 전세권은 모두 등기가 수반되는 권리이나 임차권은 채권이지만 예외적으로 등기를 하는 경우가 있다.

소유권의 중요요소는 처분권과 사용수익권인데 그중 이 사용수익권을 타인에게 이전한 경우이다.

이와 같은 권리는 등기부에 기재되어 있어서 누구든 확인 열람이 가능하고, 한편 그 권리자체가 토지를 실제로 이용하고 있음을 전제로 하기 때문에, 그 토지에 건축허가를 해서도 안 되고 또 할 수도 없다. 나아가 새로이 타인에게 토지사용승낙을 할 수도 없고 사용승낙을 하더라도 사용승낙을 받은 사람은 그 권리가 후순위로 밀리기 때문에 효력이 없다.

그러한 토지를 굳이 타인에게 사용승낙을 한다면 공동사용을 전제로 한 것일 수밖에 없는데, 그렇다면 당연히 선순위권리자들의 사전동의를 받아야 할 것이다.

다만 지상권등기는 특수한 경우가 있다.

많은 경우 은행이 토지를 담보로 대출을 하면서 저당권등기 외에 지상권등기까지 해놓는 경우가 있다. 이때 은행의 지상권등기는 실제로 그 토지를 은행이 사용수익할 의도가 있어서 한 것이 아니다. 혹시나 저당권에 기한 경매가 이루어졌을 때, 타인이 이를 사용수익하고 있으면 경매에 지장을 초래할 것이 염려되어 해놓은 것이다. 즉 저당권실행을 원활하게 하기 위하여 지상권등기까지 한 것이다.

이에 대하여 대법원 2004.3.29. 2003마1753호 결정은 이런 입장을 내놓았다. 즉 [토지에 관하여 저당권을 취득함과 아울러 그 저당권의 담보가치를 확보하기 위하여 지상권을 취득하는 경우, 특별한 사정이 없는 한 당해 지상권은 저당권이 실행될 때까지 제3자가 용익권을 취득하거나 목적 토지의 담보가치를 하락시키는 침해행위를 하는 것을 배제함으로써 저당 부동산의 담보가치를 확보하는 데에 그 목적이 있다고 할 것이므로, (중략) 그 지상권자에게 대항할 수 있는 권원이 없는 한, 지상권자로서는 제3자에 대하여 목적 토지 위에 건물을 축조하는 것을 중지하도록 요구할 수 있다.]라는 입장을 밝힌 바 있다.

대법원은, 지상권이 일반적인 지상권과는 달리 담보가치를 확보하기 위하여 편의적으로 해놓은 것이더라도 일반적인 지상권과 동일하게 보호되어야 한다는 입장이다.

결국 지상권, 지역권, 전세권, 임차권등기가 되어 있는 토지에 대하여 건축허가를 하거나 타인에게 사용승낙을 할 경우에는 [그들의 동의가 있어야 한다]고 보아야 할 것이다.

4 송전선이 지나간다. 토지주가 송전선의 철거를 요구할 수 있나?

요즈음 송전철탑, 송전선의 설치문제로 한국전력과 해당주민들과의 분쟁이 전국적으로 시끄럽다. 우리나라는 인구밀도가 높아 자연적으로 전력소비량이 많은데, 발전시설은 일부 지역에만 있어 이를 전국적으로 송전하기 위해서는 송전선이 필요하고 필수적으로 송전철탑이 세워져야 한다.

과거 한국전력은 국민이 기본생활을 영위하는 데 필요하다는 명분하에 아무런 보상없이 철탑을 세우고 송전선을 설치해 왔던 것이 우리의 현실이다.

이에 대하여 국민 개개인의 권리의식이 높아짐에 따라 해당 토지주와 한국전력 간에 송전선 철거 및 보상에 관한 소송이 늘어나게 되었다.

물론 토지주와 충분한 협의를 하고 적절한 보상을 마친 후, 송전탑과 송전선을 설치하였다면 그 협의내용에 따라 처리하면 되겠지만, 아무런 협의없이 설치되었고 그후 이에 대하여 한국전력이 충분한 보상을 거부하기 때문에 분쟁이 생기는 것이다.

민법의 대원칙에 의한다면 내소유 토지위에 송전탑과 송전선이 허락없이 설치되어 있다면 이를 철거하라고 할 수 있고 사용기간동안의 사용료도 청구할 수 있다.

다만 민법 제2조 제2항은 [권리는 남용하지 못한다]고 규정하고 있고, 소유자의 권리행사가 권리남용에 해당하는 때에는 제약을 받는다.

즉 토지소유자가 자신의 토지위로 지나가는 송전선에 대하여는 권리남용에 해당하지 않는 한 원칙적으로 소유자로서 철거 및 사용료를 청구할 수 있다는 결론이다.

그렇다면 어떤 경우에 권리남용이 되는가?

이에 대하여 대법원은 명확한 기준을 제시하였다. 대표적으로 대법원(2006.11.13 선고 2004다44285 판결)은 [권리행사가 권리의 남용에 해당하려면, 주관적으로는 그 권리행사목적이 오직 상대방에게 고통을 주고 손해를 입히려는데 있을 뿐, 권리를 행사하는 사람에게는 아무런 이익이 없는 경우이어야 하고, 객관적으로는 그 권리행사가 사회질서에 위반된다고 볼 수 있어야 하는 것이며, 이런 경우에 해당하지 않는 한 비록 그 권리의 행사에 의해, 권리행사자가 얻는 이익보다 상대방이 입을 손해가 현저히 크다고 해도, 그런 사정만으론 이를 권리남용이라 할 수 없다]고 판결했고, 현재까지도 이 판결이 그대로 유지되고 있다.

이러한 권리남용에 대한 대법원의 해석에 따른다고 할 때, 토지주의 송전선철거 요구가 권리남용에 해당하는지 아닌지? 곧바로 판단이 서지 않는다.

구체적인 사안에서 대법원이 해석하는대로 권리남용에 해당하는지 아닌지에 대하여는 또다른 해석을 거쳐야 한다.

이에 대하여 2가지로 나누어 본다.

송전선 철거에 대하여

실제로 송전선 철거요구에 대하여 1990년대까지만 해도 송전선이 철거될 경우 국가적으로 공익이 훼손된다는 입장이 강해서, 송전선철거청구는 대부분 권리남용에 해당한다는 이유로 받아들여지지 않았다.

그러다가 권리남용에 대한 대법원의 해석은 동일함에도 불구하고, 1990년대 후반 내지 2000년대에 들어서서는 [사유재산권은 보호되어야 한다]는 인식이 강해지면서, 보상이 이루어지지 아니한 경우에 송전선 철거요구가 권리남용에 해당하지 않는다고 하여 철거청구가 인용되는 추세로 바뀌었다.

이에 대하여 상반된 대법원판결 2개를 소개해 본다. 이를 비교하면 송전선철거 요구가 현재의 대법원의 입장에서 볼 때, 어떠한 경우에 권리남용에 해당하는지를 판단할 수 있다고 본다.

우선 대세에 따른 대표적인 판례는 대법원(2014.11.13.선고 2012다108108 판결)이다. 참고로 이 사건에서 토지주들이 원고이고, 한국전력이 피고이었다.

[원고들이 이 사건 토지의 상공에 이 사건 송전선이 설치되어 있는 사정을 잘 알면서 이 사건 각 토지를 취득하였다거나, 그 후 피고에게 아무런 이의를 제기하지 않았다고 하더라도, 그것만으로는 원고들이 피고의 이 사건 각 토지의 사용을 묵인하였다거나 이 사건 각 토지에 대한 소유권의 행사가 제한된 상태를 용인하였다고 볼 수 없다.

피고가 전기사업법 등의 규정에 따른 적법한 수용이나 사용 절차에 의하여 이 사건 각 토지 상공의 사용권을 취득하지 아니하는 이상, 이 사건 송전선이 공익적 기능을 가진 국가 기간 시설물이고 송전선 변경에 많은 비용이 소요된다는 등의 사정만으로 원고들의 이 사건 송전선 철거청구가 권리남용에 해당한다고 할 수 없다.]라고 판결했다.

참고로 이 사건은 토지주들이 1978~1981년에 걸쳐 특별고압송전선이 지나는 임야와 밭을 매입했다가 30여 년이 지난 2009년에서야 송전선 철거와 사용료를 지급하라는 소송을 제기한 것인데, 고등법원에서는 송전선철거청구가 권리남용이라고 판결한 것을, 대법원에서는 권리남용이 아니라고 하여 그 판결을 뒤집은 것이다.

현재 전국의 각급 법원에서는 이 대법원판결에 따라 송전선철거청구가 권리남용이 아니라고 판결해 오고 있는 실정이다.

다음은 송전선철거요구가 권리남용이라고 판결한 대법원 2003.11.27. 선고 2003다40422 판결이다.

이 사건의 사실관계는 송전선 아래(선하지) 토지는 면적이 51㎡(약 15평)인 삼각형이고, 가격은 약 190만원 정도이며, 월임료는 천원도 못되는 630원인데 토지주가 보상협의에 불응하면서 보상가를 12억원까지 요구했던 사건이다.

이에 대하여 대법원은 [송전선로 철거소송에 이르게 된 과정, 계쟁 토지가 51㎡에 불과한 점, 위 송전선을 철거하여 이설하기 위하여는 막대한 비용과 손실이 예상되는 반면 송전선이 철거되지 않더라도 토지를 이용함에 별다른 지장이 없는 점 등에 비추어 농로 위로 지나가는 송전선의 철거를 구하는 청구가 권리남용에 해당한다]고 판결한 것이다.

얼른 보아도 토지주가 좀 무리한 요구를 한 것 같다.

적절한 보상제시를 거부하고 지나친 금액을 요구할 경우에는 그의 법적인 청구가 배척될 수 있다는 것을 단적으로 보여주는 판결이다.

위 2개의 대법원판결을 볼 때 현단계에서 어떤 경우에 권리남용이 되는지를 웬만큼은 판단하리라 본다.

선하지 보상에 대하여

선하지라고 함은 [고압선이 통과하는 전선의 아래 토지로서, 일정한 범위 내에서 토지소유자의 사용수익이 허용되는 (농사는 지을 수 있는) 범위의 토지]라고 할 수 있다.

첫째, 선하지 손실보상문제이다.

송전선이 지나갈 경우 우선 지가가 하락하고, 주민의 건강을 해칠 위험이 많고, 민물게나 가재 등 갑각류가 사라지는 등 환경피해가 많은 것이 사실이다.

이러한 손실의 보상에 관하여, 전기사업법 제90조의2 제1항은 [전기사업자는 다른 자의 토지의 지상 또는 지하공간에 송전선로를 설치함으로 인하여 손실이 발생한 때에는 손실을 입은 자에게 정당한 보상을 하여야 한다]고 규정하고 있다. 즉 지상뿐 아니라 지하에 송전선이 설치되는 경우에도 보상을 받을 수 있다.

다만 송전탑부지에 대하여는 지표면, 상공, 지하까지 소유자가 사용할 수 없어서 일반 토지보상에 준하여 보상하여야 한다.

둘째, 차임상당의 부당이득을 청구할 수 있다.

토지소유권은 지표면뿐 아니라 상공, 지하부분에도 미치고, 송전선이 지나감으로써 상공부분의 사용수익에 제한을 받기 때문에, 그 상공부분에 대한 임대료(차임)상당의 부당이득을 청구할 수 있다.

이 경우 고압선과 지표면사이의 부분뿐 아니라. 건축법등 관계 법령에서 고압전선과 건조물 사이에 일정한 거리(이격거리)를 두도록 규정하고 있는 경우, 그 거리 내의 부분도 포함하여 부당이득을 지급하여야 한다는 것이 대법원(2022.11.30.선고 2017다257043 판결)의 입장이다.

이와 같은 선하지보상이나 차임상당의 부당이득은 특단의 약정이 없는 한 송전선철거 및 토지인도와 무관하게 인정되는 것이다.

마지막으로 현행법상 일정한 요건을 갖춘 경우, 상공의 송전선을 지중화, 즉 지하로 옮겨달라고 청구할 수도 있다. 실제로 서울고등법원에서 그러한 지중화요구를 받아준 판결(서울고등법원 2014.9.30. 선고 2014누4254 판결)을 한 예도 있다.

한전은 단순한 민원제기만으로 보상이나 사용료를 지불하지 않는다. 전국에 그러한 토지가 너무나 많기 때문이다. 그렇기 때문에 여기에 해당하면 소송을 제기하여 판결을 받아야 조속히 권리구제를 받을 수 있는 게 현실이다.

5 　내 땅의 구거(도랑) 철거요구할 수있나?

　　송전선의 철거요구가 권리남용에 해당하지 않는 한, 인용되어야 한다고 했다.

　　구거철거요구도 권리남용에 해당하지 않는 한 인용되어야 한다. 다만 어떠한 경우에 권리남용이 되는지가 문제이다.

　　대법원의 권리남용에 대한 입장은 제4항 송전선에 관한 설명에서 언급한 것을 참조하기 바란다.

　　구거철거 및 토지인도를 청구하는 것이 어떤 경우에 권리남용이 되는지에 대하여는 대법원의 판결이유를 보면 대충 판단이 선다.

　　대표적인 판결 3개를 시간적인 순서대로 본다.

　　먼저, [대법원 1991.10.25. 선고 91다27273 판결]이다. 이 대법원판결은 구거철거를 구하는 것이 권리남용에 해당한다고 판결한 것이다.

　　[원고가 철거 및 인도를 구하는 구거는 약 300ha에 달하는 넓은 평야에 공급하는 농업용수용 관개수로의 일부로 사용되고 있어서, 만일 이 사건 구거부분이 폐쇄될 경우 그 농지에 농업용수 공급이 어렵게 되고, 위 구거 주변의 토지들은 그 지상에 주택들이 모두 건축되어 있는 주거지역이기 때문에 다른 토지로의 이설(이동설치)자체가 곤란한 외에 많은 비용 및 시간이 소요되는 점등을 종합하면, 원고의 구거철거요구는 수로의 폐쇄를 뜻하는 것으로, 원고 자신에게도 큰 이익이 없는 반면에, 피고에게는 새로운 수로개설을 위한 막대한 시간과 비용이 필요하여 그 피해가 극심할 뿐만 아니라, 재산권의 행사는 공공복리에 적합하게 행사해야 한다는 기본원칙에도 반하므로 권리남용에 해당한다]고 판결하였다.

　　다음에는 권리남용이 아니라고 판결한 [대법원 2008.9.25. 선고 2007다5397 판결]에 대하여 본다. 이 사건은 토지소유자인 원고가 지자체인 OO시에게 구거와 도로의 철거를 함께 청구한 사건이다.

　　이 사건의 항소심은, 이 사건 도로 및 구거 부분은 원고가 소유권을 취득하기 이전인 1970년경부터 자연 구거 및 인근 주민들의 통행로로 사용되어 왔고, 피고 시가 1972년경 그 지하에 인근 주민들을 위한 상수도를 설치하고 그 지상 도로 부분에 아스콘 포장을 하고 자연 구거를 콘크리트 구거로 보수하여 그 무렵부터 현재까지 오랜기간 점유 관리해 왔고 주변상황에 비추어 다른 위치로 이동하여 설치하는 것이 어렵고 비용이 많이 소요된다는 등 제반사정을 종합하면 권리남용에 해당한다고 판단했다.

이에 대하여 대법원은 반대입장을 밝히면서 [이 사건 구거 및 도로로 점유하고 있는 면적이 원고소유 토지의 40%에 해당하는 많은 부분이고, 바로 옆에 도로로 사용되지 않고 논으로 사용되는, 국유지인 도로부지가 있고, 그 도로부지에 도로를 개설하여 원고소유 토지에 있는 구거와 도로를 이설하고 상하수도를 그 지하에 설치하는 것이 가능하므로, 원고의 구거 및 도로의 철거청구가 권리남용이 아니다]라고 판결했다. 즉 [구거및 도로를 철거하라]라고 하여 항소심판결을 뒤집었다.

참고로 대법원은 공공복리에 중점을 두고 권리남용을 넓게 인정해 오다가 대략 2000년경부터 개인의 재산권보호를 중시하여 권리남용에 해당하지 않는다는 입장으로 변경하는 듯한 판결을 해오고 있다. 앞에서 설명한 대법원판결도 종전같았으면 권리남용이라고 판결하였을 가능성이 높다.

마지막으로 권리남용이라고 한 [대법원 2016.5.24. 선고 2015다255333 판결]이다. [이 사건 구거가 1970.7.24.부터 40년 이상 존재해왔고, 원고는 이 사건 토지에 이 사건 구거가 설치되어 있는 사실을 알면서 공매절차에서 이 사건 토지를 낙찰받았으며, 이 사건 구거는 전체 3.5km의 구간으로 이루어진 구거 중 하단 2.5km 지점에 위치하고 있고 그동안 농수로로 이용되어 왔는데, 이 사건 구거를 통해 농업용수의 공급을 받는 농지는 17농가의 10ha에 이르고, 또한 현실적으로 이 사건 구거의 이전 내지 지중화가 어렵거나 경제적으로 막대한 비용과 시간이 소요될 가능성이 크다.

그리고 원고는 이 사건 구거의 철거를 요구하면서, 그게 아니면 이 사건 토지의 취득가격의 80%나 되는 돈을 매년 사용료로 지급하라고 요구하였으나, 피고가 이를 받아들이지 아니하자, 그 철거를 구하는 이 사건 소를 제기한 점등을 종합할 때, 원고의 청구는 권리남용에 해당한다]고 판결한 것이다.

이상 대법원판결을 정리하자면, 물은 지표면을 흐르는 것이어서 현실적으로 비용이 좀 들더라도 어디에라도 구거의 이동설치가 가능하다면 권리남용이 아니어서 구거의 철거청구가 인용될 여지가 있지만, 그렇지 않다면 권리남용이 되어 철거청구가 받아들여질 수 없다는 입장이라고 볼 수 있다.

6 공들여 가꾼 수목, 농작물이 타인 토지에 있다면, 누구의 소유인가?

　수목과 농작물이 타인의 토지에 있는 경우가 종종 있다. 우선 경작자가 경계를 잘못 알고 식재한 경우도 있을 수 있고, 토지를 매수하거나 경매로 경락을 받았는데 그 토지에 타인이 경작하는 수목과 농작물이 있는 경우 등등 여러 가지 원인이 있을 수 있다. 이러한 경우 그 수목과 농작물의 소유권이 누구에게 있는지에 대하여 잘 알고 있어야 예기치 않은 봉변을 당하지 않을 수 있다.

　우선 민법의 대원칙은 이렇다.

　민법 제256조는, [부동산의 소유자는 그 부동산에 부합한 물건의 소유권을 취득한다. 그러나 타인의 권원에 의하여 부속된 것은 그러하지 아니하다.]라고 규정하고 있다. 이 법조문의 해석에 따라, 토지에 부합한 물건인 토사(흙), 암석, 수목, 농작물, 지하수, 온천수등은 모두 그 토지의 부합물로서 그 토지 소유자에게 귀속된다. 다만 지하 광물은 광업법에 따라 예외이다.

　대원칙의 예외로서 타인의 권원에 의하여 부속된 것은 타인의 소유에 귀속한다. 예컨대 수목의 소유를 목적으로 임차인이 토지를 임차하여 수목을 식재한 경우, 즉 임차권에 기하여 식재한 수목은 당연히 경작자인 임차인에게 귀속한다.

　그리고 [입목에 관한 법률]이 현재 시행중이고 그 법에 따라 입목에 관하여 등기를 할 수 있는데, 그 법률에 따라 등기를 마친 수목, 그리고 명인방법을 갖춘 수목은 토지소유자에게 귀속되지 않는다.

　명인방법을 갖춘 수목이라 함은 대표적인 방법으로 수목에 '아무개소유'라는 팻말을 붙여서 누구나 그 수목의 소유자를 알 수 있도록 표시하는 방법이다.

　입목에 관한 법률이 시행되기 이전에는 명인방법을 많이 사용하였는데, 현재도 명인방법의 유효성을 인정하고 있다.

　위와 같이 몇 개의 예외에 해당하지 않으면 토지의 부합물은 모두 토지소유자에게 귀속되기 때문에, 예컨대 타인의 토지에 사과나무, 밤나무, 살구나무등 유실수를 식재하여 잘 가꾸었더라도 원칙적으로 그 수목은 토지소유자에게 귀속되고, 그 수목에 열린 과일 또한 토지소유자에게 귀속된다. 그리하여 수목식재자가 자기가 식재한 수목에서 과일을 따간 경우, 그 과일은 토지소유자의 소유이기 때문에 그 과일을 몰래 훔쳐간 것이 되어서 절도죄가 성립하고, 실제로 절도죄로 처벌한 대법원판결이 있다. 타인의 토지에 식재한 수목을 훼손한 경우에는 당연히 재물손괴죄에 해당한다.

다만 그 수목이 토지소유자에게 귀속되었을 경우, 그 토지소유자가 그 수목에서 과실수취등 이익을 취득한 경우에는 타인의 노력으로 인한 이득을 얻었기 때문에 수목경작자는 민법 제261조에 의하여 토지소유자에게 부당이득반환을 청구할 수 있다.

다음으로 농작물에 관하여 본다.

우리 대법원은 농작물에 관하여는 확고한 입장을 고수하고 있다.

즉, 경작자가 적법한 경작권없이 타인의 토지에 농작물을 경작하였더라도 경작한 농작물은 경작자에게 소유권이 있는 것이며, 수확도 경작자만이 할수 있다는 것이 대법원의 입장이다.

따라서 수목은 무단경작의 경우 수목과 그 열매는 토지소유자에게 귀속되지만, 농작물의 경우에는 무단경작의 경우라 하더라도 경작자에게 소유권이 있다. 그렇기 때문에 토지소유자라도 경작자의 허락없이 그 농작물을 훼손하면 재물손괴가 되고, 그 농작물을 몰래 갖고 가면 절도죄가 된다.

이 경우 경작자는 타인의 토지를 이용함으로서 이득을 취하였기 때문에 토지사용료 상당의 부당이득을 토지소유자에게 반환해야 하고 토지소유자에게 손해를 끼쳤을 때에는 손해를 배상하여야 한다.

농작물은 1년생인 경우가 대부분이지만 인삼, 버섯, 복분자, 블루베리 등 다년생도 많다. 대법원의 입장을 고수한다면 다년생 농작물의 경우에는 토지소유자에게 과도한 제한을 가하는 결과가 되어서, 개인적인 의견으로는 대법원판례가 다소 변경될 필요가 있다고 본다.

토지가 매매 혹은 경매로 소유자가 변경된 경우에 대하여 본다.

토지를 매매할 경우에는 당사자 간 별도의 약정이 없는 한 매도인이 경작한 농작물과 수목의 소유권은 매수인에게 이전되는 게 원칙이다. 다만 수목이 제3자에 의하여 입목등기가 되어 있거나 명인방법을 갖춘 경우, 그리고 제3자가 경작한 농작물의 경우에는 소유권이 매수인에게 이전되지 않고 경작자인 제3자에게 남는다.

토지가 경매되는 경우에는 강제경매와 임의경매로 나눌 수있다.

강제경매, 즉 금전이행판결에 의한 경매의 경우에는 수목은 경락인에게 이전하지만 제3자에 의하여 입목등기가 되거나 명인방법을 갖춘 수목, 그리고 제3자가 경작한 농작물은 경작자인 제3자의 소유로 남는다. 다만 직전 토지소유자가 경작한 유실수와 농작물의 경우 그 유실수와 농작물의 수확기가 임박한 경우에는 경매가 종료되기 전에 수확을 하여야 하는데 이 경우에는 그 수확물은 직전토지소유자의 소유로 인정하고 있다.

이에 반하여 임의경매의 경우에는 대체로 저당권에 기하여 경매가 진행되는데, 민법 제358조에 의하면 저당권의 효력은 저당부동산에 부합된 물건(수목.농작물포함)에도 미치기 때문에, 수확기가 임박하였는지를 불문하고 수목과 농작물도 경락인에게 이전한다. 다만 입목등기나 명인방법을 갖춘 수목, 농작물중에서 제3자가 경작한 농작물은 경락인에게 귀속되지 않고 경작자의 소유로 남는다.

다소 혼란스러울 수 있다, 법원의 경매실무에서는 사전에 위와 같은 사정을 따져서 수목과 농작물이 경매목적물에 포함되는지의 여부를 가려주고 있기 때문에 크게 염려할 사항은 아니다. 법원의 경매절차에 따르면 된다.

7 가압류, 가처분을 당했을 때 대응방법

우리가 살면서 내가 소유하고 있는 부동산에 대하여 제3자가 가압류나 가처분등기를 하는 경우가 있는데, 이러한 조치는 대부분 부동산소유자도 모르게 하는게 보통이고, 이를 당할 경우 우선은 당황하고 매우 기분이 나쁘다.

구체적으로 설명하자면 내가 돈을 꾸었다가 갚지 못하면 채권자가 내 부동산에 가압류등기를 한다. 그리고 내가 부동산을 제3자에게 팔려고 매매계약을 체결하였는데 내가 마음이 변하여 팔지 않으려고 할 때, 매수인이 가처분, 즉, '매매, 증여, 근저당설정등 일체의 처분을 하지 말라'는 내용의 처분금지가처분을 한다.

그렇다면 가압류나 가처분을 하는 이유가 무엇인가? 무슨 목적으로 하는 것인가?

가압류나 가처분이나 모두 법원의 결정을 받아 등기부등본에 기재되고, 가압류나 가처분등기가 되어 있으면, 등기부등본은 누구나 발부받을 수 있어서 이를 매수하려는 사람이나, 임차하려는 사람들이 거래를 하기를 꺼려 한다. 결국 그 부동산의 소유자는 소유권행사에 지장을 받게 된다.

보통은 가압류나 가처분을 한 후에는 곧바로 권리를 주장하는 사람이 소송을 제기하여 자신의 권리가 정당한지 여부에 대한 법원의 판단을 받게 되는데, 법원의 최종판단을 받기까지 상당한 기간이 소요된다. 그런데 가압류나 가처분을 하지 않고 있다가 그 동안에 유일한 부동산을 처분하면 그 사람은 무일푼이 되기 때문에 판결을 받아도 아무런 효용이 없어질 것에 대비하여, 가압류나 가처분결정을 받아 이를 등기부에 등재케 하는 것이다.

그렇다면 가압류나 가처분등기를 당하였을 때는 어떻게 해야 하는가?

상식적으로 알아두셔야 할 사항 세 가지만 설명한다.

첫째, 가압류와 가처분을 당한 입장에서는 상대방이 나에게 무슨 권리가 있다는 것인지를 모르거나, 혹은 채권이 있기는 한데 그 금액이 어느 정도인지에 대하여 의견이 상반되는 경우등 여러 종류가 있다. 그런데 그러한 의문을 최종적으로 해소시키는 방법은, 당사자간의 합의가 성립되지 않는한, 법원의 판결밖에 없다.

그리하여 가압류, 가처분을 당한 사람 입장에서는, 가압류, 가처분을 한 사람에게 '조속히 소송을 제기하라고 명령해 주십시오' 라고 법원에 신청할 수 있다.

이를 [제소명령신청]이라고 한다. 말 그대로 법원으로 하여금 상대방에게 소를 제기하라고 명령을 내려달라고 신청하는 것이다.

제소명령신청을 받은 법원은 상대방에게 기간을 정하여 소를 제기하라고 명령을 하고, 그 기간은 민사집행법이 2주 이상으로 하라고 규정하고 있는데, 실무에서는 통상20일 안팎으로 정하고 있다.

법원이 정한 기간 내에 소를 제기하지 않으면, 그 가압류와 가처분등기는 권리자가 요구하면 다른 사유의 유무를 따질 것도 없이 그 자체로 말소된다.

그리고 법원이 정한 기간 내에 소를 제기하면, 그 소송에서의 최종판결의 승패에 따라 가압류와 가처분의 운명이 좌우된다.

둘째, 급히 가압류와 가처분을 말소해야 할 경우, 예컨대 해당부동산을 당장 매도하여야 하는데, 가압류와 가처분등기가 되어 있어 매수인이 접근을 하지 않는 경우가 있다. 이 경우에 방법이 있다,

가압류의 경우에는 상대방이 받을 채권이라고 주장하는 금액, 이를 [가압류해방금액]이라고 한다. 이 금액을 공탁을 하면 가압류의 효력이 부동산에서 돈으로, 즉 공탁된 가압류해방금액으로 이전하고 그 이후 가압류등기를 말소시킬 수 있다. 그 가압류해방금액은 재판이 끝날 때까지 찾을 수 없다.

가처분의 경우에도 종류에 따라서는 극히 제한된 범위이기는 하나 담보를 제공하고 가처분을 취소시킬 수 있는 방법이 있다.

셋째, 가압류나 가처분을 한 후 3년간 소를 제기하지 아니한 경우, 곧바로 가압류나 가처분에 대하여 취소신청을 하면 취소신청이 받아들여져 말소된다.

가압류나 가처분을 당하였다고 하여 낙담하지 말고 이와 같은 방법도 있다는 사실을 알고 있다가 유용하게 활용하시기 바란다.

8 유치권, 왜 무서운가?

우리는 가끔 신축건물이거나 짓다가 중단한 건물에 '유치권 행사중'이라는 현수막을 걸고 건물 외벽에도 붉은 페인트로 동일한 문귀를 써놓은 것을 볼 수 있다. 이것은 거의 예외없이 공사업자들이 공사를 해주고 돈을 받지 못해서 유치권을 행사하는 것이라고 보면 틀림없다.

유치권을 소박하게 표현하자면, 받을 돈이 있는 채권자, 흔히 공사를 해주고 공사대금을 받지 못한 공사업자가 자신이 공사를 한 물건을 붙잡고 계속 점유하고 있으면서, 그 물건의 소유자를 비롯하여 그 물건과 이해관계가 있는 모든 사람들에게 '내 돈 갚기 전까지는 이 물건 못 내놔'하고 버틸수 있는 권리를 말한다.

유치권이 행사되고 있는 경우에는 대개는 건축주가 돈이 없어서 공사대금을 주지 못한 경우이기 때문에, 해당 건물과 토지에 대하여 경매절차가 진행되는 경우가 많다. 만약 그 건물과 토지가 경매되어 제3자가 경락을 받으면 당연히 경락인이 소유권을 취득하고 그 부동산을 인도받아 사용할 권리가 있다.

그러나 적법한 유치권자가 '내 돈 받기 전까지는 이 물건 못 내놔'하고 버티면, 그리고 그 버티는 사람의 권리가 적법하다면, 경매를 통하여 경락을 받은 소유자라고 하더라도, 유치권지가 요구하는 돈을 지불하지 못하면 사실상 소유권을 제대로 행사할 수 없게 된다. 결국 유치권자에게 이러한 막강한 권리가 있기 때문에, 경락을 받을 당시에는 유치권자가 있을 경우 꼼꼼히 따져본 이후에 경락여부를 결정해야 한다.

유치권의 법률적 의미가 무엇인가? 민법 제320조 제1항은 '타인의 물건 또는 유가증권을 점유한 자가 그 물건이나 유가증권에 관하여 생긴 채권이 변제기에 있는 경우에 변제를 받을 때까지 그 물건 또는 유가증권을 유치할 권리가 있다'고 규정하고 있다.

여기에서는 법률전문가가 아닌 분들을 위하여 실무상 자주 문제되는 사항을 설명하기로 한다.

첫째, 유치권을 인정받으려면 목적물을 적법하게 점유하여야 한다. 유치권에서는 적법한 점유가 생명이다.

여기에서 점유는 하루 24시간 동안 계속적인 점유를 요하는 것은 아니고, [타인이 점유를 침탈하려고 하는 경우 언제든지 방어할 수 있는 정도의 점유]를 의미한다. 단순히 유치권을 행사한다는 사실을 알리는 간판이나 현수막을 걸어 놓은 것만으로는 유치권행사를 위한 점유로 인정되지 않는다.

그리고 점유는 적법한 점유이어야 하므로, 타인의 점유를 강제로 침탈하여 점유하거나, 도둑이 훔친 물건을 점유하는 경우는 유치권이 인정되지 않는다.

점유는 채권자 본인이 직접 점유하여야만 하는 것은 아니고 타인으로 하여금 간접점유를 하게 하여도 가능하다.

그리고 점유는 계속되어야 한다. 중간에 점유를 상실하면 유치권도 따라서 소멸한다는 점을 특히 유념해야 한다.

여기에서 중요한 점은 이렇다.

보통은 1순위 권리자가 경매를 신청한 사건에서 경락을 받으면, 2순위 권리자는 경락인에게 대항하지 못하는 게 일반적인 원칙이다.

그러나 유치권에서는 다르다. 즉, 설령 유치권자보다 먼저 근저당권이 설정되어 그 저당권자가 경매를 신청하여 어느 누가 경락을 받았더라도 그 경락인은 유치권자에게 대항할 수 없다. 즉 경락인이 경락한 물건을 가져 가려면 유치권자에게 채권을 변제하여야 한다.

다만, 경매가 진행되려면 법원의 경매개시결정이 있고 개시결정이 등기부에 기재되는데, 유치권자로서 인정받으려면 경매개시결정의 기입등기가 이루어지기 이전부터 유치권을 행사하여야 한다는 것이 대법원의 입장이라는 사실 명심해야 한다.

법원의 경매가 아니라 자산관리공사등에서 하는 공매의 경우에는 공매공고가 등기되기 이전부터 유치권행사를 하여야 한다.

둘째, 유치권은 자신의 채권의 변제기가 도래하여야 한다. 즉 아직 돈 받을 시기가 되기 이전에는 유치권을 행사할 수 없다.

셋째, 채권자와 채무자가 사전에 유치권을 행사하지 않는다는 특약을 할 수 있다. 이 때 이 특약의 효력은 특약을 한 당사자뿐 아니라 이해관계인 모두에게 효력이 있다. 매우 중요한 사항이다.

넷째, 유치권이 성립하기 위해서는 채권이 유치권의 목적물에 관하여 생긴 것이어야 한다. 법적으로는 **[견련관계]**가 있어야 한다고 표현한다.

예컨대 공사업자의 공사대금채권은 그 목적물인 건물자체에 관하여 생긴 것이지만, 공사자재 납품업자가 납품한 자재(시멘트나 모래 등)대금 청구권은 목적물인 건물자체에 대한 채권이 아니어서, 건물에 대하여 유치권을 행사할 수 있는 채권이 아니다. 건물임차인의 권리금반환청구권도 건물자체에 대한 채권이 아니어서 유치권행사를 할 수 없다는 것이 대법원의 입장이다.

다섯째, 유치권자는 채권을 변제받기 위하여 물건을 붙잡고 있는 것에 한하지 않고, 그 물건에 대하여 경매를 신청할 수 있고, 정당한 사유가 있는 경우에는 그 물건을 그대로 자기 소유로 하여 변제에 충당할 수도 있다. 그밖에 유치권자는 유치물의 보존을 위하여 목적물을 사용할 수 있고, 필요비나 유익비를 지출한 경우 이를 상환받을 수도 있다.

여섯째, 공사대금채권은 3년간 행사하지 아니하면 시효로 소멸한다.

유치권을 행사한다고 하여 소멸시효가 중단되는 게 아니다. 그러므로 유치권을 행사하더라도 채권의 소멸시효가 완성되기 이전에 소송제기등 특단의 조치를 별도로 취하여야 한다. 많은 사람이 간과하는 부분이다.

9 공유물을 일부공유자가 독점적으로 사용할 때 해소방안은?

실제사건의 사실관계는 이렇다. 여러명이 조금씩 돈을 모아 토지를 구입했는데, 그중 1명이 그 토지 전체에 나무를 식재해 놓아 토지 전부를 점유하고 있었다. 그러자 다른 공유자들이 나무를 수거하고 토지를 인도하라고 소송을 제기했던 사건이다. 2심은 종전의 대법원입장대로 토지를 인도하라고 판결했는데 대법원이 이를 뒤집었다.

공유물은 토지나 건물과 같은 부동산도 있지만 동산(물건)일 수도 있다.

공유물은 공유자들이 공동으로 사용해야 하고, 공유물의 일부라도 다른 공유자들의 동의가 없는 한 이를 독점적으로 혼자서만 사용해서는 안 된다.

예를 들어 공동주택거주자들이 작은 토지와 건물(부동산)을 구입하여 운동기구(동산)을 마련하고, 시간날 때마다 공유자들이 마음대로 사용하는 것이 가장 모범적이고 바람직한 관리형태라고 할 수 있다.

물론 공유자들의 동의를 얻어 일정기간 공유물의 전부 혹은 일부를 혼자서만 독점적으로 사용한다면 아무런 문제가 없는데 그러한 동의없이 공유자 1인이 무단으로 전부 혹은 일부를 독점적으로 사용하여 문제가 되는 경우가 종종 있다.

이때 다른 공유자들이 혼자서 독점적으로 사용하는 공유자의 독점적사용을 배제하기 위하여 공유물전체를 인도하고 공유물에서 퇴거하라고 청구해 왔고, 법원도 이를 인정하고 있었다. 일단 독점적으로 사용하는 공유자를 배척하여 빼앗아 온 다음 새로운 사용 및 관리방법을 강구하라는 입장이었다.

그러다가 대법원 2020.5.21. 선고 2018다287522 전원합의체 판결에서 종전의 입장을 바꾸었다.

새로운 입장은 독점적으로 이용하는 소수공유자도 공유물을 이용할 권리가 있기 때문에 인도를 명하여 아예 이용권을 박탈하는 것은 부당하고 다른 방법으로 해결책을 마련하라는 것이다.

그런데 놀랍게도 대법관 13분 중 6분은 이에 반대하여 종전대로 인도를 명하라는 입장이었고, 다수의견 7분이 입장을 바꾼 것이다. 팽팽하게 대립되었었다.

다수의견을 알기 쉽게 설명해 본다.

우선 종전입장을 변경한 이유에 대하여 대법관 다수의견은 이렇다.

① 공유물 보존행위가 아니라고 본 것이다.

일반적으로 공유자 중 전부가 아니고 1인이더라도 제3자가 공유물을 사용하는 등 소유권을 침해하였을 경우, 공유자 혼자서도 그 제3자에게 방해배제를 청구할 수 있다. 이를 [공유물 보존행위]라고 하고, 이 공유물보존행위는 다른 공유자들의 이익을 위해서도 도움이 되기 때문에 민법 제265조가 이를 일반적으로 허용하고 있다.

종전 대법원의 입장은 공유자 중 1인이 공유물 전부를 독점적으로 이용할 경우 다른 공유자가 이를 배제하는 행위도 공유물의 보존행위라고 보았다.

그런데 이번에 대법원의 다수의견은, 이는 상대방이 제3자가 아닌 공유자를 상대로 한 것이어서 일반적인 공유물의 보존행위와는 성격이 다르다고 판단한 것이다.

② 전부를 점유하는 소수공유자라도 자신의 지분 범위에서는 공유물을 점유하여 사용·수익할 권한이 있으므로 독점적 이용자의 점유는 지분비율을 초과하는 한도에서만 위법하다고 보아야 한다. 따라서 공유물을 독점적으로 점유하는 위법한 상태를 시정한다는 명목으로 인도청구를 허용한다면, 현 이용자의 점유를 전면적으로 배제하는 결과가 되어 부당하다는 것이다.

③ 공유물의 인도청구가 인정되려면 먼저 청구하는 자에게 인도를 청구할 수 있는 권원이 인정되어야 하는데, 청구하는 공유자도 자신만이 단독으로 공유물을 점유하도록 인도해 달라고 청구할 권원은 없다는 것이다.

④ 공유물에 대한 인도 판결을 하고 그에 따른 집행을 한다면 결과는 청구하는 자가 공유물을 단독으로 점유하며 사용·수익할 수 있는 상태가 되기 때문에, 사람만 다를 뿐 인도하기 전의 위법한 상태와 다르지 않다는 것이다.

대법원은 이상과 같이 종전의 입장을 변경하는 근거를 제시했다.

그렇다면 공유물의 인도를 구하지 않고서, 구체적으로 어떠한 방법으로 독점적 이용상태의 불합리를 제거할 것인지에 대하여 다음과 같이 판시하였다.

즉 [공유자가 각자의 지분권에 기하여 방해배제청구권을 행사함으로써 공유물을 독점하고 있는 위법 상태를 충분히 시정할 수 있다. 따라서 종래와 같이 피고로부터 공유물에 대한 점유를 통째로 빼앗아 가는 방법을 사용하지 않더라도, 독점적 점유와 방해 상태를 제거하고 공유물이 본래의 취지에 맞게 공유자 전원의 공동 사용·수익에 제공되도록 할 수 있다.]고 판시했다. 즉 공유물의 이용시간을 제한하거나 합리적인 이용방법을 강구할 수 있고 독점적 이용자에게 손해배상을 청구하는 방법도 있다는 것이다.

그러나 필자의 의견은, 소수의견이 주장하는 바와 같이, 특정 공유자의 독점적 이용상태를 그대로 둔 상태로는 근본적인 해결책이 될 수 없을 것 같다.

앞으로 위와 같은 대법원판결이 그대로 유지될지는 의문이긴 하지만 하여튼 종전입장이 변경된 것만은 틀림없고, 앞으로는 공유자중 일부가 독점적으로 이용할 경우에는 변경된 입장대로 판결이 내려질 것이다.

상린관계

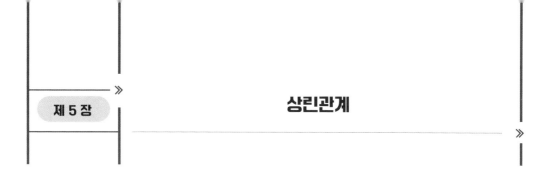

상린관계

이웃을 잘 만나야 행복해질 수 있다.

1 고층 건물이 인접토지 50cm를 침범했을 때 철거해야 하나?

건물이 토지경계선을 넘어 인접토지를 침범하였을 때, 인접토지 소유자가 침범부분에 있는 건물을 철거하고 그 부분 토지를 인도하라고 청구하는 것은 토지소유자로서 매우 당연한 권리행사이다. 그런데 건물소유자 입장에서 50cm를 철거한다는 것은 건물주에게는 비용의 다소를 불문하고 매우 난감한 문제이다.

그러나 그러한 청구가 받아들여지지 아니할 경우가 있다. 권리행사가 권리남용에 해당할 경우이다.

민법 제2조 제2항은, [권리는 남용하지 못한다]고 하여 권리남용금지원칙을 선언하고 있다.

그렇다면 어떠한 경우에 권리남용에 해당하는지를 대법원판례를 중심으로 살펴본다.

권리행사가 권리남용에 해당하려면,

주관적으로는 그 권리행사의 목적이 오직 **상대방에게 고통을 주고 손해를 입히려는데 있을 뿐 행사하는 사람에게 아무런 이익이 없는 경우**이어야 하고, 객관적으로는 그 권리행사가 사회상규에 위반된다고 볼 수 있어야 한다고 대법원(2010.8.19. 선고 2009다90160 판결)은 판시하고 있다.

대법원은 '오직 상대방에게 고통을 주고 손해를 입히려는데 있을 뿐 행사하는 사람에게 아무런 이익이 없는 경우'라고 했다. 좀더 구체적으로 보자면 상대방에게 엄청난 손해를 입히는데 반하여 이로 인하여 권리행사자가 얻는 이득은 극히 작은데, 상대방이 충분한 보상을 하겠다는 제의를 거절하고 오직 상대방에게 가장 고통스런 요구만을 고집하는 경우이다.

'세상에, 그런 사람도 있다는 말인가?'할지 모른다. 현실적으로 그런 사람 곳곳에 도사리고 있다. 좀더 구체적으로 살펴본다.

첫째, 권리행사가 사회생활상 도저히 인정될 수 없는 경우, 예컨대, 범죄행위이거나 범죄는 아니더라도 사회적으로 매우 비난받을 목적으로 하는 행위는 권리남용에 해당될 가능성이 높다.

둘째, 권리행사의 형식만 가질 뿐 실질적으로는 부당한 이익을 얻기 위한 방편에 지나지 않는 경우, 예컨대, 토지의 모양이나 면적으로 봐서 독자적인 효용가치가 극히 적고 오직 타인의 출입로를 막고 있는 토지를 헐값에 매수한 후, 이웃 토지 소유자에게 고액을 제시하면서 매수할 것을 요구하는 한편 이웃토지의 출입이나 개발행위를 방해하는 행위가 여기에 해당한다.

셋째, 권리자에게 아무런 이익이 없음에도 불구하고 오로지 상대방에게 손해와 고통을 줄 목적으로만 권리를 행사할 경우, 예컨대, 특정인에게 앙심을 품고 특정인에게 해를 끼치려고만 하는 행위가 여기에 해당한다.

넷째, 사회상규에 비추어 도저히 권리행사로 인정할 수 없을 정도의 막대한 손해를 상대방에게 입힐 경우, 예컨대, 고층빌딩건물이 자신의 토지를 극히 작은 면적을 침범하고 있고, 침범된 토지소유자가 건물소유자의 매수제의나 고액의 임대료를 지불하겠다는 합의제의를 거절하면서 철거만을 고집하는 경우가 여기에 해당할 수 있다.

이 정도 되면 어떠한 경우에 권리남용에 해당하는지를 충분히 상상할 수있다.

그러나 실제 재판에서 권리남용에 해당하는지는 제반사정을 종합하여 판단하기 때문에 섣불리 예단하기는 쉽지 않다.

0.3m의 토지를 인도받기 위하여 2층 건물 일부의 철거를 청구하는 것이 권리남용에 해당한다고 판결한 예가 있다.

매수당시 초등학교 건물이 있다는 사실을 알고 있었고, 이를 취득한 후 학교건물을 철거하라고 청구하는 것은 권리남용에 해당한다고 판결한 예가 있다.

반면에 1.5m 침범한 지하 1층과 지상 2층인 건물을 철거하라는 청구가 권리남용이 아니라고 판결한 예도 있다.

처음으로 돌아가 10층 건물이 이웃토지 50cm를 침범하였을 때 침범된 부분

50cm의 건물을 철거하여야 하는가?

이것이 권리남용에 해당하지 않으려면, 우선, 철거를 요구하는 이웃토지소유자가 50cm가 누가봐도 꼭 찾아야 할 불가피한 사정이 있어야 할 것이다. 그리고 건물소유자가 후하게 양보를 하면서 합의를 제의했는데도 이를 거절하였다면 권리남용에 해당될 가능성이 높다고 할 수 있다.

2 이웃집 나뭇가지가 담을 넘어 왔을 경우 제거해도 되나?

단독주택에 사시는 분들의 경우 정원에 수목을 심는 경우가 많다. 때로는 유실수를 심을 수도 있다. 그런데 그 수목이 자라서 가지가 이웃집을 넘어가서 피해를 주는 경우가 있다. 낙엽이 떨어지고, 폭풍이 치면 가지가 부러져 떨어지기도 하고, 햇빛을 가리기도 하고, 등등 여러 가지의 피해를 줄 수 있다.

가끔 나무뿌리가 경계를 넘어와 지반의 변동을 초래하여 건물에도 위험을 주는 경우도 있다. 이런 경우 어떻게 해야할까?.

이에 대하여 민법이 해결책을 내놓고 있다.

많은 분들이 '민법이 이런 것까지 규정하고 있어?'하고 의아해 한다.

민법 제240조 제1항 [인접지의 수목가지가 경계를 넘은 때에는 그 소유자에 대하여 가지의 제거를 청구할 수 있다.] 제2항 [전항의 청구에 응하지 아니한 때에는 청구자가 그 가지를 제거할 수 있다.] 제3항 [인접지의 수목뿌리가 경계를 넘은 때에는 임의로 제거할 수 있다]고 규정하고 있다.

법조문대로 해석하자면, 가지는 우선 수목소유자에게 제거를 청구하여 소유자가 불응하면 임의로 제거할 수가 있고, 뿌리는 수목소유자에게 제거를 청구할 것도 없이 임의로 제거할 수 있다.

이 법조문은 1960년 민법제정 당시의 내용 그대로인데 개정이 필요하다고 본다.

수목은 뿌리에서 섭취한 영양분을 한군데로 모았다가 나뭇가지에 골고루 나누어 주는 것이 아니라, 어느 뿌리에서 섭취한 영양분은 어느가지로 공급되는지 정해져 있다. 공사를 하다가 나무의 큰 뿌리를 잘라내자, 가지의 일부 특정부분만 고사하는 것을 필자가 직접 목격한 적이 있다.

수목 중에는 희귀하고 매우 소중한 나무도 있다. 그리고 수목의 가지와 뿌리를 잘랐을 경우 그 존재가치가 반감되는 경우도 있다. 그렇기 때문에 가지이든 뿌리이든 함부로 잘라내지 말고 수목소유자에게 알려서 그 수목을 통째로 옮겨심을 것인지?에 대한 선택권을 준 후에 그래도 불응하면 임의제거하는 내용으로 개정해야 하리라 본다.

가지와 뿌리를 잘라내는 데 소요되는 비용은 누가 부담할 것인가?

토지소유권은 지면뿐 아니라 지상과 지하 모두 경계선을 침범하면 안 되고 침범하였을 경우에는 침범한 사람이 이를 회복해야 할 의무가 있기 때문에 당연히 가지와 뿌리를 제거하는 데 소요되는 비용은 침범한 수목의 소유자가 부담해야 한다.

대법원(2014.11.27. 선고 2014다52612 판결)은 [소유자가 침해자에 대하여 방해제거행위 또는 방해예방행위를 하는데 드는 비용을 청구할 수 있는 권리는 위 규정(214조)에 포함되지 않으므로, 소유자가 제214조에 기하여 방해배제비용 또는 방해예방비용을 청구할 수는 없다]고 판시한 것이 있는데, 이를 근거로 가지와 뿌리제거비용은 수목소유자에게 청구할 수 없다고 해석하는 분들이 있으나 이는 틀린 해석이다.

왜냐하면 위 대법원판결에서도 판시하였듯이 민법 제214조에는 손해배상규정이 없기 때문에, 제214조를 근거로 하여서는 제거비용을 청구할 수 없다는 것은 당연한 해석이고, 수목소유자가 관리를 잘못하여 이웃집에게 피해를 입혔으면 수목소유자가 이를 제거할 의무가 있는 것은 당연하고 그 의무의 불이행을 근거로 민법의 일반이론에 따라 손해배상청구를 하면 당연히 배상해야 할 것이다.

그리고 수목에서 열매가 이웃집으로 떨어졌을 때 그 열매는 이웃집에 떨어졌으니까 이웃집소유가 되는가? 그 열매는 당연히 수목의 소유자에게 귀속되고, 떨어진 장소인 이웃집의 소유가 된다는 근거가 없다.

3 가스관 설치 시 이웃토지주가 통과를 거부할 경우 해결방법

수도시설을 하거나 도시가스를 공급받으려면, 지하에 관을 묻어 시설하여야 하고 그러려면 이웃사람의 사유지 지하를 통과하여야 한다. 때로는 통신시설도 지하에 관을 묻어 시설할 경우가 있는데 이때도 마찬가지이다.

그런데 이 경우 관이 꼭 지나가야만 하는 토지의 주인이 자신토지 지하에 매설하는 공사를 하지 못하게 하여 분란이 생기는 경우가 심심치 않게 발생하고 있다. 한 사람 때문에 수많은 사람들이 가스공급을 받지 못하는 일이 생길 경우에는 온동네가 소란스러워진다.

결론적으로 수도관이나 가스관이 꼭 지나가야 하는 지점의 토지주가 자신의 토지라고 하여 지하매설을 거부하는 행위는 법률상 허용되지 않는다.

우리 민법은 이에 대한 명백한 해결책을 법규정으로 제시하고 있다.

민법 제218조는 아래와 같이 규정하고 있다.

제1항 토지소유자는 타인의 토지를 통과하지 아니하면 필요한 수도, 소수관, 가스관, 전선등을 시설할 수 없거나 과다한 비용을 요하는 경우에는 타인의 토지를 통과하여 이를 시설할 수 있다. 그러나 이로 인한 손해가 가장 적은 장소와 방법을 선택하여 이를 시설할 것이며 타 토지의 소유자의 요청에 의하여 손해를 보상하여야 한다.

제2항 전항에 의한 시설을 한 후 사정의 변경이 있는 때에는 타토지의 소유자는 그 시설의 변경을 청구할 수 있다. 시설변경의 비용은 토지소유자가 부담한다.

쉽게 설명하자면, 편의상 이웃토지의 협조를 받아야 할 사람을 김미안 씨, 양보를 해야할 사람을 이양보 씨라고 가정해 본다. 김미안 씨로서는 지하에 관을 설치하려면 이양보 씨 토지를 꼭 통과하여야 할 경우, 이양보 씨의 토지를 통과하여 **시설할 권리가** 있고, 이양보 씨는 이를 참아야 한다는 것이 민법의 취지이다. 다만 이양보 씨가 요청할 경우 손해를 보상하여야 한다.

그리고 시설완료 후 사정변경이 생겨 이양보 씨가 그 시설의 변경을 청구할 수가 있는데, 이 경우 시설변경의 비용은 이양보 씨가 부담하라는 것이다.

이러한 내용은 주위토지통행권에 관한 민법 제219조에서도 매우 유사한 규정을 두고 있다.

실제 상황에서 문제는 이양보 씨 토지 지하에 관을 매설하는 공사를 하여야 할 경우 이양보 씨의 동의나 승낙을 받아야 하는지가 문제이다. 이에 대하여는 대법원판결이 있다.

대법원(2016.12.15. 선고 2015다247325 판결)은, 이양보 씨로부터 동의나 승낙을 받을 필요가 없다고 판결을 하였다.

이 사건의 사실관계는 이렇다. 경기 성남시는 [수도급수조례]에서 급수공사신청을 할 경우 이해관계인의 동의서를 첨부하라고 정해놓았다. 그런데 이해관계인인 이양보 씨가 동의서작성을 거부하니까 김미안 씨가 이양보 씨를 상대로 "수도관설치를 위한 토지사용을 승낙하라"는 내용의 승낙의사표시소송을 제기하였다.

이에 대하여 2심인 서울고등법원은 성남시조례를 근거로 "이양보는 김미안에게 토지사용을 승낙하라"고 판결을 하였는데, 이에 대하여 대법원은 '이양보의 동의나 승낙을 받을 필요도 없이, 김미안은 지하에 관을 설치하는 공사를 할 수 있다.'고 판결을 한 것이다.

그렇다면 그럼에도 불구하고 이양보 씨가 자신의 토지지하에 관을 매설하는 공사를 하지 못하게 공사인부의 출입을 막을 때는 어떻게 해야 할 것인가?

이때는 대법원판례의 취지를 반영하여, 김미안 씨가 원고가 되어 피고 이양보 씨를 상대로 '지하에 OO관의 시설권이 있음을 확인한다.'는 내용과 '공사방해행위를 금지하라'는 내용의 소송을 제기하여 승소판결을 받을 수 있다.

공사가 당장 급한 경우에는 법원으로부터 공사방해금지가처분결정을 받아 공사개시시기를 앞당길 수 있다.

위와 같은 법원의 가처분결정이나 승소판결을 받았는 데도 불구하고 공사장 인부출입을 막을 때는 업무방해죄로 형사고소할 수 있고, 그래도 공사방해를 한다면 경찰에게 부탁하여 이양보 씨의 방해행위를 제재한 상태에서 공사를 할 수밖에 없다.

4　하수관 설치 시 이웃이 통과를 거부할 경우의 법률관계

우리가 일상생활을 하면서 발생하는 하수는 공공하수도에 연결되어 하수종말처리장으로 집적되고, 각 지방자치단체에서 하수처리를 하고 있다. 우리의 각 가정에서 발생하는 하수는 모두 공공하수도까지 연결하여야 하는데, 그러려면 때로는 그 하수시설이 이웃토지를 통과하여야만 하는 경우가 있다. 그런데 이때 이웃토지주가 하수관의 통과를 거부하는 사례가 종종 발생하여 문제가 되고 있다.

이에 대한 법적인 해결방법은 다음과 같다.

민법 제218조 제1항은 '토지소유자는 타인의 토지를 통과하지 아니하면 필요한 수도, 소수관, 가스관, 전선등을 시설할 수 없거나 과다한 비용을 요하는 경우에는 타인의 토지를 통과하여 이를 시설할 수 있다. 그러나 이로 인한 손해가 가장 적은 장소와 방법을 선택하여 이를 시설할 것이며 타토지의 소유자의 요청에 의하여 손해를 보상하여야 한다.'라고 규정하고 있다.

민법 제218조만으로는 하수에 관하여도 제218조가 적용되는지 명확하지 않다. 그러나, 하수, 오수, 우수를 소통시키려는 경우에도 민법 제218조가 적용된다는 것이 대법원의 입장이다.

민법 제218조에 의거하여 이웃토지를 이용하여야 할 권리는 민법 제218조에 의하여 당연히 인정되는 것이기 때문에 이웃토지주의 동의나 승낙을 받을 필요도 없다는 것이 대법원의 입장이다.

그렇기 때문에 수도, 가스관, 하수관, 하수, 오수, 우수를 통과시키려는 시설을 할 경우에는 민법 제218조에 의하여 이웃토지소유자는 당연히 이를 인내하라는 것이다. 다만 그로 인한 손해에 대하여는 시설을 하는 토지소유자에게 보상을 청구할 수가 있다. 그리고 사정변경이 생겨서 시설의 변경을 청구할 수 있고, 그 경우 시설변경을 하는데 소요되는 비용은 그 시설관리자가 부담하여야 한다.

한편 하수도법 제29조는,"배수설비를 설치하거나 이를 관리하는 자가 타인의 토지 또는 배수설비를 사용하지 아니하고는 하수를 공공하수도에 유입시키기 곤란하거나 이를 관리할 수 없는 때에는 타인의 토지에 배수설비를 설치하거나 타인이 설치한 배수설비를 사용할 수 있다"라고 규정하고 있다.

이는 민법 제218조의 규정과 일맥상통하는 규정이다. 결국 손해배상을 받는 것은 별론으로 하고, 인근토지를 통과하여 하수시설을 하는 것을, 현행법상으로는 이를 막을 수가 없다.

그렇다면 이와 같은 법규정이 있음에도 불구하고 이웃토지주인이 하수시설을 하지 못하게 공사인부의 출입을 막는다면 어떻게 해야 하는가?가 문제이다.

이러한 경우는 할 수 없이 법원에 소송을 제기하여 판결을 받은 후에 판결에 따라 처리할 수밖에 없다.

간략히 설명하자면, 하수시설이 필요한 사람이 이웃토지주를 상대로 하수시설권이 존재함을 확인한다는 **시설권확인청구**를 하고, 동시에 하수시설공사를 방해하지 말라는 내용의 공사방해금지청구를 하여 승소판결을 받아야 한다.

대법원은 공사를 하는 데 대하여 해당토지소유자의 동의나 승낙을 받을 필요조차 없다는 입장이다. 따라서, 동의나 승낙의 의사표시를 하라는 내용의 청구는 하지 말아야 한다.

다만 이와 같은 확정판결을 받기까지는 장시간이 소요될수 있기 때문에, 공사가 시급한 경우에는 공사방해금지가처분결정을 받아 공사시기를 앞당길수도 있다. 이에 관하여는 전항에서 상세히 설명하였다.

5 공사를 하려면 이웃토지를 꼭 이용해야하는데 이웃토지주가 거부할 경우

우리가 토지를 소유하고 살면서 이웃의 도움이 꼭 필요한 경우가 있고 이에 관하여 민법은 많은 법조문을 두고 있다.

내 토지에서 어떤 공사를 하여야 하는데 그때 인접토지를 꼭 밟아야 할 경우가 있다. 그런데 이웃토지주가 이를 거부하여 애를 태우는 경우가 의외로 많은 것 같다.

민법은 이에 관하여 법조문을 두고 있다.

민법 제216조 제1항은, 토지소유자는 경계나 그 근방에서 담 또는 건물을 축조하거나 수선하기 위하여 필요한 범위 내에서 이웃토지의 사용을 청구할 수 있다. 그러나 이웃사람의 승낙이 없으면 그 주거에 들어가지 못한다.

제2항은, 전항의 경우에 이웃사람이 손해를 받은 때에는 보상을 청구할 수 있다. 라고 규정하고 있다.

이와 같이 이웃토지를 사용할 수 있는 권리를 [인지사용청구권] 혹은 [인지출입 청구권]이라고 표현한다.

민법규정을 좀더 구체적으로 설명하자면 이렇다.

이웃토지주가 출입을 거부할 경우에는 법원에 소송을 제기하여 "피고(상대방)는 원고(이웃토지를 이용할 사람)가 OO공사를 하는 것에 대하여 동의(혹은 승낙)의 의사표시를 하라"라는 내용의 청구를 한다. 법원은 원고가 어떠한 공사를 함에 있어 이웃토지를 이용하여야만 하는 사정이 인정되면 원고승소판결이 선고되고 그 판결에 따라 공사를 할 수 있다.

이 경우 토지소유자는 물론 소유자가 아니더라도 그 토지의 임차인과 같은 토지 사용권자도 이웃토지 소유자에게 동일한 내용의 청구를 할 수 있다.

이때 이웃토지주에게 손해가 발생한 때에는 이를 보상하여야 한다는 것이 제2항의 내용이다.

그런데 때로는 이웃토지가 아니라 이웃집주거(사람이 잠자고, 식사하고 쉬는 공간)에 들어가야 하는 경우가 있다. 이때는 이웃사람이 주거에 들어가는 것을 승낙하면 아무런 문제가 없으나, 이웃사람이 주거에 들어가는 것을 승낙하지 아니한 경우에는 어떻게 하는가? 이 경우에도 법원의 판결을 받아 주거에 들어갈수 있는가?

주거에 들어가야 할 경우에는 집주인이 승낙하지 아니하면, 법원도 강제로 주거에 들어갈 수 있도록 판결을 할 수 없다는 입장이다. 즉 주거의 평온을 보호하기 위하여 집주인이 거부할 경우에는 주거에 들어가는 것을 강제할 수 없다는 것이 일반적인 법조계의 입장이다.

아파트나 다세대주택 등 집합건물을 구분소유하는 경우에도 거의 동일한 법규정이 있다. 즉 [집합건물의 소유 및 관리에 관한 법률] 제5조 제3항은, '구분소유자는 그 전유부분 또는 공용부분의 보존개량을 위하여 필요한 범위내에서 다른 구분소유자의 전유부분 또는 자기의 공유에 속하지 않는 공용부분의 사용을 청구할 수 있으며, 이때 다른 구분소유자에게 손해가 발생하였을 때에는 그 손해를 보상하여야 한다'고 규정하고 있어, 민법의 규정과 동일한 취지의 규정을 두고 있다.

6 옆집을 통과하는 하수도가 막혔는데, 옆집이 들어가는 걸 방해한다면?

우리가 일상생활을 하면서 상수도, 하수도, 가스관 통신시설 등이 이웃집을 통과하는 경우가 많다.

이때 이웃집이 그러한 시설의 설치자체를 거부할 경우의 법률관계에 대하여는 [4. 하수관 설치 시 이웃이 통과를 거부할 경우의 법률관계]를 참고하기 바란다.

민법 제218조는 하수도를 설치하려는데 옆집이 거부할 경우에 적용되는 법조문이고, 하수도가 막혀서 막힌 하수관을 뚫어야 하는 경우에 대하여는 민법 제218조는 적용될 수 없다.

그렇다면 해결책이 없을까?

민법 제216조 제1항은, 토지소유자는 경계나 그 근방에서 담 또는 건물을 축조하거나 수선하기 위하여 필요한 범위내에서 이웃토지의 사용을 청구할 수 있다. 그러나 이웃사람의 승낙이 없으면 그 주거에 들어가지 못한다.

제2항은, 전항의 경우에 이웃사람이 손해를 받은 때에는 보상을 청구할 수 있다. 라고 규정하고 있다.

주거에 들어가지 못한다고 했을 때 주거란 잠자고 생활하는 집내부를 말한다. 여기는 승낙이 없으면 절대로 들어갈 수 없다.

그런데 민법 제216조는 내 소유의 토지부분에 있는 시설물을 수선하기 위하여 이웃집에 들어가야 할 경우에 적용되는 법조항이기 때문에, 이미 설치된 하수도가 옆집을 통과하는 부분이 막혀 공사를 해야하는 경우에는 엄격히 말하면 민법 제216조가 적용될 수 없다.

한편 [집합건물의 소유 및 관리에 관한 법률] 제5조 제3항은, '구분소유자는 그 전유부분 또는 공용부분의 보존개량을 위하여 필요한 범위내에서 다른 구분소유자의 전유부분 또는 자기의 공유에 속하지 않는 공용부분의 사용을 청구할 수 있으며, 이때 다른 구분소유자에게 손해가 발생하였을 때에는 그 손해를 보상하여야 한다'고 규정하고 있어, 민법 제216조와 동일한 취지의 규정을 두고 있다.

그러나 이 법조항도 이미 설치된 하수도가 옆집을 통과하는 부분이 막혀 공사를 해야하는 경우에는 해당되지 않는다. 그렇다고 이에 꼭맞은 법조항은 없는 것 같다.

그렇다면 어떤 법적인 해결책이 있을까?

법해석을 함에 있어서는 유추해석을 하여야 할 경우가 있다.

민법 제216조와 제218조, 집합건물의 소유 및 관리에 관한 법률에 의하면, 이웃집으로 하수관을 시설할 수도 있고, 내집을 수선하기 위하여 옆집을 출입할 권리도 있다.

그렇다면 이러한 법률의 입법취지에 비추어 볼 때, 하수도가 옆집을 통과하는 부분이 막혀 공사를 하려고 할 때 옆집이 출입을 거부할 경우, 공사를 할 수 있는 권한을 당연히 부여해야 전체적으로 균형이 맞는 해석일 것이다.

그렇다면 이 경우 구체적인 법절차는 어떻게 해야 할까?

이웃토지주가 출입을 거부할 경우에는 할 수 없이 법원에 소송을 제기할 수밖에 없다.

소송에서 "피고(이웃토지주)는 원고(이웃토지를 이용할 사람)가 ○○공사를 하는 것에 대하여 동의(혹은 승낙)의 의사표시를 하라" 그리고 "출입을 방해하지 마라"라는 내용의 청구를 한다. 법원은 원고가 어떠한 공사를 함에 있어 이웃토지를 출입하여야만 하는 불가피한 사정이 인정되면 원고승소판결이 선고될 것이고 그 판결에 따라 공사를 할 수 있다.

그럼에도 불구하고 출입을 거부하거나 공사를 방해하면 공사방해금지청구를 추가로 하면 되겠다.

7 아파트 층간소음, 현명한 해결책은?

우리의 주거환경이 단독주택보다도 아파트, 빌라 등 공동주택화 되면서 벽과 천장 하나를 사이에 두고 살다보니 때로는 소음 때문에 이웃사촌이 아니라 이웃원수가 되기도 하고, 급기야 중범죄까지 범하는 비극이 발생하고 있다.

층간소음에 대한 법률적 해결방법을 알아보고 궁극적인 현명한 해결책은 무엇인지?에 대하여 본다.

첫째, 층간소음으로 법적인 대책을 강구하려고 하는 상황이면 이미 층간소음으로 장기간 참고 참다가 인내의 한계에 도달한 상황일 가능성이 높다.

이런 상황에서는 기존의 쌓인 감정이 있기 때문에 가급적 직접 찾아가 고통을 호소하는 방법은 실패할 가능성이 높다. 직접 찾아갔다가 오히려 "그 정도 소리도 안내고 어떻게 사느냐?"고 되레 항의를 받기도 하고, 심지어는 주거침입죄, 모욕죄등으로 역으로 고소를 당하는 경우도 있다.

그렇기 때문에 직접 대면은 피하고, 제3자를 통하거나 내용증명우편 등 서면으로 정중하게 층간소음문제에 대한 해결책을 강구토록 하는 것이 좋을 듯하다.

둘째, 민사소송이나 형사고소를 섣불리 앞세우는 것은 오히려 화를 키울 수 있다.

그러기 이전에 극단적인 대결을 피하여 해결할 수 있는 여러 가지 방법이 있으니 이를 적극 활용하시기 바란다.

1) [공동주택관리법]에 의하면, 공동주택의 관리사무소장 등 관리주체에게 층간소음 발생사실을 알리고, 관리주체가 층간소음피해를 끼친 해당 입주자에게 층간소음 발생을 중단하거나 차음조치를 권고하도록 요청할 수 있고, 이 경우 관리주체는 사실관계 확인을 위하여 세대 내 확인 등 필요한 조사를 할 수 있다. 이러한 절차는 아파트 관리사무소에 알리면 알아서 해주는 경우가 많다.

2) 층간소음피해자는 정부가 마련한 [층간소음 이웃사이센터]에 민원을 접수하면 관계자가 직접 출두하여 조사도 하는 등 층간 당사자들로 하여금 합의를 하도록 적극적으로 시도하고 있다.

그리고 [중앙환경분쟁조정위원회]라는 것이 있다. 여기에 조정을 신청하면, 마찬가지로 관계자가 나와서 적극적인 해결을 시도하고 있다. 서울시의 경우에는 [층간소음상담실]을 운영하고 있다.

이러한 여러 가지 절차에 따라 원만하게 해결되는 경우도 많다.

그러나 위와 같은 비법률적인 해결방법은 대립당사자가 적극적으로 마음을 열고 대폭 양보를 하지 않는 한 합의가 이루어지지 않기 때문에 큰 효과를 기대하기가 사실상 어렵다.

셋째, 법률적인 해결방법에 관하여 본다.

우선 형사고소를 할 수 있다. 층간소음은 [경범죄처벌법]으로 처벌할 수 있는데, 설령 인정되더라도 몇 십만원 이하의 벌금형에 해당하기 때문에, 실효를 거두기는커녕 오히려 감정만 악화시키는 경우가 많다.

다음으로 민사소송을 제기할 수 있다.

층간소음피해자는 가해자를 상대로 가처분신청을 하여 [층간소음을 발생시키지 말아라, 만약 이를 어기면 1회 어길 때마다 금전 OO원을 지급한다]는 내용의 가처분결정을 받은 후, 이를 어길 때마다 법원이 정한 금액의 배상을 받을 수 있고, 한편 민사소송을 제기하여 층간소음으로 인하여 받은 정신적 고통에 따른 위자료를 청구할 수 있다.

그러나 이는 이론상 그렇다는 것이고 실무에서는 민사소송을 제기하였을 경우, 피해자가 입은 소음의 존재 및 정도에 관하여 법원이 인정할 수 있는 증거를 제출해야 하는데 말처럼 쉽지 않고, 설령 인정된다고 하더라도 배상액이 극히 소액이어서 변호사비용에도 못미치는 경우가 허다하다. 그렇다고 소송이 까다로워서 당사자가 변호사 없이 직접 소송을 하기도 어렵다.

물론 금액이 적더라도 승소판결을 받으면 가해자 측에게 분풀이가 되었다고 생각할 수 있지만, 형사고소와 마찬가지로 고생만 하고 오히려 고통이 더 커질수도 있다.

그렇다면 근본적인 해결책은 무엇인가?

층간소음의 가해자는 매우 다양한 형태이다. 남에게 피해를 주는 행위는 가급적 하지 않으려는 사람이 대부분이지만, 특히나 남에게 피해를 주는 것에 대하여 매우 무감각한 사람이 있다. 이런 분들이 문제이다.

또한 피해자 입장에서는 보통사람과 달리 층간소음에 무감각한 사람도 있지만, 지나치게 예민한 사람도 있다. 잠을 전혀 못이루고, 급기야는 우울증으로 정신과치료까지 받아야 하는 상황으로 악화되는 경우도 있다. 이런 분들이 가장 큰 피해자이다.

실제로 장기간 지속되는 층간소음의 고통 때문에 마음의 평온을 찾지 못하는 분들, 그 분들에게는 가장 편안해야 할 안식처인 주택이 지옥이 될 수 있다. 실제로 장기간의 층간소음으로 고통을 느끼는 분들이 그런 환경에서 공무원시험준비를 하다가는 대부분 실패할 수밖에 없고, 여성의 경우 낙태를 하는 경우도 있다. 무엇보다도 정신과치료를 받아야 할 정도로 건강이 망가지는 것이 문제이다. 건강을 잃으면 모든 것을 잃는다.

자신 스스로 층간소음이 예민하게 받아들여지는 편이라고 생각되시는 분들, 여러분이 예민하다는 것이 그 자체가 절대로 잘못이 아니다. 사람은 누구나 다양한 특징이 있고, 그러한 특징은 존중되어야 한다.

그러나 그런 곳에서 계속 산다는 것은 자신을 나락으로 추락시키는 결과만 초래할 수 있다. 그렇다고 위층에 사는 사람에게 이사를 가라고 할 수도 없고, 화가 난다고 큰 범죄를 저지를 수는 더더욱 없다.

세상에는 법으로 해결되지 않는 것이 많다. 층간소음은 현행법상으로는 만족할 만하 법적인 해결책이 없다.

우선은 해결책을 강구해보기는 하되 별 효용이 없다는 생각이 든다면, 운명으로 받아들이고 자신을 보호하기 위하여, 층간소음이 없는 곳으로 이사를 가라고 감히 권해드린다. 그 엄청난 고통을 참고 사는 것은 절대로 옳은 선택이 아니다. 실제로 층간소음 때문에 이사를 가는 분들도 간혹 있다.

떠나는 게 자신의 인생을 구하는 유일하고 현명한 선택일 수 있다고 40년 경력의 변호사가 말씀드린다.

8 　일조권침해, 우린 너무 무감각했다

이 지구상의 모든 동물과 식물은, 사람을 비롯하여 미생물에 이르기까지, 단 하루라도 햇빛이 없이는 생존할 수 없다. 인접 토지에 대형 고층 건물이 들어서면 햇빛을 쐬지 못하는 일이 발생한다. 햇빛을 향유할 수 있는 권리, 일명 일조권에 대해 우리는 그동안 권리라는 인식이 없이, 그저 그러려니 하고 참고 살아왔던 게 사실이다.

일조권에 대한 기본적인 사항에 대하여 본다.

일조권이란 **[태양의 직사광선의 이익을 향유할 권리]**라고 표현한다. 지구 북반구에서는 남쪽토지에 건물이 세워짐으로써 북쪽건물의 거주자가 일조의 이익을 방해받는 경우 법적으로 보호받을 권리를 말한다.

설명의 편의상, 일조방해를 받는 건물을 피해건물이라 하고, 일조방해를 가하는 건물을 가해건물이라고 하겠다.

피해건물에 거주하는 사람이면 그 건물의 소유자는 물론 임차인도 피해자로서 권리를 구제받을 수 있다. 다만 가해 건물이 완공되어 일조방해가 초래된 이후에 피해건물의 소유권을 취득한 사람은, 취득당시 일조방해가 있다는 사실을 감안하였다고 보아, 특단의 사정이 없는 한, 일조방해로 인한 손해배상을 청구할 수 없다고 보는 것이 법원의 입장이다.

일조방해로 인하여 법적 책임을 지는 자는 가해건물의 소유자이다.

다만 일조권 침해로 인한 손해는 원칙적으로 가해건물이 완공될 당시에 이미 발생하는 것이기 때문에, 완공 후 소유권을 취득한 신소유자에게는 배상책임을 물을 수 없다. 예컨대, 아파트를 분양받은 수분양자에게는 책임을 물을 수 없고, 그 건물의 건축주, 엄격히 표현하자면 그 건물의 골조부분을 완성한 건축주에게만 책임이 있다고 보아야 한다.

나아가 일조방해에 관한 건축법규정에 위반한 가해건물에 대하여 관할 시장, 군수가 일조방해가 있다는 위법사실을 알고 건축허가를 하였다면 관할 지자체도 일조방해로 인한 배상책임을 질 수 있다.

　　일조권의 침해로 인정되기 위하여는, 그 일조침해의 정도가 [사회통념상 일반적으로 인정되고 참아야 할 한도]를 넘어야 한다는 것이다. 이를 [수인한도]라고 표현한다.

　　실무상으로는, 일조침해의 정도가 사회통념상 수인한도를 넘었는지 여부는, 피해의 정도, 피해이익의 성질 및 사회적평가, 가해건물의 용도, 상업지구인지 주거지역인지의 지역성, 공법적 규제의 위반여부등 모든 사정을 종합하여 판단하여야 한다는 것이 법원의 입장이다.

　　일조침해의 정도가 수인한도를 넘었는지 여부는 전문가의 감정결과에 의존하고 있는데, 통상 1년 중 낮시간이 가장 짧은 동짓날 오전 8시부터 오후4시까지의 일조침해의 정도를 기준으로 감정하고 있는 것이 실무이다.

　　일조침해로 인한 손해를 청구할 수 있다고 했는데, 구체적으로 어떤 손해를 청구할 수 있는지에 대하여 본다.

　　첫째, 인접토지에 건물이 건축되어 일조권이 침해되면 토지 건물의 가격이 하락할 수 있다. 이런 경우, [가해건물이 건축되어 일조권이 침해되기 전]의 시가와 [완공되어 일조권이 침해됨으로서 가격이 하락한 이후]의 시가를 비교하여 그 차액을 손해로서 청구할 수 있다.

　　둘째, 일조권침해로 인하여 아파트 임대수익이 감소할 수 있고, 난방 및 조명에 소요되는 비용, 세탁물 건조비 등이 증가할 수 있고, 이를 보충하기 위하여 가전제품을 구입할 수도 있는데, 이러한 비용도 청구할 수 있다.

　　셋째, 일조침해로 인하여 주거 및 생활환경이 악화되었다면 그로 인한 정신적 고통에 대한 위자료도 청구할 수 있다.

　　넷째, 일조침해를 근복적으로 제거하려면 논리상 일조를 침해하는 건물부분을 철거해야 한다. 그러나 건물이 완공된 이후에 철거를 요구하는 것은 너무 가혹하다고 하여 실무에서는 이를 인정하지 않는다. 다만 공사 이전에 법원으로부터 공사금지 가처분 결정이 있었음에도 불구하고 공사를 강행한 경우에는 철거를 요구할 수 있다고 보고 있다.

그러므로 일조권침해가 예상될 때는 우선적으로 공사를 하지 못하도록 법원의 공사금지가처분결정을 받아두어야 한다. 이 경우 법원은 가처분결정을 하기 이전에 피해건물 거주자의 [수인한도]에 대하여 심도있게 심리를 한 다음 최종결정을 한다.

우리는 과거 일조권침해에 대하여 다소 무감각해 왔던게 사실이다. 일조권침해가 의심될 경우에는 과감히 구제수단을 강구하시기 바란다.

9 아파트에 갑자기 물이 흘러요. 어떡하죠?

여러분이 거주하고 있는 아파트에서 갑자기 물이 흘렀다면 여러분은 매우 당황할 수 있다.

여러분이 단독주택의 경우에는 별 의문점이 없는데 아파트의 경우에는 누가책임을 져야 하는지에 대하여 의문이 많을 것이다.

최근에도 이 문제로 아파트 위층과 아래층 소유자가 크게 다투고 결국 법정소송으로 번진 사건을 담당했던 적이 있었다. 아래층 소유자는 '물이 위층에서 흘렀으니 위층에서 책임을 지라'는 입장이고 위층 소유자는 '내가 아파트를 지은 것도 아닌데 왜 내가 책임을 지느냐? 아파트를 지은 사업자에게 따져라' 하는 입장이었다.

아파트에서 갑자기 물이 흘렀을 때, 흘러나오는 물의 양이 많을 때는 곧바로 관리실에 연락을 하여 관리실에서 대신 조속히 대책을 강구하겠지만, 흘러나오는 물의 양이 아주 적을 때는 참고 기다리면서 방치할 수도 있다.

문제는 일반적으로 아파트에 하자가 발생하였을 때 그 하자를 누가 책임질 것인가이다. 책임이라고 하면 결국 보수하는 비용을 누가 부담하여야 하느냐의 문제이다.

이에 관하여는 [공동주택관리법]에서 상세히 규정하고 있다. 공동주택관리법시행령에서는 공동주택(아파트, 다세대주택도 해당)의 하자에 대하여 일정기간 아파트건축업자(사업주체)에게 하자담보책임을 부과하고 있는데, 분야별로 책임지는 기간이 다르다.

지반공사, 내력구조부(기둥, 바닥, 지붕틀, 주계단)부분은 10년, 대지조성, 철근콘크리트, 조적, 지붕 방수공사 등은 5년, 급수공사, 냉난방, 위생설비, 조경, 단열 등은 3년, 미장, 도배, 타일 등은 2년이다.

그 기간 내이면 사업주체가 책임을 지고 사업주체의 비용으로 하자를 보수하여야 할 책임이 있다.

그렇다면 '구체적인 기간(10년, 5년, 3년, 2년)을 언제부터 기산하느냐'가 문제이다.

아파트에는 전유부분과 공용부분이 있다. 전유부분은 입주자에게 인도한 날(소유권이전등기를 한날과 거의 일치할 것임)부터, 공용부분은 사용검사(준공검사)일부터 기산한다고 규정하고 있다.

결국 아파트 등 공동주택의 경우 축조한지 10년이 지나면 사업주체는 거의 모든 하자책임을 면하게 된다.

아파트에 물이 흘러나올 경우 어느 부분에 하자가 원인이 되어 물이 흐르는지를 따져야 한다. 그것이 지반공사의 하자로 인한 것이면 10년, 조적이나 지붕방수공사와 관련된 하자라면 5년, 급수공사의 하자로 인한 것이면 3년까지 사업주체가 책임을 진다.

하자를 보수하는 기간이 길어서 사업주체의 하자보증기간이 지나더라도 애초 하자의 발생시기가 사업자가 책임져야 하는 기간 내에 발생한 것이면 여전히 사업주체가 책임을 져야 한다.

구체적인 부분에 따른 하자책임기간까지 암기할 필요는 없다.

그렇지만 기간이 단 하루라도 지나가면 개인적으로 책임을 져야 하기 때문에, 아파트에 하자가 발생하였을 경우 하자의 정도가 크냐 작으냐를 따지지 말고 하루라도 빨리 대책을 강구하여야 한다.

하자의 원인이 무엇이냐?에 따라 사업주체가 책임지는 기간이 상이하기 때문에, 하자의 원인이 다행히 사업주체가 장기간 책임을 지는 부분이라면 기간이 지나지 않을 수도 있지만 기간이 짧은 경우에는 사업주체가 책임을 지는 기간이 지났을 수도 있기 때문에, 하자가 발생하면 되든 안되든 일단은 사업주체에게 통지부터 해둘 필요가 있다. 직접 할 수도 있지만 통상은 관리사무소에 신고하여 관리사무소가 도와 줄수도 있다. 어찌되었든 지체없이 스스로 대책을 강구해야 함에는 변함이 없다.

이러한 하자가 발생하였을 경우에는 후일의 소송을 대비하기 위해서나도 확실한 증거를 남기기 위해서는 내용증명우편으로 통고하는 것이 좋은 방법일 것이다. 왜 사업주체가 자신이 책임을 지는 기간이 지나서 하자가 발생한 것이라고 항변할 수도 있을 경우를 대비해야 하기 때문이다.

사업주체가 책임을 져야 하는 기간이 단 하루라도 지나면 그때부터는 하자발생 당시의 아파트소유자가 개인적으로 책임을 질 수밖에 없다. 아파트 위층에서의 하자 때문에 물이 샌다면 위층소유자가 책임을 져야 한다.

다시 말하자면 그 하자가 전유부분에서 생긴 것이라면 전유부분의 소유자 개인이 책임져야 하고 공유부분에서 생긴 것이라면 공유부분의 공동소유자가 공동으로 책임을 져야 한다.

다시 한번 강조하지만, 하자를 발견하였을 때 지체하지 말고 조속히 대책을 강구하려고 하는 마음자세가 무엇보다 중요하다.

10 유리외벽건물 맘대로 못 짓는다

우리는 평소 생활하면서 인접건물의 유리벽에 태양광이 반사되어 눈이 부셔서 불편을 겪는 경우가 많다.

그 유리외벽 건물을 처음 지을 때는, 시각적으로 이를 보는 사람들에게 즐거움을 주려고 하였을 망정, 다른 사람에게 피해를 줄 목적이 있었던 것이 결코 아닐 것이다. 이런 연유로 그동안 유리외벽 태양광반사로 인한 피해를 호소하는 예는 많았지만 법원은 이를 인정해 주지 않아 왔다.

그러다가 대법원이 지난 2021년 3월에 최초로 피해자들의 손을 들어준 판결이 선고되었고, 3개월 후인 6월에 같은 취지의 판결이 선고되었다. 매우 획기적인 변화이다.

2021년 3월 선고된 판결의 사실관계는 이렇다.

부산 해운대 마린시티에는 초고층 건물이 즐비한데 문제된 건물은 외벽전체가 [로이복층유리]라는 외장재로 되어 있어서 밤에는 화려한 야경을 연출하는 등 시각적으로는 훌륭하다. 하지만, 거기에서 300m 떨어진 아파트 주민들은 그 건물 유리외벽에서 반사되는 태양광으로 인하여 시각장애를 일으키는 고통을 겪고 있고, 나아가 그로 인하여 아파트가격이 하락하고, 또한 냉방비가 많이 소요되었다고 하면서 그 건물 소유자 측을 상대로 손해배상청구소송을 제기하였다.

이에 대하여 1심법원은 아파트주민인 원고의 청구가 이유없다고 하여 청구를 기각하였으나, 2심은 반대로 원고에게 승소판결을 하였고, 대법원은 2심판결대로 원고의 청구를 인용하는 최종판결을 한 것이다.

대법원판결의 요지를 함축하여 인용하자면 이렇다. "인접건물의 유리외벽에 반사되는 태양반사광으로 인한 시야방해등의 고통으로 손해배상을 청구하려면, 건축행위로 인한 생활방해의 정도가 **사회통념상 일반적으로 참아내야 할 정도를 넘어야 한다.** 그리고 그 정도를 넘었는지 여부는 태양반사광이 유입되는 각도와 정도, 피해의 성질과 정도, 가해건물의 건축경위등 모든사정을 종합적으로 고려하여 판단하여야 한다."는 것이다.

결국은 그 피해의 정도가 "사회통념상 참아야 할 정도이냐 아니냐?"에 대한 판단이 관건인데 그 최종 판단은 법원만이 할 수 있다.

1심법원은 참아야 할 정도 내라고 본 것이고, 2심과 대법원은 참아야 할 정도를 벗어났다고 본 것이다.

그 사건에서 법원이 참아야 할 정도를 벗어났다고 본 이유가 무엇인지에 대하여 살펴보았다. 태양광반사로 인하여 발생하는 시각장애를 판결문에서는 **[빛반사시각장애]**라고 표현하였다. 이 빛반사시각장애가 있으면 거주자가 심리불안을 느끼고 실내에서 외부경관을 바라보기가 어려운 등의 이유로, 편안한 안식처가 되어야 할 주거지가 일시적으로 주거로서의 기능을 잃게 된다는 것이다.

이 사건에서는 빛반사시각장애가 생기는 정도가, 연간 최대 187일, 하루최대 1시간 15분에 이르고, 빛반사 밝기가 평방미터당 약 7천만cd로서 빛반사시각장애를 일으키는 최소기준 평방미터당 2만5천cd의 약 2,800배에 달한다는 것이다. 이를 근거로 빛반사시각장애로 인한 정신적고통에 대한 위자료를 최초로 인정한 것이다.

이 사건에서 그 아파트 주민들은 이 빛반사 때문에 아파트의 가격이 하락하기도 했으니 그 손해도 배상하라는 청구를 했는데 법원은 이 청구도 인정하여 청구금액 일부를 배상하라고 판결하였다. 반면 빛반사로 냉방비용이 많이 소요되어 손해를 입었다는 주장에 내하여는 이를 인정하지 않았다.

법원이 인정한 금액은, 합하여 피해주민 1인당 132만원에서 678만원 사이의 금액을 배상하라고 하여, 그 금액이 다소 과소하다는 느낌은 들지만, 우리 법원이 최초로 빛반사시각장애로 인한 손해를 인정했다는 데 커다란 의미가 있다고 보고, 앞으로 손해인정금액도 차츰 늘어날 것으로 전망된다.

위와 같은 대법원판결이 선고되고 나서 3개월 후인 2021년 6월 대법원은 동일한 취지의 판결을 하였다. 그 사건은 성남시에 있는 지상 28층, 높이 134m의 건물로 건물전체를 통유리로 하여 소위 커튼월 공법으로 지은 건물이었다. 그런데 거기에서 약 70m에서 114m 떨어진 아파트단지 주민들이 동일한 내용의 소송을 제기하였고, 대법원은 동일한 취지의 판결을 한 것이다.

문제는 위와 같은 대법원 판결이 선고된 이후가 문제이다.

도심지에는 외벽전체가 유리로 된 건물이 상당수 있고, 그러한 건물로 인하여 빛반사시각장애를 호소하는 피해자가 많든 적든 분명히 있을 것이고, 이번 대법원판결로 인하여 소송이 줄을 이을 것으로 보이는데 이러한 건물의 소유자에게는 심각한 타격을 줄 수밖에 없다.

앞으로는 빛반사가 있는 건물은 장차 없어지거나 숫자가 줄지 않을까 전망된다.

제 **6** 장

명의신탁
(부동산실명법)

명의신탁(부동산실명법)

믿는 도끼에 발등 찍히는 일이 명의신탁에서 가장 많이 일어난다.
부동산실명법은 도덕과 윤리에 기초한 법이라기보다 교통법규와 같이
인위적인 법이라서 사전에 알지 못하면 함정에 빠지기 쉽다.
명의신탁은 부모 자식간에도 안하는게 좋다.

1 명의신탁의 종류와 효력, 이 정도 알면 전부를 안다

자신의 부동산을 타인명의로 등기해놓는 것을 명의신탁이라 하고, 뒤에 숨은 실소유자를 명의신탁자, 겉으로 드러난 등기상의 소유자를 명의수탁자라고 한다.

우리나라는 원래는 명의신탁을 금지하지 않았었다. 그러나 재산은닉, 탈세 등 명의신탁으로 인하여 많은 부작용이 노출되었고, 그리하여 1995년 명의신탁을 금지하는 법률인 [부동산 실권리자명의 등기에 관한 법률](부동산실명법)이 제정되어 현재 시행중이다.

부동산실명법에서 명의신탁은 원칙적으로 무효라고 단언했다. 무효이기 때문에 신탁자는 원칙적으로 수탁자에게 이전등기를 말소하라고 청구할 수 있다.

그리고 명의신탁이 이루어진 이후 제3자가 수탁자와 거래를 하였을 경우, 부동산실명법은 일반적인 거래의 안전을 보호하기 위하여 수탁자와 거래를 한 제3자는 보호된다고 했다.

신탁자와 수탁자 사이에 명의신탁약정이 있있는지를 몰랐던 제3자를 보호하는 것은 당연한데, 그 제3자가 자신이 거래를 한 당사자가 실 소유자가 아니고 단지 명의자에 불과한 수탁자라는 사실을 알고 있었더라도 보호된다는 게 현행 부동산실명법의 내용이다.

여기에 부동산실명법이 일반 국민들에게 함정을 파놓은 결과가 되어 많은 사람들 특히 신탁자들이 함정에 빠져 예기치 않은 손해를 보고 있는 실정이다.

명의신탁에 있어서는 명의신탁 이후 신탁자가 소유권을 회복할 수 있느냐? 회복할 수 있다면 어떠한 법적 구제수단이 있느냐가 핵심쟁점이다.

이와 관련하여 명의신탁의 종류 4가지와 그에 따른 법률효과에 대하여 본다.

첫째, [양자간 등기명의신탁]이다.

이것은 신탁자명의로 되어 있는 부동산을 수탁자에게 단지 이전등기만을 하는 명의신탁을 말한다.

신탁자와 수탁자사이에서 그 부동산은 신탁자의 소유이다.

그리하여 수탁자가 신탁자에게 소유권반환을 거부할 경우가 문제이다.

부동산실명법이 생기기 이전에는 신탁자는 수탁자에게 명의신탁을 해지하고 [명의신탁해지를 원인으로 한 소유권이전등기청구]를 하여 소유권을 회복할 수 있었다.

명의신탁을 해지한다는 것은 일단 명의신탁이 유효하게 존재한다는 전제하에서만 가능한 일이다.

그런데 명의신탁을 금지하고 있는 현행 부동산실명법하에서는, 명의신탁의 효력이 없어서 명의신탁자체가 존재하지 않기 때문에 명의신탁을 해지할 여지가 없고, 따라서 [명의신탁 해지를 원인으로 한 소유권이전등기 청구]를 할 수가 없다.

그리하여 현행 부동산실명법하에서는 이러한 경우 신탁자는 소유권침해에 관한 일반적인 법이론에 따라 [소유권에 기한 방해배제청구로서의 말소등기청구]를 하거나 [진정명의회복을 원인으로 한 소유권이전등기청구]를 해야 한다.

둘째, [3자간 등기명의신탁]이다.

예를 들어 부동산을 매수함에 있어서 실소유자인 신탁자가 매수인으로 나서서 매도인과 매매계약을 체결하고 매매대금을 완불하였는데 다만 소유권이전등기는 매도인으로부터 수탁자에게 하는 경우이다.

이때는 매도인, 신탁자, 수탁자 3인이 모두 명의신탁약정사실과 명의신탁에 기한 이전등기에 관하여 잘 알고 있는 상태에서 직접 관여하였다고 보아야 한다.

이 경우 수탁자가 소유권반환을 거부할 경우, 신탁자가 소유권회복을 어떻게 할까?

부동산실명법이 생기기 전에는, 신탁자가 수탁자를 상대로 [명의신탁해지를 원인으로 한 소유권이전등기청구]를 하면 쉽게 해결할 수 있었다.

그러나 명의신탁을 금지하는 현행법하에서는, 명의신탁약정이 무효이기 때문에 명의신탁해지를 할 수가 없고, 대신 매도인으로부터 수탁자에게 경료된 이전등기를 말소하고, 그 결과 소유권등기가 매도인에게 회복되면, 매도인은 실질매수인인 신탁자에게 이전등기를 하여 해결할 수가 있다.

이때 매도인이 수탁자에게 이전등기말소청구를 하는데 협조하지 아니하면, 신탁자가 매도인을 대위하여 이전등기를 말소하라고 청구할 수가 있다.

셋째, [매도인이 악의인 계약명의신탁]이다.

예컨대, 매매대금을 지불할 신탁자는 나서지 않고, 수탁자가 매수인으로 나타나 매도인과 매매계약을 체결하고 수탁자명의로 이전등기를 경료할 수 있고, 이를 계약명의신탁이라고 하는데, 이때 매도인이 자신과 계약을 한 매수인이 실질매수인이 아니라 명의수탁자라는 사실을 계약 당시 알고 있는 경우이다.

이때 매도인이 그와같은 사실을 알고 있었다고 하더라도 계약상의 매수인이 신탁자로 변경되는게 아니다.

이때 수탁자가 소유권반환을 거부할 경우에는 어떤 과정을 거쳐야 할까?

이 경우에도 부동산실명법이 생기기 전에는 명의신탁이 유효하였기 때문에 신탁자가 수탁자를 상대로 [명의신탁해지를 원인으로 한 소유권이전등기청구]를 하면 쉽게 해결될 수 있었다.

그러나 현행법하에서는, 신탁자는 수탁자에게 [명의신탁해지를 원인으로 한 소유권이전등기청구]를 하지 못한다고 했다. 대신, 이 경우 수탁자에게 경료된 이전등기가 무효이기 때문에 직전소유자인 매도인은 수탁자에게 [이전등기말소청구] 혹은 [진정명의회복을 원인으로한 소유권이전등기청구]를 할 수가 있고, 수탁자는 매도인에게 매매대금을 반환하라고 청구할 수가 있다.

매매대금을 반환받은 수탁자는 매매대금상당의 부당이득을 취한 것이 되고, 수탁자는 신탁자에게 그 부당이득금을 반환하여야 한다.

만약 수탁자가 매도인에게 매매대금반환청구를 하는 데 협조하지 않을 경우, 신탁자는 수탁자를 대위하여 매매대금반환청구를 할 수가 있다.

이 경우에는 매도인은, 신탁자와 수탁자사이에 명의신탁약정이 있다는 사실을 알고 있었기 때문에 명의신탁의 무효에 따른 원상회복에 응할 책임이 있다고 부동산실명법은 보고 있는 것이다.

넷째, [매도인이 선의인 계약명의신탁]의 경우이다.

매매대금을 지불할 신탁자는 나서지 않고, 수탁자가 매수인으로 나타나 매도인과 매매계약을 체결하고 수탁자명의로 이전등기를 경료하였는데, 매도인이 자신과 계약을 한 매수인이 명의수탁자라는 사실을 **모르고 있는 경우**이다.

이 경우에는 매도인에게는 명의신탁이 무효라는 이유로 이전등기를 말소하고 원상회복을 하라고 요구할 근거가 없다.

그리하여 부동산실명법 제4조 제2항 단서는, 이 경우에만 명의신탁으로 경료된 수탁자명의의 이전등기가 유효하다는 예외규정을 두고 있는 것이다.

등기가 유효하다는 것이지 명의신탁약정까지 유효하다는 것이 아니다.

그렇다면 이 경우 신탁자에게 어떠한 법적 구제수단이 있을까?

이 경우 수탁자명의의 등기가 유효하다고 본다는 것은 수탁자가 유효하게 그 부동산의 소유권을 취득한다는 의미이다.

또한 신탁자는 매도인과는 매매계약의 당사자가 아니어서 당사자임을 전제로 매도인에게 소유권이전등기는 물론 어떠한 청구도 할 수가 없다.

결국 매도인에게는 신탁자나 수탁자가 아무런 조치도 취할 수 없고, 신탁자와 수탁자사이에 부당이득반환문제만 남는다.

결과적으로 이 경우 수탁자는 부동산의 소유권을 취득하였는데 매매대금은 신탁자가 지불하였기 때문에 수탁자는 매매대금상당의 부당이득을 취하였고, 신탁자는 수탁자에게 [**매매대금상당의 부당이득반환청구**]를 할 수가 있다.

여기에서 명심할 사항은, 신탁자의 수탁자에 대한 위 부당이득반환청구권은 10년간 행사하지 아니하면 소멸시효가 완성되고, 신탁자가 해당부동산을 **점유하고 있더라도** 소멸시효가 진행된다는 사실을 명심해야 한다.

다만 부동산실명법이 종중부동산, 배우자간, 종교재산 3가지에 대한 명의신탁은 유효하다고 했는데, 위 3가지의 경우에는 앞에서 설명한 이론이 적용되지 않고, [**명의신탁해지를 원인으로 한 소유권이전등기청구**]를 함으로써 해결할 수 있다.

2 부동산실명법위반, 이 정도는 알아야 한다

1995년도에 부동산실권리자명의등기에관한법률(부동산실명법)이 제정되어 현재 시행되고 있다.

많은 분이 부동산실명법이라는 법률이 있다는 정도는 알고 있는데 구체적인 내용에 대하여는 너무나도 모르고 있는 것 같다.

"이 정도는 상식적으로 꼭 알고 있어야 한다"는 수준에서 설명한다.

부동산실명법이 제정된 이유이다.

이 법이 제정되기 이전에는 소위 명의신탁이라고 하여 나의 부동산(토지, 건물)을 다른 사람명의로 등기를 해놓아도 괜찮았다. 그런데 다른 사람명의로 해놓았기 때문에 국가에서는 누가 어느 정도의 재산을 보유하는지를 알 수가 없어서 세금을 제대로 부과하지 못하고 있었다. 따라서 재산이 많은 사람이 자신의 재산을 명의신탁을 통하여 재산을 은닉하였고, 자연적으로 재산세 등 세금을 포탈하여 왔다.

이러한 명의신탁을 금지하기 위하여 부동산실명법을 제정하였던 것이고, 그런 이유로 부동산실명법은 명의신탁금지법이라고 해도 과언이 아니다.

그러나 부동산실명법이 시행되고 있음에도 불구하고 많은 분들이 알게 모르게 자신의 재산을 가족 친지등 명의로 명의신탁을 하고 있는 실정이다.

부동산실명법에 위반하여 내재산을 타인명의로 명의신탁한 것이 밝혀졌을 때 어떤 제재가 따르는지?에 대하여 본다.

1) 내재산을 타인명의로 명의신탁을 하면 과징금이 부과되는데, 과징금은 해당 부동산가액의 30%에 해당하는 금액까지 부과할 수 있다.

그리고 이와 같이 과징금을 부과받았으면 지체없이 실소유자명의로 명의이전을 해야 한다. 이를 게을리한 경우에는 이행강제금이 부과되고, 이행강제금은 부동산평가액의 10%, 지체기간이 장기일경우에는 20%까지 부과할 수 있다.

2) 명의신탁을 한 경우 뒤에 숨은 실소유자를 명의신탁자, 명의를 빌려준 명의상의 소유자를 명의수탁자라고 한다. 부동산실명법에 위반하여 명의신탁을 한 경우 명의신탁자는 5년 이하의 징역 또는 2억원 이하의 벌금에 처하게 되고, 명의수탁자(명의를 빌려준 사람)은 3년 이하의 징역 또는 1억원 이하의 벌금에 처할 수 있다.

3) 다만 예외가 있다. ① 종중이 종중원명의로 명의신탁을 한 경우, ② 배우자상호간에 명의신탁을 한 경우, 그리고 ③ 종교단체의 명의신탁의 경우에는 과징금을 부과하거나 형사처벌을 하지 않는다고 부동산실명법이 예외규정을 두고 있다. 종중은 종중이 제대로 활동하는 경우에는 국가에서도 감독을 하기가 쉬운데 종중이 제대로 활동하지 않는 경우에는 세금부과등 감독이 어려워서, 종중재산의 경우에는 종중의 구성원명의로 신탁등기하는 것을 허용하게 되었고, 배우자간에는 실무상 부부간의 재산은 공동재산으로 보는 경우가 많기 때문에 배우자간에는 예외규정을 두어 명의신탁을 허용하고 있다. 종교단체의 명의신탁에 대하여는 설명을 생략한다.

4) 부동산실명법은 장기미등기자에 대한 벌칙을 규정하고 있다.

우리 법률은 소유권이전을 내용으로 하는 계약을 체결한 경우(매매, 증여등) 잔금을 다 치르는 등 이전등기를 할 수 있는 날로부터 60일 이내에 이전등기신청서를 접수하여야 하고, 장기간 접수하지 아니한 경우에는, 명의신탁을 한 것과 동일하게 봐서 제재를 부과하고 있는데, 3년 이내에 소유권이전등기를 신청하지 아니한 경우 부동산평가액의 30%에 해당하는 과징금을 부과하고, 과징금을 부과받고도 이전등기를 신청하지 아니하면 부동산평가액의 10%에 해당하는 이행강제금을 부과받고, 형사처벌도 받게 되는데 장기미등기자는 5년 이하의 징역또는 2억원 이하의 벌금에 처할 수 있다.

여기에서 우리가 필히 알고 있어야 할 사항이 있다.

부동산을 명의신탁을 하면 위와 같이 법을 위반하였다고 해서 무거운 행정적, 형사적인 제재가 부과되고, 한편 민사적으로는 명의신탁을 하기로 약정한 것은 부동산실명법에 위반되어 효력이 없다. 그리고 명의신탁약정을 근거로 이루어진 이전등기는 말소되는게 원칙이다.

그러나 명의신탁의 효력에 대하여는 매우 복잡하기 때문에 별도 기회에 설명하기로 하고, 하여튼 명의신탁의 효력에 대하여 문제가 발생하였을 경우에는 빨리 전문가를 찾아가야 한다.

위와 같이 불법인 명의신탁을 한 명의수탁자(외형상 등기명의자)로부터 그 부동산을 매수한 사람은 보호되는가?

즉 뒤에 숨은 명의신탁자, 명의를 빌려준 명의수탁자 모두 법을 위반한 사람들인데, 법을 위반한 명의수탁자(등기명의자)로부터 매매, 증여등을 원인으로 이전등기를 받은 경우에는 소유권을 빼앗기는가?

상식적으로 보면 법을 위반한 사람들과 거래를 하였으니까 그 거래행위도 효력이 없어서 그들로부터 취득한 제3자는 재산을 빼앗기는게 타당하지 않을까라고 생각할 수 있다.

그렇지만 명의수탁자와 거래를 하여 해당 부동산을 취득한 사람은 안전하게 보호된다. 제3의 취득자가 명의신탁사실을 모르고 취득한 경우는 물론 안전하고, 설령 명의신탁사실을 알고 있는 상태에서 그 부동산을 취득하였다고 하더라도 안전하다. 빼앗길 염려가 없다.

이는 우리가 알고 있는 통념과는 다르게 부동산실명법 제4조 제3항에서, 제3자를 보호한다고 법으로 규정을 해놓았는데 제3자는 명의신탁을 한 사실을 알던 모르던 보호된다고 해놓았기 때문이다.

다만 제3취득자가 명의수탁자와 공모하여 별도의 범죄행위를 하기 위한 수단으로 이전등기를 받은 경우에는 예외일 수도 있다.

3 타인명의로 등기해놓고 10년이 지나 생기는 황당한 일들

부동산을 타인명의로 등기를 할 때, 뒤에 숨은 실소유자를 명의신탁자, 등기명의를 빌려준 사람을 명의수탁자라고 한다.

우리나라는 1995년 부동산 실권리자명의 등기에 관한 법률(부동산실명법)을 제정하여 1995.7.1.부터 시행되고 있다.

그 전에는 부동산을 소유할 때 명의신탁, 즉 타인명의로 등기를 하는 예가 매우 많았다. 부동산이 많은 사람은 거의 대부분 부동산의 일부를 타인명의로 등기하여 소유하였다.

그런데 이 명의신탁은 재산은닉, 탈세 등 부조리의 온상이 되고 있어서 이를 금지하여야 한다는 여론에 못 이겨, 위와 같이 명의신탁을 금시하는 부동산실명법이 제정된 것입니다.

부동산실명법은 명의신탁을 금지하되 3가지의 예외를 두고 있다는 사실은 앞에서 설명하였다.

이 3가지에 해당하지 않는 명의신탁에 관하여는 명의신탁을 하기로 하는 약정도 무효이고 명의신탁약정에 기하여 이루어진 등기, 즉 명의신탁등기도 무효이어서 그 등기는 원인무효로 말소될 수 있다. 즉 부동산실명법이 시행된 이후에 이루어진 명의신탁등기는 명의신탁약정과 명의신탁등기가 무효이기 때문에 애초 명의신탁이 없었던 것으로 원상회복된다.

그러면 부동산실명법이 시행되기 이전에 이미 명의신탁등기가 되어 있는 것에 대하여는 어떻게 처리했는가?

부동산실명법 제11조에서 법시행 후 1년의 유예기간(1996.6.30.까지)을 주고 그때까지 실명전환을 하라고 하였고, 그때까지 실명전환을 하지 않았으면 등기명의자 즉 명의수탁자의 소유로 된다고 대법원은 해석을 하고 있다.

그렇다면 명의수탁자는 해당 부동산을 무상으로 취득하는 게 된다.

이 경우 대법원은, 명의수탁자는 실소유자인 명의신탁자에게 부당하게 취득한 그 **부동산자체**에 대하여 부당이득반환으로서 소유권을 이전해주어야 할 의무가 있다고 보고 있다. 즉 이때에는 명의신탁자의 부당이득반환청구권은 해당부동산에 대한 소유권이전등기청구권과 동일하게 된다.

이때 명의신탁자의 부당이득반환청구권은 10년간 행사하지 아니하면 시효소멸한다. 유예기간이 종료한 날(1996.6.30)의 다음날인 1996.7.1.부터 10년이 경과한 2006.6.30.까지이기 때문에 이미 모두 소멸시효가 완성되었다.

결론적으로 현재로서는 부동산실명법 시행이전에 명의신탁을 해놓은 명의신탁자로서는 명의수탁자에게 맡겨놓은 부동산을 반환하라고 하는 청구권이 모두 시효로 소멸하였기 때문에, 명의수탁자가 자신의 권리를 스스로 양보하면 몰라도 그렇지 않는한, 이를 찾아올 수 있는 길이 막혀 버린지 이미 오래이다.

다음으로 부동산실명법이 시행된 이후에는 부당이득반환문제가 언제 생기는가?

이에 대하여는 2가지가 있다.

첫째는, 부동산실명법 시행 후에는 명의신탁약정과 이에 기한 명의신탁등기가 모두 무효라고 했다. 즉 명의신탁이 없었던 것으로 원상회복을 하라는 것이다.

여기에 단 하나의 예외가 있다.

실질소유자인 명의신탁자는 완벽하게 뒤에 숨고, 매매계약을 할 당시에도 명의수탁자가 매수인이 되어 계약을 체결하고, 매도인조차도 숨은 실질매수인과 겉으로 나타난 매수인사이에 명의신탁약정이 있었다는 사실을 전혀 모르고 있었던 경우이다.

이러한 명의신탁을 [매도인이 선의인 계약명의신탁]이라고 한다. 선의는 알지 못한다는 의미로 쓰인 말이다.

[매도인이 선의인 계약명의신탁]에 따라 매수인 앞으로 명의신탁등기가 이루어진 경우에는 명의신탁약정이 있었다는 사실을 전혀 알지 못하는 매도인은 아무런 잘못이 없기 때문에 보호되어야 한다. 그리하여 명의신탁자와 명의수탁자 사이의 명의신탁약정자체는 부동산실명법에 위반되어 무효로 본다 하더라도, 명의수탁자에게 이루어진 이전등기는 유효로 본다고 규정하였고, 그게 바로 부동산실명법 제4조 제2항 단서의 규정이다.

이와 같이 명의수탁자앞으로 된 이전등기가 유효라고 본다는 것은, 법률적으로 명의수탁자가 완전한 소유권을 취득한다는 의미이다.

이렇게 되면 돈 한푼 안 내고 소유자가 된 명의수탁자는 부당하게 이득을 취득한 것이 된다. 이때의 부당이득은 그 부동산을 매수할 당시 명의신탁자가 지급한 매매대금을 부당이득이라고 대법원은 보고 있다. 부동산실명법 시행이전에 명의신탁이 이루어진 경우와는 상이하다.

그러면 명의신탁자는 명의수탁자를 상대로 매매대금상당의 부당이득반환청구권을 행사할 수 있는데, 이때의 부당이득반환청구권은 역시 10년간 행사하지 아니하면 시효로 소멸하고, 그 개시시기는 수탁자명의로 등기를 한 날의 다음날부터 10년이다.

둘째, 부동산실명법 시행 이후 명의신탁과 관련하여 부당이득반환청구권이 생기는 경우가 또 있다. 명의수탁자가 해당부동산을 처분하거나 토지수용 등으로 보상금을 수령하거나 경매를 당하였을 경우이다(대법원2021.8.8. 선고 2018다284233 판결). 이때 명의수탁자가 고의로 처분하였다면, 경우에 따라서는 불법행위가 성립할 수가 있는데, 이 때는 불법행위이론에 따라 처리하면 된다.

불법행위가 아니라면 명의수탁자는 그 처분대금을 명의신탁자에게 부당이득으로 반환해야 할 의무가 있고, 이때 명의신탁자의 부당이득반환청구권은 명의수탁자가 치분대금을 수령한 날의 다음닐부터 10년간 행사하시 아니하면 역시 시효로 소멸한다.

소멸시효와 관련하여, 일반적인 부동산매매에 있어서 매수인은 매매대금을 완불하면 이전등기청구권이 생기고 이때의 이전등기청구권도 10년간 행사하지 아니하면 시효로 소멸하는데, 다만 매수인이 그 부동산을 인도받아 점유하고 있으면 10년이 지나도 소멸시효가 진행되지 않는다는 것은 수차 언급한 바이다.

그렇다면 명의신탁자가 해당 부동산을 점유하고 있으면 위에서 본 부당이득반환청구권의 소멸시효가 진행되지 않는다고 보아야 하지 않느냐고 생각할 수 있다. 매우 중요한 사항이다.

이에 대하여 대법원은 매매로 인한 소유권이전등기청구권과는 달리, 경우에 따라서는 법이 금지한 명의신탁을 하여 생긴 부당이득반환청구권은 명의신탁자가 그 부동산을 점유하고 있더라도 소멸시효가 완성된다는 확고한 입장을 취하고 있다.

그리하여 10년이 경과하여 시효가 완성되었을 경우, 명의수탁자가 이를 양보하여 반환해준다면 법률적 분쟁이 없어지겠지만, 실제에 있어서는 이러한 경우 명의수탁자가 어떠한 이유를 대서라도 양보를 하지 않아 명의신탁자가 눈물을 흘리는 경우가 의외로 많다는 사실, 명심할 일이다.

여기에서 문제는, 이러한 법률관계를 대다수 국민들이 알고 있으면서 손해를 본다면 그야 제탓이라고 할 수 있겠지만, 변호사들조차도 이 문제를 다루어 본 사람이나 알 뿐이어서, 거의 대부분의 일반인은 이러한 법률관계를 모르기 때문에 뜻하지 않게 뒤통수를 맞는다는게 심각한 문제이고, 현재도 자신의 권리가 이미 없어져 뒤통수를 맞은 사실조차 모르고 있는 분들이 무수히 많다.

아직도 많은 분들이 명의신탁을 하고 있다.

누차 강조하였듯이 명의신탁은 수많은 함정이 있기 때문에 제대로 알고 있지 못하면 아예 하지 않는 게 상책이다.

가장 믿었던 사람에게 발등 찍혀 평생 한을 품는 일이 생겨서는 안 된다.

4 명의수탁자가 배신해도 이젠 고소도 할 수 없다

통상 대법원에서 기존의 판례를 변경하려면 전원합의체 판결이라고 하여 대법관 전원이 판결에 관여한다.

대법원은 2021.2.18. 2016도18761 전원합의체 판결로 획기적인 판례변경을 한 것이 있다.

우리가 흔히 부동산 명의신탁에 있어서 뒤에 숨은 실질적인 소유자를 명의신탁 자라고 하고, 소유명의를 빌려준 사람, 즉 외부적으로 소유자로 등기가 되어 있지만 실질적으로는 소유자가 아닌 사람을 명의수탁자라고 한다.

명의신탁은 재산은닉, 탈세등 사회적으로 악용되는 경우가 많았기 때문에 우리 나라는 1995년 부동산실명법을 제정하여 부동산을 타인명의로 소유하는 것을 금지 하고 있다. 즉 명의신탁자와 명의수탁자 두사람이 명의수탁자명의로 등기하기로 약 정, 즉 명의신탁약정을 하면 그러한 약정은 무효이고, 무효인 명의신탁약정에 근거하 여 명의수탁자에게 명의신탁등기를 한 경우 그 명의신탁등기도 원인무효로 말소될 운 명에 처하게 된다.

명의수탁자의 등기는 원인무효로 말소될 처지임은 차치하고, 신탁자와의 관계 에서는 언젠가는 신탁자에게 이를 돌려주어야 한다. 그럼에도 불구하고, 명의수탁자 가 명의신탁자를 배신하여 이를 타인에게 처분하여 매매대금을 챙기는 경우가 종종 있다.

이 경우 명의수탁자로부터 소유권을 이전받은 제3자는 유효하게 부동산을 취득 한다. 설령 제3자의 입장에서, 자신과 계약을 한 매도인이 명의수탁자로서 실질소유 자가 아니라는 사실을 아는 상태에서 매매계약을 하고 그 제3자가 소유권을 이전받 았더라도, 그 제3자는 유효하게 소유권을 취득한다는 것이 부동산실명법의 규정이다. 이 법규정의 취지는 명의신탁자는 법이 금지하는 명의신탁을 한 불법행위자이기 때 문에, 그 부동산의 소유권을 잃는 일이 있더라도 보호받을 가치가 없다고 본다는 취 지로 보인다.

이 경우 명의수탁자가 매매대금으로 수령한 돈은 부당이득금이어서 이를 명의신 탁자에게 반환할 의무가 있다고 해야 마땅하다.

여기에서 종전 대법원판례는 명의수탁자가 명의신탁자와의 신뢰관계를 배반하여 신탁부동산을 임의로 처분하였을 경우, 명의수탁자에게 횡령죄라는 범죄를 인정하여, 명의수탁자를 형사처벌할 수 있다는 입장이었는데, 이번 전원합의체판결로 이를 변경한 것이다.

즉 명의수탁자가 명의신탁자와의 신뢰를 저버리고 제3자에게 처분하였더라도, 횡령죄가 성립하지 않는다고 변경한 것이다.

그 근거도 역시 명의신탁을 하지 말라는 법규정을 위배하여 명의신탁을 한 명의신탁자는 형사적으로도 보호받을 가치가 없다고 본다는 취지로 보인다.

다만 위 대법원판결은 신탁자와 수탁자 [양자간의 명의신탁]약정에 의하여 명의신탁이 이루어진 사안에 대한 판결이다.

판례가 변경되기 이전에는 민사적으로 제3자로부터 부동산을 되찾아 올 수는 없었지만 형사처벌이 두려워 명의수탁자가 배신행위를 하지 못하도록 정신적으로 압박을 가할 수 있었다. 그러나 이제는 형사처벌 대상도 되지 않는 것으로 변경되었기 때문에, 명의수탁자가 나쁜 마음을 먹고 신탁부동산을 팔아먹고 매매대금을 빼돌렸을 경우, 형사처벌을 해달라고 고소를 해도 처벌할 수 없다.

다만 민사적으로는 매매대금으로 받은 돈을 부당이득금이라고 하여 되돌려달라고 청구할 수는 있다. 그런데 명의수탁자가 그 돈을 어디론가 감춰버리고 아무런 재산이 없어서 판결을 받아도 휴지조각에 불과한 경우가 발생할 수 있기 때문에, 명의신탁자로서는 아무런 하소연도 할 수 없게 되는 기막힌 상황이 벌어질 수 있다.

부부간이나 종중의 경우에는 예외적으로 명의신탁을 허용하고 있다. 이 경우 명의신탁등기는 원인무효가 아니다. 그러므로 위와 같이 판례가 변경되었더라도 부부간의 명의신탁이나 종중의 명의신탁의 경우에는, 명의수탁자가 이를 임의로 처분하였을 경우, 여전히 민사적으로 제3자로부터 부동산을 되찾아 오는 것이 불가능한 것은 마찬가지이지만, 형사적으로는 횡령죄가 성립함에는 변함이 없다.

부동산은 절대로 타인명의로 소유하여서는 아니된다는 사실을 다시 한번 강조드린다.

5 타인명의로 경락받으면 명의신탁 허용되나?

1995년도에 부동산실권리자명의등기에관한법률(부동산실명법)이 제정되어 현재 시행되고 있다.

그러나 부동산실명법이 시행되고 있음에도 불구하고 많은 분들이 알게 모르게 자신의 재산을 가족 친지 등 명의로 명의신탁을 하고 있다.

부동산실명법에 위반하여 내재산을 타인명의로 명의신탁한 것이 밝혀졌을 때 혹독한 제재가 따른다는 사실에 대하여는 이미 설명한 바 있다.

다만 명의신탁이 허용되는 예외가 있다. 종중이 종중원명의로 명의신탁을 한 경우, 배우자상호간에 명의신탁을 한 경우 그리고 종교단체가 명의신탁을 한 경우에는 예외적으로 명의신탁을 허용하고 있다.

부동산실명법의 핵심내용을 다시 한번 설명한다.

명의신탁을 하기로 약정하면 그 약정은 부동산실명법 4조에 의하여 무효이고, 그 명의신탁약정을 근거로 이루어진 이전등기는 원인무효로 말소되는 게 원칙이다.

다만 실질소유자인 명의신탁자는 아예 나타나지 않고 매도인과 명의수탁자가 직접 매매계약을 하였는데, 이때 매도인이 명의신탁자가 뒤에 숨어 있는지를 모르고 있었던 경우, 법조문의 표현대로 [매도인이 선의인 경우]에는, 명의수탁자의 등기가 원인무효로 말소되지 않고 명의수탁자가 완전한 소유권을 취득한다는 것이 부동산 실명법 제4조 제2항 단서의 내용이다.

그렇다면, 소위 물주인 명의신탁자가 법원의 경매에서 자신의 돈으로 경락을 받으면서, 외부적으로는 다른 사람 즉 명의수탁자 이름으로 경락을 받은 경우에는 어떻게 되는가?

일반적인 경우 다른 사람, 즉 명의수탁자 이름으로 부동산을 매수하고 수탁자명의로 이전등기를 한 경우, [매도인이 선의인 계약명의 신탁]이 아닌한, 원칙적으로 무효라고 했다.

그 논리대로라면, 경매를 통하여 다른 사람명의로 경락을 받은 경우에도 원칙적으로 매매계약이 무효이고 등기도 말소되어야 마땅하다.

그런데 이에 대하여 대법원은 경매를 통하여 명의신탁을 한 경우에는 약정은 무효이지만 등기는 말소되지 않는다는 입장이다.

대법원 2012.11.15. 선고 2012다69197 판결이 그것인데 이 판결문을 3부분으로 나누어 본다.

[부동산경매절차에서 부동산을 매수하려는 사람이 매수대금을 자신이 부담하면서 타인의 명의로 매각허가결정을 받기로 함에 따라 그 타인이 경매절차에 참가하여 매각허가가 이루어진 경우에도 그 경매절차의 매수인은 어디까지나 그 명의인이므로 경매 목적 부동산의 소유권은 매수대금을 실질적으로 부담한 사람이 누구인가와 상관없이 그 명의인이 취득한다 할 것이다.]라고 판결한 부분이다.

즉 대법원은 실제로 경락대금을 누가 부담하였는지를 불문하고 겉으로 나타난 경락자가 소유권을 취득한다는 내용이다. 즉 일반적인 부동산실명법위배에 관한 해석과는 다르다.

다음 [경매절차에서의 소유자가 위와 같은 명의신탁약정 사실을 알고 있었거나 소유자와 명의신탁자가 동일인이라고 하더라도 그러한 사정만으로 그 명의인의 소유권취득이 부동산실명법 제4조 제2항에 따라 무효로 된다고 할 것은 아니다.]라고 한 부분이다.

쉽게 설명하자면, [경매절차에서의 소유자]라 함은 경매를 당하는 사람, 즉 일반 매매에서의 매도인을 말한다. 대법원은 경매를 당하는 사람으로서, [경락인이 명의수탁자로서 경락을 받는다]는 사실을 알았거나 몰랐거나를 불문하고, 법조문표현대로 '매도인의 선악을 불문하고', 경락인이 소유권을 취득한다는 것이다.

나아가 경매를 당하는 사람이 실질적인 경락인으로서 다른 사람명의로 경락을 받았을 경우에도, 겉으로 나타난 경락인이 완전한 소유권을 취득한다는 의미이다.

다음 [비록 경매가 사법상 매매의 성질을 보유하고 있기는 하나 다른 한편으로는 법원이 소유자의 의사와 관계없이 그 소유물을 처분하는 공법상 처분으로서의 성질을 아울러 가지고 있고, 소유자는 경매절차에서 매수인의 결정 과정에 아무런 관여를 할 수 없는 점, 경매절차의 안정성 등을 고려할 때 경매부동산의 소유자를 일반 매매에서의 매도인과 동일시할 수 없기 때문이다.]라고 판결한 부분이다.

그 의미는 법원의 경매는 개인간의 거래가 아니고 법원을 통한 공법적인 처분의 성질이 있고, 법원경매를 통하여 소유권을 취득한 것을 일반원칙에 따라 무효라고 한다면 경매절차의 안정성을 해칠 수 있기 때문에 이와 같이 해석하는 것이다.

법원경매에서는 타인명의로 얼마든지 경락을 받아 명의신탁을 하더라도 법을 위반하는게 아니라는 사실을 명심하셨다가 적절히 활용하기 바란다.

6 | 명의신탁자도, 주위토지통행권확인, 제3자이의 소송을 할 수 있나?

명의신탁에 관한 일반적인 사항은 앞에서 설명하였다.

명의신탁자는 실소유자로서 주위토지통행권확인청구를 할 수 있는가?

주위토지통행권은 맹지소유자가 통행을 목적으로 주위토지소유자에게 통로를 내달라고 청구할 수 있는 권리이다. 이러한 주위토지통행권확인청구는 맹지의 소유자뿐 아니라 지상권자, 전세권자, 임차인 등 그 토지를 실제로 이용하는 권리자에게도 인정된다.

부동산실명법에 의하여 명의신탁은 무효이어서 명의신탁자는 명의신탁이 유효함을 전제로 한 주장을 할 수가 없고, 그렇기 때문에 당연히 주위토지통행권이 인정될 수 없다고 보아도 무방하다. 다만, 명의신탁이 유효한 경우에는 달리 생각할 가능성도 있어 보이긴 한다.

그렇다면 소유자로 등기는 되어 있지 않지만 실질소유자인 명의신탁자에게도 주위토지통행권이 인정될까?

이에 대하여 대법원(2008.5.8. 선고 2007다22767 판결)은 [민법 제219조에 정한 주위토지통행권은 인접한 토지의 상호이용의 조절에 기한 권리로서 토지의 소유자 또는 지상권자, 전세권자 등 토지사용권을 가진 자에게 인정되는 권리이다. 따라서 명의신탁자에게는 주위토지통행권이 인정되지 아니한다.]라고 판결하였다.

대법원은 명의신탁이 유효한지 무효한지에 상관없이 명의신탁자에게는 주위토지통행권이 인정되지 않는다는 입장이다.

다음으로 [제3자이의의 소]에 대하여 본다. 우선 [제3자이의의 소]에 대한 설명이 필요하다.

예를 들어 채권자가 돈을 받기 위하여 확정판결을 받아서 채무자의 재산에 대하여 경매신청을 하는등 강제집행이 진행되고 있다. 그런데 그 강제집행의 목적물에 채무자소유가 아닌 제3자의 물건이 포함되어 있는 경우가 왕왕 있다. 이 때 그 제3자가 [왜 내 물건까지 강제집행을 하느냐? 내 물건을 빼달라]고 이의를 제기하는 것이 [제3자이의]이고 이러한 내용의 소송을 제기하면, 그것이 [제3자이의의 소]이다.

이러한 제3자이의의 소를 명의신탁자도 할 수 있는가?

이에 대하여 대법원(2007.5.10. 선고 2007다7409 판결)을 본다. 이 사건은 종중이 명의신탁자로서 제3자이의의 소를 제기한 경우이다.

[종중이 보유한 부동산에 관한 물권을 종중 이외의 자의 명의로 등기하는 명의신탁의 경우 (중략) 그 명의신탁약정은 여전히 그 효력을 유지하는 것이지만, 부동산을 명의신탁한 경우에는 소유권이 대외적으로 수탁자에게 귀속하므로 명의신탁자는 신탁을 이유로 제3자에 대하여 그 소유권을 주장할 수 없고, 특별한 사정이 없는 한 신탁자가 수탁자에 대해 가지는 명의신탁해지를 원인으로 한 소유권이전등기청구권은 집행채권자에게 대항할 수 있는 권리가 될 수 없으므로, 결국 명의신탁자인 종중은 명의신탁된 부동산에 관하여 제3자이의의 소의 원인이 되는 권리를 가지고 있지 않다고 할 것이다.]라고 판결했다.

대법원은 명의신탁의 유무효를 떠나 명의신탁자에게는 제3자이의 청구가 인정되지 않는다는 입장이다.

근본적으로 명의신탁자는 대외적으로 소유자가 아니기 때문에 나설 수 없다는 취지이다.

7. 부동산실명법의 함정, 명의신탁자는 점유취득시효완성 주장할 수 없다.

점유취득시효와 명의신탁이 동시에 관련되어 명의신탁자가 다소 황당한 일을 당한 실제사건이다. 이 사건도 역시 부동산실명법을 제대로 알지 못하여 함정에 빠진 사건이다. 명의신탁을 억지로 금지하고, 거기에 거래의 안전을 위하여 제3자를 보호하다 보니 함정이 생기게 되는 것이다.

사건의 사실관계는 이렇다.

신탁자 [갑]이 은행에서 대출을 받아 토지를 구입함에 있어, 수탁자 [을]명의로 대출을 받고 [을]명의로 계약을 체결하고 이전등기도 [을]명의로 경료했는데, 계약당시 원소유자였던 매도인은 명의신탁약정이 있었다는 사실을 모르고 있었다(매도인이 선의인 계약명의신탁).

그후 신탁자 [갑]은 [을]명의의 그 대출금 채무를 변제한후 20년 이상 자신의 소유로 알고 점유하고 있었는데, 수탁자 [을]의 채권자들이 그 토지에 채권행사를 개시하였고, 그러자 신탁자 [갑]이 1차로(주위적으로) 수탁자명의의 이전등기는 명의신탁등기이어서 무효이니 이를 말소하라고 청구하고, 2차로(예비적으로) 수탁자에게 점유취득시효완성을 원인으로 한 이전등기를 청구하는 소송을 제기하였다.

우선 명의신탁에 따른 법적효력에 대하여 다시 한번 요약해 본다.

부동산실명법에 의하면 명의신탁약정과 이에 기한 명의신탁등기가 모두 무효라고 했다. 즉 명의신탁이 없었던 것으로 원상회복을 하라는 것이다.

그런데 등기가 무효가 되지 않는 단 하나의 예외가 있다.

실질소유자인 명의신탁자는 완벽하게 뒤에 숨어서, 매매계약을 할 당시에도 명의수탁자가 매수인으로 나서서 계약을 체결하고, 매도인이 명의신탁약정이 있었다는 사실을 전혀 모르고 있었던 경우이다.

이러한 명의신탁을 [매도인이 선의인(알지 못하는) 계약명의신탁]이라고 한다.

[매도인이 선의인 계약명의신탁]에 따라 매수인앞으로 명의신탁등기가 이루어진 경우에는 부동산실명법 제4조 제2항 단서의 규정에 의하여 매수인인 수탁자명의로 이루어진 등기가 유효하다는 것이다. 명의신탁약정까지 유효라는 말이 아니다. 명의신탁약정은 여전히 무효이다.

그리고 매도인이 악의인 경우(명의신탁약정사실을 안 경우)에도, 명의신탁약정과 등기가 무효이어서 원소유자인 매도인에게 소유권이 원위치된다는 것이지, 명의신탁자에게 소유권이 당연히 귀속된다는 취지는 아니고, 명의신탁자가 소유권을 이전받으려면 별도의 청구를 해야 한다.

이와 같이 매도인이 명의신탁약정사실을 모르는 경우(선의인 경우) 명의수탁자앞으로 된 이전등기가 유효라고 본다는 것은, 법률적으로 명의수탁자가 완전한 소유권을 취득한다는 의미이다.

이렇게 되면 돈 한 푼 안 내고 소유자가 된 명의수탁자는 부당하게 이득을 취한 것이 된다. 그리하여 명의수탁자는 신탁자가 지출한 매매대금상당의 부당이득을 한 것이 되어서 이를 신탁자에게 반환해야 할 의무가 있고, 따라서 신탁자는 부당이득반환청구권이 있다.

이때 신탁자의 부당이득반환청구권은 10년이 경과하면 시효로 소멸하고, 그 개시시기는 수탁자명의로 등기를 한 날의 다음날부터 10년이다.

그리고 신탁자의 부당이득반환청구권은 신탁자가 해당부동산을 점유하고 있더라도 시효가 완성된다.

이상 명의신탁의 효력에 대하여 요약해 보았다.

그렇다면 신탁자 [갑]은 자신이 매매대금을 지출하였지만 해당 토지를 찾아오기는 불가능해졌고, 그렇다고 매매당시 지출한 매매대금을 수탁자 [을]에게 청구할 길도 시효소멸로 없어졌다.

유일한 길은 신탁자 [갑]이 20년 이상 점유하였으니 취득시효완성을 원인으로 하여 소유권이전등기를 청구하는 길외에는 없다.

이때 신탁자 [갑]의 생각은 당연히 자신의 돈으로 매수하여 점유하고 있으니까 소유의 의사로 점유하여 왔다고 확신할 수밖에 없었고, 소제기 당시에는 다른 것은 모두 패소하더라도 점유취득시효로 해당 토지를 찾아 오는 것은 틀림없을 것이라고 믿고 있었다.

고등법원에서도 신탁자 [갑]의 희망대로 점유취득시효주장이 받아들여져 승소하였다. 그러나 대법원이 이를 뒤집었다.

대법원 2022.5.12. 선고 2019다249428 판결이 그것인데 핵심부분만 뽑아보았다.

[부동산의 원소유자인 매도인이 명의신탁약정을 알지 못한 채 매매계약을 체결하고 명의수탁자 앞으로 부동산의 소유권이전등기를 마쳤다면 명의신탁약정이 무효라도 부동산실명법 제4조 제2항 단서에 의거하여 소유권이전등기는 유효하고 명의수탁자는 완전한 소유권을 취득하게 된다.

계약명의신탁에서 명의신탁자는 부동산의 매도인이 명의신탁약정을 알았는지 여부와 관계없이 매매계약의 당사자도 아니어서 매도인을 상대로 소유권이전등기청구를 할 수 없고, 이는 명의신탁자도 잘 알고 있다고 보아야 한다.

명의신탁자가 명의신탁약정에 따라 부동산을 점유한다면, 명의신탁자에게 점유할 다른 권원이 인정되는 등의 특별한 사정이 없는 한, 명의신탁자는 소유권 취득의 원인이 되는 법률요건이 없이 그와 같은 사실을 잘 알면서 타인의 부동산을 점유한 것이다.

　이러한 명의신탁자는 타인의 소유권을 배척하고 점유할 의사를 가지지 않았다고 할 것이므로 소유의 의사로 점유한다는 추정은 깨어진다]

　라고 하여 취득시효주장을 배척한 것이다.

　쉽게 설명하자면, 취득시효가 인정되려면 매매, 증여등 소유권취득의 권원이 있어야 소유의 의사로 점유하였다고 인정받을 수 있는데, 신탁자 [갑]은 매도인과의 관계에서 매매당사자도 아니어서 매매행위가 없고. 그리하여 소유권 취득을 위한 별도의 권원이 없어서, 비록 점유했더라도 자주점유라고 인정할 수 없기 때문에, 신탁자 [갑]의 취득시효주장을 인정할 수 없다는 취지이다.

　결국 신탁자 [갑]은, 소유권도 잃고, 매매대금도 잃고, 취득시효도 인정되지 않아, 고스란히 손해만 보는 황당한 일을 당하고 만 것이다.

　그러나, 이러한 이론은 변호사조차도 이 방면에 익숙하지 않으면 모를 정도이니까 일반인이 이를 제대로 알고 사전에 대처할 사람은 거의 없을 거라고 본다. 이게 문제이다. 일반국민들에게 특별히 부동산실명법에 관한 교육을 할 수도 없는 노릇이다. 타인명의로 등기를 하는 일이 계속되는 한, 앞으로도 이러한 함정에 빠지는 일이 수없이 생길 것으로 예상된다.

8 　공동으로 토지 매수할 때 부동산실명법 함정에 빠질 수 있다

　흔히 욕심나는 부동산이 매물로 나왔을 때 혼자서는 매매대금을 마련하기가 힘들어 여러명이 매매대금을 마련하여 매수하는 경우가 있다. 이때 매매대금을 마련한 사람 모두가 그 비율대로 등기를 할 수도 있고, 아니면 매수한 사람 중 1인 혹은 일부의 명의로 등기를 할 수도 있다. 그리고 이 경우에는 공동매수인들간에 협약서등 문서로서 향후 처분에 관하여 명확하게 약정을 하는 경우가 많지만 그렇지 않은 경우 문제가 많다.

　여기에는 엄청난 함정이 도사리고 있고, 그 함정은 공동매수인들 때문이 아니라 부동산실명법을 제대로 이해하지 못하기 때문에 부동산실명법이 만들어 놓은 결과가 되고, 누구든 그 함정에 빠지기 쉽다.

2가지로 구분해 본다.

우선 공동매수인 모두에게 지분비율에 따라 등기를 한 경우이다.

이때는 공동으로 매수하는 목적이 무엇이냐에 따라 법적성격이 완전히 달라져, [공유재산]이 되기도 하고 [조합재산]이 되기도 한다.

단순히 공동매수인들이 재산을 확보하기 위하여 매수하는 것은 의심의 여지없이 [공유재산]으로 보는데, 공동의 매수인들이 단지 [전매차익을 얻으려는 목적]이 있는 경우에도 공유재산으로 대법원은 보고있다.

그게 아니고 공동매수인들이 [공동사업을 경영할 목적]이었다면, 대표적으로 공장부지로 사용하거나 아니면 매수한 토지나 임야를 택지로 개발하여 불특정다수인에게 쪼개어 분양할 목적으로 토지를 구입한 것이었다면 이는 전매차익과는 다르다. 이때는 민법 제271조가 말하는 [조합재산]이 된다는 것이 대법원의 확고한 입장이다 (2012.8.30. 선고 2010다39918 판결 등).

즉 이 경우에는 그 부동산의 실질적인 소유자는 등기명의인들이 아니라 [공동매수인들로 구성된 단체인 조합]소유가 된다는 것이다.

조합이 재산을 소유하는 것을 합유라고 한다. 공유라는 개념과는 다르다. 그리고 조합소유로 등기를 할 경우에는 [합유]라는 표시를 하여 등기부만 보아도 조합재산이라는 사실을 알 수 있다.

그런데 대법원은, 합유등기를 하지 않고 형식상 공유등기인 것처럼 등기를 하였더라도 공동매수인들의 내부적인 [공동의 목적]이 [공동사업을 경영할 목적]이었다면, 이를 공유재산이 아니고 조합재산으로 본다는 것에 유념해야 한다.

무엇이 다른가?

공유재산이라면 민법의 공동소유에 관한 규정에 따라, 자신의 공유지분을 자유로이 처분할 수도 있고 특단의 예외사유가 없는한 공유물분할청구도 할 수 있는 등 처분에 제한이 별로 없다.

그런데 조합재산이라면, 공동매수인들명의로 이전등기를 하였더라도,

첫째, 실질적인 소유자인 조합이 공동매수인들에게 명의신탁한 것으로 보아서 부동산실명법에 따른 명의신탁이론이 적용되고,

둘째, 민법의 조합규정에 따라서 다른 조합원전원의 동의가 없는한 자신의 지분

을 처분할 수가 없고, 조합원에서 탈퇴한다고 하더라도 그 재산을 빼갈 수가 없고 등 처분의 자유가 상당히 제한된다.

이 점이 여러분이 빠질 수 있는 첫 번째 함정이다.

그리고 부동산실명법이 적용되기 때문에 명의수탁자가 매수인으로 계약을 체결하고, 매매 당시 매도인이 명의신탁약정이 있었다는 사실을 알고 있었다면, 명의신탁약정도 무효이고 명의신탁등기도 원인무효가 되고 이럴 경우에는 원상회복될 가능성이 있지만, 매도인이 명의신탁약정이 있었다는 사실을 모르고 이전등기를 받는 사람(명의수탁자)만이 진실된 매수인이라고 알고 있었다면(매도인이 선의인 계약명의신탁), 명의신탁약정은 법이 금지하는 것이어서 여전히 무효이지만, 그로 인하여 이루어진 명의신탁등기는 부동산실명법 제4조 제2항 단서에 의하여 예외적으로 유효하다는 것이다.

법원경매에서 이와 같이 타인명의로 경매를 받아 등기를 하는 경우가 많은데, 이러한 경우 명의신탁등기라고 하더라도 법원을 통하여 이루어진 것이기 때문에 유효한 등기로 보아야 한다는 것이 또한 대법원의 입장이다.

그 명의신탁등기가 유효하다는 말은, 그 부동산은 등기명의자 즉 명의수탁자의 소유가 된다는 말이다. 그러면 실질소유자인 조합은 이제는 정당한 소유자가 아닌데 손해본 것은 어찌되는가? 명의신탁자인 조합은 명의수탁자인 등기명의자에게 매매당시 지불한 부동산매매대금에 대하여 부당이득을 반환하라고 청구할 권리만 남는다. 이 부당이득반환청구권은 10년이 경과하면 소멸시효완성으로 소멸한다는 사실도 누차 강조한 내용이다.

그리하여 법적으로 정당한 소유자가 된 명의수탁자중 일부가 마음이 변하여 조합의 사업을 반대할 경우 이를 제재할 법적인 수단이 현행법상으로는 없다.

이 또한 함정이라고 할 수있다.

다음으로 공동매수인중 일부 명의로 이전등기를 한 경우이다.

설명의 편의상 갑, 을, 병 3인이 공동매수하여 병 1인명의로 등기를 했다고 가정해본다.

[공동사업을 경영할 목적]으로 매수한 것으로 인정되어 법적으로 조합재산이 되었다면, 등기명의인이 몇 명이냐에 관계없이 조합이 등기명의인에게 명의신탁을 한 것이라서, 명의수탁자의 숫자만 다를 뿐 앞에서 설명한 것과 동일한 명의신탁이론이 적용되므로 반복을 피한다.

그런데 단지 전매차익을 노리고 공동으로 매수하여 법적으로 공유재산이 되었는데, 이전등기는 병 1인명의로 등기를 하였다면 어찌되는가?

갑과 을은 자신의 지분을 병에게 명의신탁한 것이 되고 부동산실명법이 적용되어, 원칙적으로 갑과 을의 지분에 대한 명의신탁약정도 무효이고 이에 터잡은 등기도 원인무효가 된다.

그렇지만, 매도인이 명의신탁사실을 모르고 있었다면 다시 말해서 병 1인이 실질적인 매수인이라고 알고 있었다면(매도인이 선의인 계약명의신탁), 그 명의신탁약정은 무효가 되더라도 역시 부동산실명법 제4조 제2항 단서에 의하여 명의신탁등기는 유효한 등기가 되고, 따라서 그 부동산은 병 1인의 소유가 된다.

다만 이 경우에도 갑과 을은 매수당시 자신들이 지불한 매매대금을 병에게 반환해달라고 하는 권리(부당이득반환청구권)만 남게 된다.

여기에 또다른 함정이 도사리고 있다.

이 때 당사자들 사이에 [어떠한 형태로든 전매한 이익의 일정비율을 명의신탁자에게 지불하기로 약정하는 경우]가 있고, 나아가 이를 담보하기 위하여 가등기를 하는 경우까지 있었다. 그렇다면 '그러한 새로운 약정 또는 후속조차에 의하여 법적으로 명의수탁자에게 청구하면 되지 않느냐?'할 수 있다.

그러나 이에 대하여 대법원은 상상도 하지 못할 전혀 다른 입장이다.

앞에서 매도인이 매매당시에 명의신탁사실을 모르고 있었다면 명의신탁등기가 예외적으로 부동산실명법 제4조 제2항 단서에 의하여 유효하다고 했다.

이때 명의신탁등기가 유효하다고 해서 그 원인인 명의신탁약정까지 유효가 되는 것이 아니다. 명의신탁약정은 여전히 무효이다.

현실의 사정에 따라서는 명의신탁자와 명의수탁자사이에 합의를 하여, 명의수탁자 앞으로 받았던 소유권등기를 다시 명의신탁자에게 이전하기로 약속하거나, 명의수탁자가 부동산을 향후 처분할 경우 그 처분대금을 명의신탁자에게 반환해주기로 약정할 수 있다. 그게 일반상식에 맞는다.

그러나 대법원은 이와 같은 새로운 약정은 애초 무효인 명의신탁약정에 터잡아 이루어진 약정이기 때문에 역시 무효라는 입장이다(대법원 2006.11.9. 선고 2006다35117 판결). 즉 명의신탁자가 추후 새로이 한 약정에 기하여 명의수탁자에게 청구를 하더라도 그 청구가 받아들여질 수 없다는 것이다.

나아가 명의신탁자와 명의수탁자 사이에 위와 같은 새로운 약정을 하고 이를 담보하기 위해 명의수탁자가 명의신탁자 앞으로 가등기를 해주고 추후 명의신탁자가 요구할 때 본등기까지 해주기로 약정했던 실제 사건이 있었다.

그러나 이에 대하여 대법원은 [그 가등기는 애초 무효인 명의신탁약정에 근거하여 마쳐진 가등기이기 때문에 역시 무효가 되고, 명의신탁자가 가등기에 기한 본등기도 청구할 수 없고, 오히려 명의수탁자는 그 가등기를 말소시키는 소송을 할 수 있다]는 것이 대법원의 입장이다(2015.2.26. 선고 2014다63315 판결).

일반상식과는 전혀 딴판이다.

아직도 대부분의 국민들이 명의신탁과 부동산실명법을 완전히 이해하지 못하고 있다. 명의신탁은 이만큼 위험하고 이를 금지하기 위하여 부동산실명법이 제정되어 현재 시행되고 있는 것이라는 사실 깊이 새겨두기 바란다.

제 **7** 장

취득시효

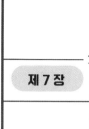

제 7 장

취득시효

취득시효를 주장하는 사람을 부도덕하게 보는 것은 잘못된 편견이다.
취득시효는 법이 모든 국민에게 인정하고 있는 당연한 권리이다.

1 취득시효 똑바로 알자. 시효취득은 부도덕한 것이 아니다

유튜브 채널을 운영하면서 그동안 취득시효에 관하여 많은 동영상을 올렸다. 그런데 많은 분들이 취득시효에 대하여 매우 부정적인 인식을 하고 있는 사실을 댓글을 통하여 확인하고서 매우 놀랐다. 그런 분들은 취득시효를 주장하는 사람을 도둑과 거의 같은 수준으로 보고 있는 게 문제이다. 그러한 인식은 분명히 잘못되었고, 이를 바로 잡는 것도, 매우 중요한 일이라고 생각된다.

취득시효에 대하여 매우 부정적인 시각으로 보는 분들의 생각은 [남의 땅을 무상으로 점유하였으면 100년을 점유했더라도 주인이 나타나면 이를 돌려주어야지, 20년 점유하였다고, 아예 토지소유권까지 빼앗으려 하는게 말이 되느냐?]고 한다. 대부분 취득시효로 토지를 빼앗기게 되는 당사자들이 그러하다.

그런 분들을 위해서 취득시효라는 제도가 왜 생겼는지를 설명할 필요가 있다고 본다. 세상에는 악법이 한둘이 아니다. 그 법이 나에게 이롭지 못하더라도, 악법도 법이라고 생각하고 현명하게 대처하라고 조언을 한다.

취득시효에 관하여 부정적인 인식을 가진 분들, 2가지를 꼭 알아야 한다.

첫째, 취득시효는 [권리 위에 잠자는 자는 보호받지 못한다]는 원칙에 기초하여 생긴 제도이다. 자신의 부동산을 타인이 소유자처럼 20년간 점유하도록 방치하는 자는 권리 위에 잠자는 자라고 보는 것이다.

결론은, 타인이 내소유 부동산을 20년이나 부당하게 점유하는지를 모르고 있다면 그것은 더 큰 문제이지만, 타인이 점유한다는 사실을 알면, 인도청구나 사용료청구를 하는 등 반응을 보여서, 취득시효가 완성되지 못하도록 조치를 하여 권리 위에 잠자는 자가 되지 말아야 한다.

둘째, 취득시효는 타인이 해당 부동산을 점유한다고 하여 무조건 인정되는 게 절대 아니다. 취득시효에 불만을 가지는 분들은 대부분 20년 점유하면 무조건 취득시효가 인정되어 토지를 빼앗긴다고 잘못 알고 있다.

취득시효가 인정되려면 점유자에게 정당한 사유가 있어서 소유의 의사로 평온 공연하게 점유하여야 하고, 점유자가 거짓으로 소유의 의사로 평온 공연하게 점유한다고 주장하는지를 법원이 철저히 심리를 하기 때문에 소유자로서도 이에 대하여 적극 다투어야 하고 그럴 여유가 충분히 있다. 실제로 취득시효주장이 법원에서 받아들여지는 확률이 그리 높지 않은 게 현실이다.

민법 제245조 제1항은, "20년간 소유의 의사로 평온, 공연하게 부동산을 점유하는자는 등기함으로써 그 소유권을 취득한다"라고 규정하고 있는데, 이 조문이 바로 점유취득시효에 관한 법규정이다.

취득시효가 부도덕한 것이라면 법률로서 그러한 법규정을 두지 말았어야 마땅하다.

실제 사건을 들여다 보자.

취득시효는 당연히 소유권을 취득하였어야 하는데 억울하게 소유권을 취득하지 못한 사람들을 구제하기 위하여 존재하는 법조문이라고 이해해야 한다.

누차 강조하지만 취득시효가 인정되려면 소유의 의사에 의한 점유, 다른 말로 자주점유(자기가 주인이라고 알고 점유하는 것)를 하여야 하고, 이와 상반된 개념인 타주점유(타인이 주인인 사실을 알고 점유하는 것)를 하면 100년을 점유하였어도 취득시효가 인정될 수 없다.

한편 주인이 없어 놀리고 있는 토지, 휴전선부근에 월북한 사람 소유의 토지가 대표적이다. 그런 토지를 아무런 권원없이 점유하는 것을 무단점유라고 하는데, 무단점유도 취득시효의 요건인 자주점유로 인정되지 않아서, 아무리 오랜기간 점유하여도 취득시효가 인정되지 않는다. 마찬가지로 타인의 토지를 불법으로 점유하는 것도 자주점유로 인정받을 수 없다.

2가지 실례를 들어 본다.

첫째, 현재의 점유자가 전소유자로부터 어떤 부동산을 매수하기로 하고 매매계약을 체결하고 매매대금을 모두 완불하였다. 그런데 전 소유자인 매도인이 이전등기를 해주어야 하는데, 등기권리증을 분실하였다는 등, 근저당을 말소한 다음에 이전해 주겠다는 등 차일피일 미루기만 하다가 20년이 흘렀다.

그런데 매수인은 화재로 인하여 가재도구를 모두 잃었고 매매계약서마저도 잃어버리고 말았다. 그리고 매도인도 사망하였고, 그의 상속인들이 매매사실을 부인하면서 매수인에게 토지를 내놓으라고 요구한다.

이 경우에 매수인은 매매관련증거가 없기 때문에 매매를 원인으로 이전등기를 해달라고 요구하기가 매우 어렵다. 그러나 20년 이상 점유한 사실은 분명하기 때문에 점유취득시효완성을 원인으로 이전등기를 청구하면 승소할 확률이 매우 높다. 이때 매수인이 자신이 매수한 부동산을 지킬 수 있는 방법은 취득시효가 거의 유일한 수단이고, 만약 취득시효라는 제도가 없다면 매수인은 고스란히 해당 부동산을 돌려주어야 할 형편이다.

이 점유자는 매매계약을 체결하고 매매대금까지 완불하였기 때문에 자기가 소유자라고 알고 점유한 것이어서 자주점유 등 취득시효의 요건을 갖추었다.

이때 현재의 점유자가 점유취득시효를 주장하여 소유권이전등기를 청구하는 것이 부도덕한가?

둘째, 담이 처쳐있는 토지를 담을 경계로 하여 토지를 매매하여, 매수한 직후 건물을 짓고 20년 이상 살고 있다. 그런데 최근에 측량을 해보니까 담이 경계가 아니고 매수인이 타인의 토지를 침범한 사실이 드러났고, 측량결과대로라면 건물의 일부까지도 철거해 주어야 하는 상황이다.

매수인은 당연히 자신이 소유자로 알고 점유하였으므로 자주점유를 하고 있고, 20년이 경과하여 당연히 점유취득시효를 주장할 요건을 갖추었다.

만약 취득시효라는 제도가 없다면 매수인은 꼼짝없이 건물을 철거하고 침범된 토지를 고스란히 돌려주어야 한다.

물론 타인의 토지를 침범한 부분까지 매수한 잘못이 있기는 하지만, 그렇다면 경계를 침범당한 인접토지 소유자는 20년 이상 자신의 토지를 찾지 아니하고, 현 점유자가 경계를 침범하여 건물을 짓는 것을 보고도 아무런 이의를 제기하지 않고 있다가 최근에 와서 이의를 제기하는 데 대하여는 책임이 전혀 없는가?

이때 매수인인 현 점유자가 20년 전부터 쳐져있는 담을 경계로 하여 자신이 매수한 토지에 대하여 점유취득시효주장을 하는 것이 부도덕하다고 보아야 할까?

취득시효를 주장하여 소유권이전등기를 받으려면 특단의 예외가 없는한 실무적으로 법원의 승소판결을 받아야 하는데, 이때 자주점유인지 여부를 판사가 매우 꼼꼼하게 따져서 만약 자주점유로 인정되지 아니하면 절대로 취득시효완성을 인정하지 않고 있다.

정리하자면, 취득시효가 인정되려면 20년 이상 점유하여야 하는데, 이 경우 점유는 자주점유(자기가 주인이라고 알고 점유하는 것)를 하여야 하고, 자주점유가 아닌 타주점유, 불법점유, 무단점유는 모두 100년을 점유하여도 취득시효주장을 할 수 없다는 사실, 이 기회에 분명히 알아두셨으면 한다. 그렇기 때문에 취득시효는 절대로 부도덕한 것이 아니다.

2 자주점유이어야 취득시효가 가능하다

취득시효에 있어서 가장 중요한 부분이 바로 [자주점유]이다.

그런데 유튜브의 댓글로 질문을 하는 내용을 보면, 유튜브를 열심히 보시는 분 중에도 자주점유에 대하여 이해가 부족한 분이 많은 것 같다.

민법 제245조 제1항은 "20년간 소유의 의사로 평온, 공연하게 부동산을 점유하는자는 등기함으로써 그 소유권을 취득한다"라고 규정하고 있다.

취득시효에 있어서 주요사항을 3가지로 요약하자면

1) 취득시효가 인정되기 위해서는 점유는 [소유의 의사에 의한 점유], 즉 자주 점유이어야 하고 타주점유(타인이 주인인 점유)내지 무단점유를 하는 경우는 100년을 점유해도 시효취득을 할 수 없다는 점

2) 그러한 점유를 20년간 지속하여 취득시효가 완성되었어도 그것만으로는 소유권을 취득하는 게 아니고 소유권을 취득하려면 취득시효완성을 원인으로 한 소유권이전등기까지 경료하여야 한다는 점

3) [취득시효완성 후, 이에 따른 등기를 하기 이전] 그 사이에 제3자가 먼저 등기

를 하면 취득시효완성자는 그 제3자에게 대항할 수 없다는 점

이 3가지는 기본상식이다.

법조문과 대법원판례를 떠나서 기초상식을 바탕으로 하나하나 따져보자.

주인이 없어 아무도 관리하지 않는 토지, 대표적으로 휴전선 근방에 월불한 사람의 토지가 많다. 그 주인없는 토지를 놀리는 것이 아까워 [나라도 경작해야겠다]고 하여 점유하기 시작하여 20년이 지났다. 그 사람에게 시효취득을 인정해도 될까? 주인없는 토지라서 점유하는 것을 무단점유라고 한다. 이런 점유는 자주점유가 아니어서 시효취득을 할 수 없다.

강제로 타인의 점유를 강탈하거나 사기를 쳐서 점유를 개시한 경우는 불법점유가 되어 그 자체로 자주점유가 될 수 없다.

임차인, 전세권자, 지상권자의 점유는 대표적인 타주점유로서 애초부터 타인의 소유임을 인정하고 점유하는 것이어서 자주점유가 아니고 시효취득은 애초부터 불가능하다.

타인의 사용승낙을 받고 점유하는 경우도 타주점유이다.

국가나 지자체에 대부료를 내고 점유하는 경우도 타주점유로서 시효취득이 불가능하다.

머슴으로 살던 사람이 주인이 사망하고 상속인이 없는 땅을 장기간 점유하고 있는 경우도 있다. 이것도 무단점유로서 시효취득이 불가능하다.

점유자가 토지사용료를 지불하면서 점유하고 있었는데, 토지소유자가 사망하여 사용료를 받을 사람이 없어 무상으로 점유한지가 20년이 넘었다면 이것도 타주점유 내지 무단점유를 했기 때문에 시효취득할 수가 없다.

이상은 공통적으로 모두 소유권을 취득하였거나 취득하려는 외형이 없다. 그러한 점유는 타주점유 내지는 무단점유로서 아무리 오랜기간 점유해도 취득시효가 인정될 수 없다.

그리고 소유자가 토지를 매도하고 매매대금도 완불받았는데, 매수인이 이전등기를 하지 아니한 상태에서 매도인이 계속 점유하는 경우가 있는데, 이 경우에는 매도후에는 자주점유가 아니고 타주점유가 된다.

예컨대, 자신이 40년 이상 아버지를 이어서 점유하고 있었는데, 30년 전에 아버지가 국가로부터 보상을 받고 국가에 이전등기를 한 것이 폐쇄등기부에 의하여 밝혀

졌다. 그런데 아들은 정말로 그 사실을 전혀 모르고 아버지로부터 증여받은 토지와 함께 20년 이상을 점유하고 있었다.

이런 경우에 취득시효가 인정될까?

자주점유인지 아닌지는 점유자의 내심의 의사로 결정되는 것이 아니고, 제반증거를 종합하여 객관적으로 판단하여야 한다. 이 경우는 자주점유를 하다가 아버지가 매도한 순간부터는, 매도인이 사망한 경우에는 상속인에 이르기까지 타주점유가 되어 시효취득이 불가능하다.

반대로 소유권취득을 위한 외형이 있는 경우를 본다.

소유권취득을 위한 외형으로는 매매, 증여, 교환(맞바꾸는 것), 대물변제(돈대신 물건으로 주는 것), 등이 있다.

상속도 소유권취득을 위한 외형에 해당하지만 취득시효에 있어서는 피상속인의 점유를 그대로 포괄 승계하는 것이어서 [새로운 점유권원]으로 인정되지 않는다. 즉 상속이후 20년간 점유했음을 이유로 시효취득을 주장하는 것은 허용되지 않는다. 그렇지만 선친으로부터 증여를 받았다면 이는 일반 증여와 같이 취득시효의 새로운 점유권원이 될 수 있다.

이와 같이 매매나 증여등 소유권취득의 외형이 있는데, 예컨대 법률적인 하자로 인하여 이전등기를 하지 못한채 점유를 하여 20년이 된 경우 대개 자주점유가 된다.

만일 매도인이 계약후 등기를 넘기기 이전에 사망하였는데, 상속인들이 이전등기를 거부하고 매수인은 화재 등으로 매매계약서 등 근거서류를 분실하여 이전등기를 하지 못하고 있는 상태에서, 매수인이 20년 이상 점유를 하는 경우에는 당연히 자주점유로서 점유자에게 시효취득이 인정되어야 마땅하다.

매수인은 매매대금을 완불한 것으로 알고 있었는데 매도인이 일부를 덜 받았다고 하여 미해결인채로 매수인이 장기간 점유하는 경우는, 계약자체의 효력이 문제는 되겠지만 소유권을 취득하는 외형은 존재한다. 그렇기 때문에 그러한 상황에서의 매수인의 점유도 자주점유가 되어 취득시효가 인정된다.

매매가 이루어졌는데 소유자가 아닌 사람이나 대리권이 없는 사람이 매도인으로 나서서 매도하였을 경우 계약의 효력이 문제가 되지만, 매수인 측에서는 그와 같은 사정을 모르고 계약을 하였고, 그러한 상태에서 매수인이 점유하고 있었다면 역시 자주점유가 되어 20년이 경과하면 취득시효가 인정된다.

다만 매매당시 매도인으로 계약을 한 사람이 무권리자이고, 매수인이 그 사실을 알면서 나아가 매도인의 불법처분행위를 도와주는 수단으로 매매계약을 체결하고, 그 매수인이 그 이후 점유를 하였다면, 그 점유는 자주점유로 인정받지 못하여 시효취득이 불가능할 수 있고, 때로는 이 경우 매수인은 매도인의 범죄행위의 공범이 될 수도 있다.

또, 예를 들어 토지를 매수하면서 울타리를 경계로 알고 매수하여 20년을 점유하였는데, 울타리안의 토지에 옆집 토지가 일부 포함되었을 경우, 매수인은 그 부분에 대하여도 매수한 것으로 알고 점유하였으므로, 자주점유가 되어 시효취득이 가능하다. 다만 매매당시 즉 점유개시당시에 경계침범사실을 알았다면 자주점유가 아니어서 시효취득이 불가하다.

주목할 사항은 계약면적은 100평인데 이전받은 면적은 200평이라면, 상당부분이 초과된 사실을 쉽게 알 수 있었을 것이다. 이러한 경우에도 초과된 부분은 자주점유로 인정될 수 없어 시효취득이 불가능하다.

또 자주점유로 일단 점유를 개시한 이후 20년이 되기 이전에 경계측량을 하여 타인의 토지를 침범한 사실이 밝혀졌더라도 시효취득이 가능하다는 게 대법원의 입장이다.

나아가 점유자가 침범부분에 대하여 매수제의까지 하는 경우가 있다. 이 경우에는 매수제의는 당사자간 원만한 합의를 위하여 하는 경우가 있기 때문에 그러한 매수제의 사실 자체만으로는 자주점유가 타주점유로 전환되지 않고 자주점유가 지속되어 시효취득이 된다는게 대법원의 확고한 입장이다. 그러므로 이 경우 시효취득을 멈추게 하려면 토지인도청구 등 소유권을 법적으로 행사하여야 한다. 이를 방치하고 있다가 20년이 되면 점유자가 시효취득을 할 수 있다.

단, 침범부분에 대하여 사용료를 지불하기로 약정하였다면 그 순간 임대차계약이 체결된 것과 동일하게 되기 때문에, 타주점유가 되어 시효취득이 불가능하다.

한편 대법원은 [점유자가 진정한 소유자라면 통상 취하지 아니할 태도를 나타내거나, 소유자라면 당연히 취했을 것으로 보이는 행동을 취하지 아니한 경우등, 외형적·객관적으로 보아 점유자가 타인의 소유권을 배척하고 점유할 의사를 갖고 있지 아니하였던 것이라고 볼 만한 사정이 증명된 경우]에도 취득시효가 인정되지 않는다고 했다. 취득시효가 인정되는 점유를 하려면 전유사가 소유자인 것처럼 행세를 하였어야 한다는 것이다.

쉽게 설명하자면, 어느 임야나 토지에 대하여 타인이 들어와 훼손하거나 식물을 채취해가고 있는데, 소유자라면 당연히 타인이 출입을 하지 못하게 하는등 이를 제지하였어야 하는데도 불구하고, 그러거나 말거나 아무런 조치를 취하지 않았다면 점유자가 소유의 의사로 점유한 것이라고 인정받을 수 없다는 것이다.

이상에서 본 바와 같이 취득시효는 쉽게 인정되는 것이 아니고 인정되는 범위는 매우 좁다는 걸 알 수 있다.

다음은 입증책임의 문제이다.

민법 제197조 제1항은 [점유자는 소유의 의사로 선의, 평온 및 공연하게 점유한 것으로 추정한다]라고 규정하고 있어서, 점유자의 점유는 자주점유로 추정되기 때문에, 점유자와 다투는 상대방이 점유자의 점유가 자주점유가 아니고 타주점유나 무단점유라는 사실을 입증할 책임이 있고, 입증을 하지 못할 경우 점유자는 자주점유가 되어 취득시효가 인정된다는 것이다.

그러나 소송실무에서는 점유자가 승소하기 위하여 적극적으로 나서서 자신의 점유가 자주점유라는 사실을 입증하려 하고 상대방은 반대되는 타주점유나 무단점유라는 사실을 입증하는 게 현실이다.

예컨대 [점유자의 선친이 언제 누구와 매매계약을 체결하여 그 이후 상속인이 이어받아 자주점유를 하고 있다]고 주장하는 사안에서, 그 계약을 체결한 매도인이 [점유자가 계약을 체결하였다고 주장하는 시기 그 이전]에 이미 사망한 사실이 밝혀져, 점유자가 주장하는 매매사실이 허위임이 밝혀져도, 그 점유자의 점유가 타주점유로 전환되지 않는다고 판결한 예가 있다.

결국 점유자의 점유가 타주점유라는 사실을 상대편이 입증해야 시효취득을 막을 수 있는데, 계약체결이전에 매도인이 사망한 사실이 밝혀진 것만으로는 타주점유라는 사실이 입증되었다고 볼수 없다는 것이다.

이 입증책임부분은 일반인들에게 이해하기 어려운 부분이 많은 것 같다.

정리하자면, 취득시효는 자고로 20년 이상 점유하고 있는 상태를 존중하자는 것이고, 반대입장에서 보면 그러한 상태로 20년간 점유하도록 방치한 사람은 보호받지 못한다는 취지이다.

취득시효는 부도덕한 게 아니고 취득시효가 인정될 때는 그럴만한 합당한 사유가 있었기 때문이다.

3 대법원이 말하는 취득시효 안되는 점유 3가지 유형

민법 제245조 제1항은 [20년간 소유의 의사로 평온 공연하게 부동산을 점유하는 자는 등기함으로써 소유권을 취득한다]라고 규정하고 있다.

누차 설명드린 바와 같이 취득시효가 인정되려면 소유의 의사에 의한 점유, 일명 자주점유(자기가 주인인 점유를 말함)를 하여야 하고, 반대되는 개념으로 타주점유(타인이 주인인 점유를 말함)나 무단점유(즉, 아무런 권원없이 하는 점유)를 한 경우에는 아무리 오랜기간 점유해도 취득시효로 소유권을 취득할 수 없다.

그런데 대법원이, 점유를 해도 이러한 점유를 하면 취득시효에 있어서 자주점유로 인정될 수 없다고 하면서 3가지의 유형을 제시한 것이 있다.

대법원 1997.3.21. 선고 95다28625 전원합의체 판결과 2000.3.16. 선고 97다37661 전원합의체 판결이 그것이다. 이 2개의 판결에서 거의 동일한 내용의 판결을 했다.

이 대법원판결의 요지를 설명하자면 이렇다.

[민법 제197조 제1항에 의하면 물건의 점유자는 소유의 의사로 점유한 것으로 추정되므로, 취득시효를 주장하는 자에게 소유의 의사로 점유하였다는 사실을 입증할 책임은 없고, 오히려 점유자의 취득시효의 성립을 부정하는 자에게 점유자의 점유가 자주점유가 아니라는 사실을 입증할 책임이 있다.]고 하여 자주점유의 입증책임에 대하여 판시했다.

[점유자의 점유가 소유의 의사 있는 자주점유인지 아니면 소유의 의사 없는 타주점유인지 여부는 점유자의 내심의 의사에 의하여 결정되는 것이 아니라 점유 취득의 원인이 된 권원의 성질이나 점유와 관계가 있는 모든 사정에 의하여 외형적·객관적으로 결정되어야 한다.]고 하여 소유의 의사에 의한 점유이냐에 대한 판단은 점유자의 속마음으로 판단할 게 아니고 객관적인 사정으로 판단하여야 한다는 것이다.

이와 같이 기본적인 원칙을 제시하면서 취득시효가 안되는 점유 3가지를 유형별로 제시하고 있다.

첫째, [점유자가 성질상 소유의 의사가 없는 것으로 보이는 권원에 바탕을 두고 점유를 취득한 사실이 증명된 때]는 취득시효가 인정되지 않는다고 했다. 즉 부동산을 점유하긴 했는데, 임차인, 전세권자로 점유를 하는 경우, 소유자의 위탁을 받고 대신 점유하는 경우가 대표적인 경우로서, 이런 점유는 소유의 의사에 의한 점유가 아닌 것이 명백하다.

둘째, [점유자가 진정한 소유자라면 통상 취하지 아니할 태도를 나타내거나 소유자라면 당연히 취했을 것으로 보이는 행동을 취하지 아니한 경우 등 외형적·객관적으로 보아 점유자가 타인의 소유권을 배척하고 점유할 의사를 갖고 있지 아니하였던 것이라고 볼 만한 사정이 증명된 경우]에도 취득시효가 인정되지 않는다고 했다. 취득시효가 인정되는 점유를 하려면 점유자가 소유자인 것처럼 행위를 하였어야 한다는 것이다.

구체적으로, 어느 임야나 토지에 대하여 타인이 들어와 훼손하거나 식물을 채취해가고 있는데, 소유자라면 당연히 타인이 출입을 하지 못하게 하는 등 이를 제지하였어야 하는데, 그러거나 말거나 아무런 조치를 취하지 않았다면 점유자가 소유의 의사로 점유한 것이라고 인정받을 수 없다는 것이다.

즉 점유자가 20년 자주점유하였다고 주장하는데 과거에 타인이 들어와 훼손하거나 식물을 채취하는 것으로 보고도 아무런 조치를 취하지 않았거나 오히려 갖고 가라고 종용한 사실이 입증되었다면, 그 점유자의 점유는 자주점유로 인정할 수 없다는 것이다.

셋째, [점유자가 점유 개시 당시에 소유권 취득의 원인이 될 수 있는 법률행위 기타 법률요건이 없이 그와 같은 법률요건이 없다는 사실을 잘 알면서 타인 소유의 부동산을 무단점유한 것임이 입증된 경우]도 취득시효가 인정되지 않는다.

사건의 사실관계는 이렇다. 이웃 토지주가 구 건물을 철거하고 신축을 하면서 이웃토지를 느닷없이 침범하여 점유를 개시한지 20년이라는 세월이 흘러 그 부분에 대하여 취득시효를 주장하는 사안이다.

이러한 경우에는 갑자기 타인 토지를 점유하기 시작한 점유자로서는 그와 같이 점유하게 된 경위에 대하여 해명이 있어야 마땅하다. 그런데 아무런 해명이 없다면, 점유를 개시할 당시 소유권 취득의 원인이 없다고 봐서, 그 점유는 무단점유로 되어 취득시효를 인정하지 못한다는 것이다.

점유부분이 전 소유자가 점유하던 부분이고 매수인이 전점유자의 점유를 그대로 이어받은 경우와는 전혀 다르다. 그런 경우에는 이와 같은 해명을 할 필요가 없다. 전 소유자로부터 그대로 물려받은 것이라고 하면 되기 때문이다.

4 남의 땅 20년 무단점유, 내 소유 안 된다(접경지 토지)

얼마 전에도 접경지 토지를 점유하고 있는 분이 '타인의 토지도 20년 이상 점유하면 내 소유가 된다고 하는데 도와달라'고 찾아온 분이 있었다.

휴전선 부근의 토지 중에는 토지의 원래 소유자가 월북하여 휴전 이래 주인이 없이 방치된 것이 많고, 인근에 거주하는 소유자 아닌 분이 놀리고 있는 땅이니까 이를 경작하게 되었는데, 1953년 휴전되고 70년 이상 되다보니 그 경작기간도 그만큼 길어졌다.

현재 경작자들은 원래 주인이 아니어서 타인소유의 토지를 점유한 것이 명백하다. 그분들은 20년 이상 점유하면 내 소유가 되는 법률이 있다는 말을 듣고 자신도 20년 이상 점유하였으니 내 소유가 되리라 기대하고 현재도 계속 점유를 하고 있다. 그런 분 중의 한 분이 자신명의로 등기를 내달라고 찾아온 것이다.

내 소유가 될 수 있을까?

민법 제245조 제1항은 "20년간 소유의 의사로 평온, 공연하게 부동산을 점유하는자는 등기함으로써 그 소유권을 취득한다"라고 규정하고 있다.

20년 이상을 점유하여야 하되, 소유의 의사로, 평온, 공연하게 20년간 점유하여야 한다. 즉, 소유의 의사, 평온, 공연 3가지의 요건을 갖추어야 한다.

[소유의 의사]라고 함은 점유자가 자신의 소유라고 믿을 만한 사유가 있어야 한다는 것을 의미한다. 예컨대, 그 부동산을 돈을 주고 매수했거나 증여받거나 아니면 교환을 하여 취득하는 등의 행위가 있으면 자신에게 소유권이 있다고 믿을만한 사유가 있다고 인정된다. 그러나 토지의 임차인이나 관리인등은 애초 자신이 소유자라고 믿을 만한 사유가 없기 때문에 그들의 점유는 소유의 의사에 의한 점유가 아니다.

[평온한 점유]라 함은 폭력적인 방법으로 점유를 개시하는 것이 아닌 것을 의미하고, [공연한 점유]는 남몰래 점유하는 것이 아닌 것을 의미하는데, 실무에서는 평온한 점유와 공연한 점유는 특별히 문제되지 않고 통상 평온한 점유, 공연한 점유로 추정된다.

실무에서 가장 문제되는 사항은 소유의 의사에 의한 점유이냐이다.

실무상 소유의 의사가 인정되는 점유를 [자주점유]라고 하고 이에 반대되는 개념이 [타주점유]이다. 즉 점유취득시효가 인정되려면 자주점유이어야 한다.

이에 대하여는 대법원이 구체적인 경우 자주점유로 인정하는 사례를 열거하는 것이 가장 확실한 설명일 것이다.

대법원은, 부동산 점유자가 매매나 증여 등 권리를 취득하였는데 권리가 없는 사람으로부터 취득한 경우, 취득당시 전 소유자가 권리가 없다는 사실을 알고 있었다면 자주점유가 아니라는 입장이다. 즉 취득당시에는 자신에게 권리를 이전해준 사람이 정당한 권리자라고 믿었어야 자주점유로 인정한다는 취지이다.

일제 강점기 때 일본회사나 일본인 소유이었던 재산은 소위 귀속재산이라고 하여 귀속재산을 점유한 경우에는 자주점유로 인정하지 않는다.

한편 대법원은 남북분단으로 인하여 토지소유자가 월북하여 놀리는 토지를 주인이 아닌 사람이 점유하는 경우에는 [무단점유]라고 하여 자주점유로 인정하지 않는다.

그리고 무단점유를 하다가 자식에게 상속되어 점유하는 경우에도 역시 무단점유가 연속된다고 보고 자주점유로 인정하지 않는게 현행법체제에서의 법해석이다.

필자를 찾아오신 분이 바로 여기에 해당한다. 아버지때부터 임자없는 땅을 무단점유하다가 아버지가 세상을 떠나자 그 아들이 대를 이어 이를 점유하고 있는 분이었다.

정리하자면, 남의 토지를 무단점유하는 경우에는 소유의 의사에 의한 점유로 인정받을 수 없고 아무리 오랜기간 점유하더라도 점유취득시효의 요건을 갖추지 못하였기 때문에 소유권을 취득하지 못한다.

그러므로 원래 소유자이거나 소유자의 가까운 친척으로부터 매수하였거나 증여받거나 등등 소유권을 취득하는 행위가 있었다고 주장하는 경우가 아닌 한, 점유하고 있는 토지의 소유권을 취득할 수 있는 방법이 없다.

5 20년 점유해도 취득시효 안 되는 경우

참으로 많은 분들이 점유취득시효에 관하여 관심이 많다. 아직도 20년 점유하면 무조건 취득시효가 인정되는 것으로 잘못 알고 있다. 각도를 달리 해서 '20년 점유해도 취득시효가 인정되지 않는 경우'라는 측면에서 설명을 해본다.

앞에서의 설명과 중첩되는 부분이 있을 수 있다.

민법 제245조 제1항은 "20년간 소유의 의사로 평온, 공연하게 부동산을 점유하는 자는 등기함으로써 그 소유권을 취득한다"라고 규정하고 있다.

점유취득시효가 인정되려면 20년 이상을 점유하여야 하되, 그 점유는 소유의 의사에 의한 점유, 평온한 점유, 공연한 점유 3가지의 요건을 갖추어야 한다.

20년간 점유해도 취득시효가 인정되지 않는 경우에 대하여 구체적인 사례를 들어본다.

첫째, 점유기간이 20년에 미달한 경우에는 취득시효를 주장할 수 없음은 당연하다.

그러나 점유자가 중간에 바뀌어 점유가 승계된 경우에는 전 점유자의 점유기간과 현 점유자의 점유기간을 합쳐서 20년 이상이 되면 시효취득이 가능하다.

20년간 점유했는데 중간에 점유를 상실한 경우나 점유를 침탈당한 경우에는 20년을 점유하지 않은 것이 되어 시효취득이 되지 않는다. 다만 점유회수(회복)의 소송을 제기하여 승소하면 점유를 계속한 것으로 인정되어 시효취득이 가능해진다.

둘째, 국유재산 중 행정재산은 시효취득할 수 없다.

국유재산법은 국유재산을 행정재산과 일반재산 2가지로 분류하면서 행정재산에 보존재산을 포함시키고 있다. 개정전 국유재산법은, 국유재산은 시효취득의 대상이 되지 않는다고 규정하고 있어서 원래는 국유재산이면 전부가 시효취득의 대상이 되지 않았었다.

그런데 헌법재판소가 행정재산이 아닌 일반재산은 시효취득의 대상이 된다고 결정을 한 이후, 정부는 국유재산법을 개정하여 '행정재산은 시효취득의 대상이 되지 아니한다'고 개정함으로써 행정재산이 아닌 일반재산은 시효취득할 수 있게 되었다. 소위 잡종재산은 행정재산이 아니고 일반재산에 해당한다.

결론적으로 관공서부지, 국립공원, 천연기념물보호구역, 하천, 도로 등을 제외하고는 시효취득이 가능하다.

셋째, 귀속재산은 취득시효의 대상이 아니다. 귀속재산이란, 해방 전 일본인 소유이었다가 해방 후 국가에 귀속된 재산을 말한다.

넷째, 소유의 의사로 즉 자주점유(자기가 주인인 점유)를 하였어야 하고 타주점유(타인이 주인인 점유)를 하면 시효취득할 수 없다.

자주점유는 매매계약에서의 매수인, 증여받은 자등이 하는 점유이고, 임차인이나 관리인은 타주점유자이므로 그들의 점유는 시효취득이 불가하다.

주인이 없어 놀리는 땅, 대표적으로 월북한 사람이 두고 간 땅을 점유하면 이게 전형적인 무단점유가 되는데 무단점유도 시효취득이 불가하다.

다섯째, 폭력적인 방법으로 정당한 점유자를 밀쳐내고 점유하면 이는 평온한 점유가 아니어서 시효취득이 불가하다.

여섯째, 일반적으로 매매계약을 체결하고 매수인이 점유를 개시하면 자주점유가 되어 시효취득이 가능하지만, 매매당시 전소유자가 무권리자이고 그 사실을 알면서 전소유자의 불법처분행위를 도와주는 수단으로 매매계약을 체결하고, 그 매수인이 점유를 하였다면 그 점유는 자주점유로 인정받지 못하여 시효취득이 불가하다.

그러나 점유를 개시할 당시에는 그러한 불법이 있다는 사실을 몰라 자주점유를 하다가, 점유를 개시한 후 중간에 불법사실을 알았다면, 이러한 경우 불법인 사실을 알게 된 시기에 타주점유로 바뀌는 게 아니고 애초의 자주점유가 그대로 연속되는 것으로 보아 시효취득가 가능하다는 것이 대법원의 입장이다.

일곱째, 상속은 타주점유를 자주점유로 변경시킬 수 없다. 즉 아버지가 타주점유를 하다가 아들이 상속받아 점유를 승계한 경우, 그 아들의 점유는 여전히 타주점유가 되어 그 아들은 시효취득할 수 없다.

여덟째, 타인에게 매도하거나 증여하여 소유권을 넘긴 이후에도 점유권을 이전하지 않고 전 소유자가 그 토지를 계속 점유하는 경우에는 타주점유가 되어 시효취득이 불가하다.

그러나 전 소유자가 점유하는 특정부분은 매매대상에서 제외하였다고 주장하면서 그 부분을 전 소유자가 계속 점유하여 왔고 이에 대하여 매수인이 아무런 이의를 제기하지 않았다면 전 소유자에게 시효취득이 가능할 수 있다.

자주점유인지 타주점유인지 불분명한 경우, 민법 제197조는 이러한 경우 자주점유한 것으로 추정한다고 규정하고 있어, 자주점유인지가 불분명한 경우에도 시효취득이 가능하다.

아홉째, 20년 이상을 자주점유하여 취득시효가 완성되었는데, 완성이후에 제3자에게 소유권등기가 넘어가면, 취득시효 완성사실을 제3자에게 대항할 수 없다. 시효취득이 불가능하다.

그러나 이 경우 제3자명의의 이전등기는 적법 유효한 등기이어야 한다.

만약 불법등기이거나 부동산실명법위반이어서 말소될 운명이라면 시효취득자는 불법등기를 말소하여 소유권을 원래대로 되돌려 놓은후 원래 소유자를 상대로 취득시효완성을 주장하여 시효취득할 수 있다.

이때 제3자명의 이전등기가 적법하더라도 그 제3자가 시효취득자의 소유권취득을 방해한다는 사실을 알면서 이전등기를 하였다면 제3자는 등기를 말소할 의무는 없지만, 시효취득자에게 손해를 배상하여야 한다는 것이 대법원의 입장이다.

6 취득시효가 되는 점유와 안 되는 점유(사례별 검토)

다른 사람이 내 토지를 점유하고 있으면 빼앗길까 그냥 불안하고, 내가 오랜기간 점유하면 내 소유가 되는 것으로 아시는 분이 많다. 그런 분들을 위하여 법률적인 설명보다는 구체적인 사례를 들어서 보다 알기 쉽게 설명해 본다.

민법 제245조 제1항은 "20년간 소유의 의사로 평온, 공연하게 부동산을 점유하는자는 등기함으로써 그 소유권을 취득한다"라고 규정하고 있다.

20년 이상을 점유하여야 하되, 소유의 의사로, 평온, 공연하게 점유하여야 하고, 여기에서 특히 문제가 되는 것이 소유의 의사에 의한 점유이다.

소유의 의사라고 함은 점유자가 자신의 소유라고 믿을 만한 사유가 있어야 한다는 것인데 소유의 의사에 의한 점유를 [자주점유](자기가 주인인 점유)라고 한다.

가장 해심직인 사항, 자주점유가 인정되려면 점유를 개시하게 될 당시에 소유권을 취득하는 외형이 존재하여야 한다.

즉 점유하는 부동산에 관하여 매매계약, 증여, 교환(맞바꾸는 짓), 대물변제(빚대신 물건으로 받는 짓) 등의 거래가 있으면 소유권을 취득하는 외형이 존재한다. 이와 같이 소유권을 취득하는 외형이 존재하는 거래행위가 있고 그후 그 부동산을 점유하면 취득시효의 요건인 자주점유, 즉 소유의 의사에 의한 점유가 된다.

통상 소유권을 취득하는 외형이 존재하는 거래가 있고, 곧바로 이에 따른 소유권 이전등기가 수반되었으면 취득시효문제도 생길 여지가 없다.

그런데 소유권을 취득하는 외형이 존재하지만, 이에 따른 이전등기를 하지 못한 채 점유만 하는 상태가 20년을 경과하면 취득시효의 문제가 발생하는 것이다.

흔히 발생하는 대표적인 예를 몇가지 들어 본다.

매도인이 계약후 등기를 넘기기 이전에 사망하고 상속인들이 이전등기 등 계약에 따른 처리를 완료하지 않고 있는 상태에서 매수인이 점유를 하는 경우는 당연히 자주점유이다.

매수인은 매매대금을 완불한 것으로 알고 있었는데 매도인이 일부를 덜 받았다고 하여 미해결인채로 매수인이 장기간 점유하는 경우는, 계약자체의 효력이 문제는 되지만 소유권을 취득하는 외형은 존재한다. 그렇기 때문에 그러한 상황에서의 매수인의 점유는 자주점유가 되어 취득시효가 인정될 수 있는 점유에 해당한다.

매매가 이루어졌는데 소유자가 아닌 사람이나 대리권이 없는 사람이 매도하였다고 하여 계약의 효력이 문제되는 상황이지만, 매수인 측에서는 그와같은 사정을 모르고 계약을 하였고, 그러한 상태에서 매수인이 점유하고 있었다면 역시 자주점유가 되어 20년이 경과하면 취득시효가 인정될 수 있다.

매매나 증여등 소유권 취득을 위한 거래가 있었는데, 매수인이나 증여받은 사람으로서 특정부분까지 포함하여 거래가 이루어졌다고 알고 점유하고 있었는데, 후에 확인해보니 그 부분은 매매목적물이 아닌 것으로 밝혀진 경우에, 그 부분에 대하여 점유자는 자신소유라고 믿고 있었으므로 이에 대한 점유는 자주점유가 되어 취득시효가 인정될 수 있다.

예를 들어 토지를 매수하면서 울타리를 경계로 알고 매수하여 20년을 점유하면, 울타리안의 토지에 비록 옆집 토지가 일부 포함되었을 경우, 매수인은 그 부분에 대하여도 매수한 것으로 알고 점유하였으므로 자주점유가 된다.

이와 반대로 타주점유에 대하여 본다.

타인의 부동산을 전세계약이나 임대차계약을 체결하고 점유하는 경우, 타인 토지에 사용승낙을 받고 점유하는 경우, 국가나 지자체에 대부료를 내고 점유하는 경우, 이는 모두 소유권취득을 위한 외형이 없다. 그러한 점유는 타주점유(타인이 주인인 점유)로서 이는 아무리 오랜기간 점유해도 취득시효가 인정될 수 없다.

그리고 소유자가 토지를 매도하고도 계속 점유하는 경우가 있는데, 이 경우에는 매도후에는 타주점유가 된다.

필자와 실제로 상담했던 분은 자신이 40년 이상 아버지를 이어서 점유하고 있었는데, 40년 전에 아버지가 국가로부터 보상을 받고 국가에 이전등기를 한 것이 폐쇄등기부에 의하여 밝혀졌다. 그런데 아들은 정말로 그 사실을 전혀 모르고 아버지로부터 증여받은 토지와 함께 20년 이상을 점유하고 있었다.

아버지가 매도한 토지를 아들은 그 사실을 모르고 소유의 의사로 점유하였다고 주장한다면, 아들은 정말로 모르고 있었더라도 판사가 선뜻 믿지 않을 것이다. 결국 그 분은 소송을 포기하였다.

자주점유인지 아닌지는 점유자의 내심의 의사만으로 인정되는 것이 아니고 객관적인 사정에 의하여 판단된다는 사실을 명심할 필요가 있다.

상속은 별도의 소유권 취득원인이 되지 않는다. 아버지가 타주점유나 무단점유하다가 돌아가신 다음 상속인이 상속받아 점유를 이어갈 경우 그 점유형태가 그대로 이어져 타주점유나 무단점유가 계속된다.

그리고 무단점유가 있다. 대표적으로 38선 부근 접경지에는 토지소유자가 월북하여 주인이 없는 토지가 많은데, 그러한 토지를 [주인이 없고 놀리고 있는 것이 아까워 나라도 경작을 해야겠다]고 하여 점유하는 경우가 무단점유이다. 이러한 점유도 소유권취득을 위한 외형이 존재하지 않고 취득시효를 위한 점유로 인정될 수 없다. 가장 의문이 많은 부분이 바로 무단점유인 것 같다.

다만 취득시효를 주장할 경우에 소유권취득을 위한 외형, 즉 그러한 거래행위가 있었느냐? 소유권을 취득하는 매매, 증여, 교환, 대물변제등이 존재하느냐?에 대한 입증이 문제이다. 물론 그러한 행위에 대한 입증이 없어도 자주점유로 추정되지만 실무에서 그러한 거래행위가 없음이 명백히 입증되었을 경우 자주점유의 측정이 깨어질 확률이 높다.

점유취득시효를 주장하는 경우는 최소 20년 전의 일이어서 이를 입증하기가 말처럼 쉽게 않다. 확실하게 증명할 문서가 존재한다면 문제가 없으나 그러한 문서가 있는 경우는 거의 없고 대부분 증인의 증언에 의존하는 경우가 대부분이다.

민법 제197조 제1항은 [점유자는 소유의 의사로 선의, 평온 및 공연하게 점유한 것으로 추정한다]라고 규정하고 있어서, 법조문의 엄격한 해석에 의하면 점유자의 점유는 자주점유로 추정되기 때문에, 점유자와 다투는 상대방이 점유자의 점유가 자주점유가 아닌 사실, 즉 타주점유나 무단점유인 사실을 입증하여야 한다.

그러나 소송실무에서는 점유자가 승소하기 위하여 적극적으로 나서서 자신의 점유가 자주점유라는 사실을 입증하려 하고 상대방은 반대되는 타주점유나 무단점유라는 사실을 입증하는게 현실이다.

7 취득시효는 반드시 본인이 점유해야 인정되나?

취득시효가 인정되려면 20년간 점유를 하여야 하고 그 점유는 소유의 의사에 의한 점유, 일명 자주점유, 자기가 주인인 점유를 하여야 한다. 취득시효에 있어서 점유는 가장 핵심요소이다.

점유는 소유자자신이 직접하는 게 원칙이지만 그렇지 않은 경우가 있다.

소유자 자신이 직접 점유하지 않는 경우로는 [간접점유], 그리고 [점유보조자에 의한 점유] 2가지가 있는데 각각의 경우 취득시효에 있어서의 점유로 인정받을 수 있는지에 대하여 본다.

우선 점유가 무언가? 울타리를 치고 집터로 사용하거나, 농사를 짓는 농토는 그 토지를 점유한다고 하는데 대하여 다툼의 여지가 별로 없다. 그런데 면적이 매우 넓은 임야는 집터나 농토와 동일한 방법으로 점유를 하지 않아도 점유를 한 것으로 인정하고 있다.

점유의 개념에 대하여 대법원판결문의 내용을 인용하자면 이렇다.

[물건에 대한 점유란 사회관념상 어떤 사람의 사실적지배에 있다고 보이는 객관적 상태를 말하는 것으로서, 사실적 지배가 있다고 하기 위해서는 반드시 물건을 물리적, 현실적으로 지배하여야 하는 것은 아니고, 물건과 사람과의 시간적, 공간적 관계와 본권관

계(소유권), 타인지배의 가능성 등을 고려하여 사회관념에 따라 합목적적으로 판단하여야 한다]고 판시하였다.

즉 집터나 농지처럼 물리적, 현실적인 지배를 하는 것뿐 아니라 임야를 점유하는 것처럼, 시간적 공간적 관계(가까운 곳에 사는가?), 본권관계(소유권이나 임차권등 권리가 있는가?), 타인지배의 가능성(타인이 그 임야에서 어떤 행위를 하려 할 때 제지했느냐?) 이런 것들을 고려하라는 것인데,

쉽게 말하자면 등기명의자가 인근에 살면서 타인이 임야에서 공사를 하거나 나무를 베어가는 것을 못하도록 배제하는 정도로도 사실적지배로 인정해서 점유로 보아야 한다는 것이고, 그러한 점유도 당연히 취득시효에 있어서의 점유로 인정된다.

먼저 간접점유에 대하여 본다.

민법 제194조는 [지상권, 전세권, 질권, 사용대차, 임대차, 임치 기타의 관계로 타인으로 하여금 물건을 점유하게 한 자는 간접으로 점유권이 있다]고 규정하고 있다.

즉 임대차에 있어서 집주인인 임대인은 간접점유자이고, 임차인은 직접점유자이다. 간접점유 직접점유라는 말이 나올 경우 간접점유자가 그 물건의 소유자이다. 그리고 직접점유자는 자기가 주인으로 점유하는 게 아니어서, 타주점유를 하는 것이다.

법조문에서 열거한 것 지상권, 전세권, 임대차 이런 것외에도 위임계약, 도급계약, 운송계약, 창고계약, 위탁판매계약, 신탁계약등 다양한 관계로 소유자가 타인에게 점유하도록 하는 관계가 있다. 그것을 [점유매개관계]라고 한다. 점유매개관계가 성립하면 그 관계가 종료되었을 때, 간접점유자는 직접점유자를 상대로 점유물반환청구권이 있다.

임대차, 위탁판매계약 등 이러한 점유매개관계가 없이 타인의 물건을 점유하면 무단점유일 가능성이 높다.

우리 민법은 일반 점유자에 인정되는 권리를 간접점유자에게도 거의 모두 인정하고 있다. 심지어 제3자가 직접점유자의 점유를 침탈하거나 방해한 경우 직접점유자는 물론 간접점유자에게도 점유보호청구권, 자력구제권이 인정된다.

따라서 간접점유도 취득시효에서 말하는 점유에 해당하고, 그런 점유를 통하여 부동산을 시효취득할 수 있다.

다음으로 점유보조자에 의한 점유에 대하여 본다.

민법 제195조는 [가사상, 영업상 기타 유사한 관계에 의하여 타인의 지시를 받아 물

건에 대한 사실상의 지배를 하는 때에는 그 타인만을 점유자로 한다.]고 규정하고 있다. 물론 여기서 말하는 타인은 소유자일 경우가 많다.

여기에서 사실상 지배를 하는 자, 즉 외부인이 볼 때 점유자로 보이는 사람을 점유보조자라고 하고, 뒤에서 지시를 하는 사람을 점유자로 본다는 것이다.

점유보조자에 의한 점유가 인정되려면, 가족관계라든지, 직장에서의 고용관계 등 [점유보조관계]가 있어야 하고, 그런 관계가 종료되면 점유보조자에 의한 점유도 종료된다.

점유보조자의 점유는 독립된 점유로 보지 않기 때문에 점유자는 점유보조자를 통하여 물건을 [직접점유]하는 것이다.

그러므로 점유보조자에 의한 점유도 취득시효에서 말하는 점유에 당연히 포함되어서 부동산을 시효취득할 수 있다.

점유는 했는데 점유가 인정되지 않는 경우가 특히 유치권행사에서 많이 발생한다. 유치권은 예컨대 공사를 하고 공사대금을 받지 못한 채권자들이 돈을 받기 위하여 공사한 건물등을 점유하는 것이다.

간접점유를 인정할 [점유매개관계]와 점유보조자에 의한 점유로 인정할 [점유보조관계]가 인정되지 않아 적법한 점유가 인정되지 않아서 유치권행사의 효력이 없어지는 경우도 있다.

8 취득시효 20년, 언제부터 기산하나?

[20년간 소유의 의사로 평온 공연하게 부동산을 점유하는 자는 등기함으로써 그 소유권을 취득한다](민법 제245조 제1항).

통상 취득시효가 문제될 경우 점유자는 20년만 점유하는 게 아니라 그 이상을 점유한다. 그리고 점유기간 중 시효취득할 부동산의 소유자가 변동될 수도 있고, 점유자가 변동될 수도 있다.

취득시효가 완성되었다고 주장하려면, 소송실무상 점유한지 20년이 되는 [O년 O월 O일 취득시효완성을 원인으로 한 소유권이전등기절차를 이행하라]는 내용의 청구를 하는 소송을 제기하여 그것대로 판결을 받고, 이를 토대로 이전등기를 해야 소유권을 최종 취득할 수있다.

그렇다면 그 20년은 어느시점부터 기산하여 20년이 경과하여야 하느냐?

즉 [취득시효의 기산점]은 언제부터인가이다.

대법원판결을 근거로 본다.

이해를 돕기 위해서, 이 문제는 20년이 경과하여 취득시효가 완성된 시점 그 이후에 토지의 소유자가 변동되었는지 아닌지에 초점을 맞추어야 한다. 왜? 완성 이후에 소유권이 제3자에게 이전되었다면 그 제3자에게는 대항할 수 없어 취득시효완성이 물거품이 되기 때문이다.

첫째, 점유자가 20년 이상 점유하고 있는데, 점유개시당시부터 현재까지 소유권의 변동이 없는 경우, 즉 한 사람이 계속 소유하고 있는 경우이다.

예를 들어, 현재의 점유자가 1990.1.1.부터 현재까지 계속 점유하고 있고, 점유하고 있는 토지의 소유자는 1989.1.1., 즉 점유자가 점유를 개시하기 1년 전에 소유권을 취득하여 현재까지 변동이 없고, 이런 상황에서 점유자가 2022.4.1. 취득시효 소송을 제기했다고 가정해 본다.

이 경우 점유자는 점유를 개시한 1990.1.1.부터 2022.4.1.까지 그 사이에서 임의로 20년을 선택하여 그 20년이 종료되는 날 취득시효가 완성되었다고 주장할수 있다. 즉 1990.1.1.부터 20년이 경과한 2010.1.1. 취득시효가 완성되었다고 할 수도 있고, 2002.4.1.부터 20년이 경과한 2022.4.1. 취득시효가 완성되었다고 할 수도 있다. 나아가 그 중간에 임의로 20년을 선택하여 20년이 종료되는 날 완성되었다고 주장할 수도 있다. 즉. 20년의 기산점을 임의로 선택할수 있다는 것이다.

둘째, 점유취득시효기간 20년이 진행되는 중간에 소유자가 변경되어서, 점유개시는 첫째 소유자 소유일 때 개시했는데, 20년이 될 때는 둘째 소유자의 소유가 되었고 현재까지도 둘째 소유자인 상태로 있는 경우이다.

예컨대, 점유자는 1990.1.1.부터 현재까지 계속 점유하고 있고, 점유개시 후 10년이 되는 2000.1.1. 첫째 토지소유자가 소유권을 넘겨서, 20년이 될 당시에는 둘째 소유자의 소유이고 그 상태가 현재까지 이어지는 경우이다.

이때는 둘째 소유자를 피고로 하여 1990.1.1.부터 20년이 되는 2010.1.1. 취득시효가 완성되었다고 주장하면 된다.

셋째, 점유자는 1990.1.1.부터 현재까지 계속 점유하고 있고, 20년이 경과한 2010.1.1. 이후인 2015.1.1. 첫째 토지소유자가 소유권을 넘겨서 현재까지 둘째 소유자의 소유인 상태인 경우이다.

이때는 취득시효완성 이후에 소유권을 취득한 둘째 소유자에게 대항할 수 없다. 다만 상속을 원인으로 소유권을 취득한 소유자는 여기에서 말하는 제3자가 아니다. 상속은 매매나 증여와 달리 취득시효에 있어서 제3자가 되는 소유권변동이 아니기 때문이다.

결국 취득시효완성 후 제3자가 소유권을 취득한 경우에는 취득시효를 주장할 수 있는 길이 현행법상으로는 없다.

물론 제3자명의 등기는 적법유효한 경우에 한하고, 원인무효이어서 말소될 경우는 해당하지 않다.

넷째, 동일한 점유자가 1980.1.1.부터 현재까지 장기간 점유를 계속하고 있는데, 토지소유권이 2001.1.2.변경되어 현재까지 둘째 소유자가 소유하고 있는 경우이다.

즉 점유자가 최초 점유를 개시한 1980.1.1.부터 20년이 된 2000.1.1.취득시효가 완성되었는데, 그후인 2001.1.2.소유자가 변경되었다면, 점유자는 둘째소유자에게 대항할수 없는 게 원칙이다.

그런데 둘째 소유자가 소유권을 취득한 2001.1.2.부터 2021.1.2.까지 또다시 20년이 흘렀다면 이 경우 어떻게 되는가?

이에 대하여 대법원이 판결한 것이 있다(2007.7.16. 선고 2007다15172, 15189 전원합의체 판결)

이 경우 점유자는 취득시효의 기산점을 소유자가 변경된 2001.1.2.부터 만20년이 경과한 2021.1.2. 취득시효가 완성되었다고 주장할 수 있다는 것이다.

2001.1.2.이 취득시효의 기산점이기 때문에, 다시 일반적인 논리로 돌아가서, 20년이 되기 이전인 예컨대 2018년에 토지가 셋째 소유자에게 이전되었으면, 셋째 소유자는 시효완성후의 제3자가 아니고 완성이전의 취득자이다. 그렇기 때문에, 점유자는 셋째 소유자를 상대로 2021.1.2. 취득시효완성을 주장할 수 있다는 것이 대법원판례의 입장이다.

다섯째, 점유자가 변경된 경우이다.

예를 들어 첫째 점유자가 1990.1.1. 점유를 개시하였다가, 1999.1.1.부터는 둘째점유자가 점유하고 있다고 가정해 본다.

이 때는 둘째 점유자가 취득시효를 주장한다면, 기산점을 선택할수 있다.

즉 첫째 점유자가 점유를 개시한 1990.1.1.을 기산점으로 하여 20년이 된 2010.1.1. 취득시효가 완성되었다고 주장할 수도 있고, 둘째 점유자 자신이 점유를 개시한 1999.1.1.부터 20년이 경과한 2019.1.1.취득시효가 완성되었다고 주장할 수도 있다.

이와 같이 점유개시 시점을 선택하는 이유는, 취득시효 완성 이후에 소유권을 취득한 제3자에게는 대항할 수 없기 때문에, 어떻게든지 현재 소유자의 소유일 때, 취득시효가 완성되었다고 주장할 수 있는 길을 찾기 위해서이다.

9 경계침범토지, 취득시효로 빼앗기나?

민법 제245조 제1항은, '20년간 소유의 의사로 평온, 공연하게 부동산을 점유하는 자는 등기함으로서 소유권을 취득한다'라고 규정하고 있다.

많은 분들이 남의 토지로 밝혀지면 100년을 점유했더라도 돌려주어야지 20년 점유하였다고 하여 소유권을 취득한다고 하는게 말이 되느냐고 항의조로 말하는 분들이 많다.

경계침범토지를 취득시효로 소유권을 취득할 수 있는가? 반대로 빼앗겨야 하는가?에 초점을 맞추어 사례별로 나누어 본다.

첫째, 시효취득을 주장하는 점유자가 20년 전에 토지와 건물을 매수하여 살고 있고, 점유자는 자신이 매수할 당시부터 쳐져 있는 담을 경계로, 그 담 안의 토지는 전부 자신이 매수한 토지에 포함되어 있는 줄로 알고서 살고 있었다. 그런데 최근에 경계를 측량해보니까, 그 담이 경계가 아니고 약 1m 정도 타인의 토지를 침범한 사실이 밝혀져서, 원칙대로라면 그 부분 토지를 내주어야 하고, 급기야 건물도 일부 철거해주어야 하는 일이 발생하였다.

이 경우 점유자는 점유취득시효주장을 하여 이제까지 경계로 알고 있는 담이나 울타리 그 안쪽의 토지에 대하여 소유권을 취득할 수 있다.

그런데 만약 현재의 점유자가 매수당시 그 담이 지적도상의 경계와 달리 쳐져 있다는 사실을 알고 매수하였다면, 혹은 확실히 알지는 못하더라도 이를 강하게 의심하고 있었다면, 이는 자주점유로 인정받지 못하여 점유취득시효주장이 받아들여지지 아니할 수 있다.

둘째, 담을 현재의 점유자가 쳤다면 문제는 전혀 다르다.

통상 담을 칠때는 누구나 측량을 통하여 지적경계선을 확인하는 게 정상이다.

현재의 점유자가 측량도 하지 않은 채 설치한 경우에는 다른 특별한 사유가 없는 한, 20년 이상 점유하였다고 해도 경계침범부분은 취득시효주장을 하기가 곤란하다.

그런데 현재의 점유자가 담을 치면서 측량을 한 후 측량결과 밝혀진 경계선을 따라 담을 쳤고 그후 20년이 흘렀는데, 최근에 다시 측량을 한 결과 과거 측량이 잘못되었다는 사실이 밝혀진 경우에는, 현재의 점유자는 침범부분을 자신의 소유로 믿고 20년 이상 자주점유를 한 것이 분명하다. 이 경우 취득시효주장을 하면 받아들여질 가능성이 높다.

셋째, 담을 경계로 하여 토지를 매수하였는데, 계약서상의 면적과 현황상의 면적이 큰 차이가 나는 경우, 예컨대 계약서상의 면적은 100평인데, 실제로는 담안의 토지가 200평 이상이어서, 보통사람으로서 혹시 그 경계표시인 담이 잘못 설치된 것이 아닌가? 당연히 의심을 해보았어야 하는 상황이라면, 점유개시당시 자주점유를 하였다고 믿기 어려워서 점유취득시효 주장이 받아들여지지 아니할 가능성이 높다.

넷째, 실제로 담당했던 사건이다. 임야에 인접한 농지에 가옥을 건축하고 사는 점유자가 임야쪽으로 조금씩 조금씩 침범하여 농토를 넓혀서 농사를 지었고, 급기야 임야를 침범한 부분에 울타리를 설치하여 그 기간이 20년을 훌쩍 넘었다는 이유로 임야소유자를 상대로 점유취득시효를 주장한 예가 있었다.

임야쪽으로 경계를 침범한 부분에 대한 점유는 자주 점유가 아니고, 무단점유이기 때문에, 그 부분에 대하여 점유취득시효를 주장하는 것은 받아들여질 수 없다. 실제 소송에서도 그 점유자의 취득시효주장이 받아들여지지 않았다.

그런데 이 경우 담이 쳐져 있는 상태에서 제3자가 그 토지를 매수하여 그 담안의 토지가 자신이 매수한 토지에 포함되는 것으로 알고 20년 이상 점유한 경우에는, 침범부분의 면적이 그리 넓지 않다면 침범사실을 몰랐을 가능성이 있어 침범부분에 대하여 점유취득시효를 주장할 여지가 있다.

다섯째, 이것도 실제로 담당했던 사건인데, 일제 감정기 때의 지적 도근점에 착오가 있어서 지적경계선이 잘못 그려져 있었고 그 경계선을 따라 여러 주민들이 50년 이상 집을 짓고 살고 있었는데, 최근에 지적경계선이 정정되는 바람에 전체적으로 경계가 밀려서 여러 가옥이 한쪽은 남이 내 토지를 침범하고, 반대쪽은 내가 남의 토지를 침범한 상태가 연속되어 있었다. 이러한 상태에서 침범부분에 대하여 점유취득시효주장을 하여 현재의 경계선대로 토지를 되찾는 소송이 줄을 이었던 적이 있다.

다만 취득시효완성후 제3자에게 소유권을 이전한 경우에는 제3자에게 대항하지 못한다는 이론때문에, 한쪽은 취득시효로 토지를 내주었는데 반대쪽은 취득시효주장이 받아들여지지 아니하여 토지를 찾지 못하는 경우가 생겨서 안타까웠던 적이 있다.

10   경계침범하여 20년 점유한 토지, 취득시효로 내소유 되려면?

일반적으로 토지를 점유할 경우에는 담이나 울타리를 치든, 석축을 쌓든, 건물의 벽으로 하든, 어떤식으로든 경계가 표시된 상태에서 점유하여서, 자신의 소유권의 범위를 외부인이 알수 있다.

그런데 그 경계를 측량하고 경계를 표시하는 일을, 신이 아니고 불완전한 사람이 하기 때문에, 지적도상의 경계와 실제 현황상의 경계가 일치하지 않는 경우가 상당히 많다.

그러한 상태에서 20년 이상 인접토지의 경계를 침범하여 점유하면 점유취득시효가 완성되어 소유권을 영영 빼앗길 수 있는데, 반대로 어떤 경우에는 그렇지 않다.

그럼 무엇을 기준으로 취득시효가 인정되고 안되는지?

이에 대하여 대법원은 기준을 제시하고 있다.

20년간 소유의 의사로 평온 공연하게 부동산을 점유하는 자는 등기함으로써 소유권을 취득한다는 것이 민법 제245조 제1항이다. 즉, 20년간 점유하여 취득시효가 완성되었다고 해서 자동적으로 소유권을 취득하는게 아니라, 취득시효완성을 원인으로 하여 이전등기까지 하여야 소유권을 취득한다.

여기에서 가장 핵심적인 사항은 점유자의 점유가 소유의 의사에 의한 점유, 즉 자주점유이어야 한다.

그런데 법원이 점유자의 점유가 자주점유이냐 아니냐를 판단할 때, 점유자가 취득시효를 인정받기 위하여 [나는 자주점유를 해왔다. 내 소유로 알고 점유해 왔다]고 주장하더라도 그 주장이 진실인지 여부를 판단할 때는, 점유자의 주장에 전적으로 의존하는게 아니라, 제반사정을 종합하여 객관적으로 판단한다는 것이다.

그렇다면 법원이 무엇을 기준으로 점유자의 점유가 자주점유인지 여부를 판단하는지?에 대하여 대법원판례를 본다.

우선 매매과정에서 전소유자가 경계를 침범하여 인접토지를 점유하고 있는 상태에서 침범한 부분까지 매도한 사안에 대하여

대법원 1997.1.24. 선고 제96다41335 판결은 [통상 부동산을 매수하려는 사람은 매매계약을 체결하기 전에 그 등기부등본이나 지적공부 등에 의하여 소유관계 및 면적 등을 확인한 다음 매매계약을 체결하므로, 매매 대상 대지의 면적이 등기부상의 면적을 상당히 초과하는 경우에는 특별한 사정이 없는 한 계약 당사자들이 이러한 사실을 알고 있었다고 보는 것이 상당하며,그러한 경우에는 매도인이 그 초과 부분에 대한 소유권을 취득하여 이전하여 주기로 약정하는 등의 특별한 사정이 없는 한, 그 초과 부분은 단순한 점용권의 매매로 보아야 하고, 따라서 그 점유는 권원의 성질상 타주점유에 해당한다.]라고 판결했고, 그후 같은 취지의 판결을 현재까지 유지하고 있다.

대법원은 특별한 예외사정이 없는 한, [모든 매매당사자는 계약이전에 등기부와 지적도등 관련 토지공부를 확인한다]고 전제를 하고 있다. [나는 그런 것 확인해 보지 않았다]고 주장해도 원칙적으로 그런 주장을 인정하지 않는다는 것이다.

토지매매계약에 있어서, 예컨대 계약면적이 100평인데 계약에 따라 실제로 이전받은 면적이 5평이 많은 105평이라면 지적도대로 매수하였다고 믿을 수 있다. 그러나 100평을 계약했는데 실제로 이전받은 면적이 계약면적의 2배인 200평이라면, 통상인이라면 계약면적보다 많은 면적이라는 사실을 쉽게 알 수가 있고, 이럴 경우에는 자주점유로 인정될 수 없어서 취득시효를 인정할 수 없다는 것이다.

다음으로 건물을 신축하는 과정에서 경계를 침범한 사안에 대하여 대법원 2000.12.8. 선고 2000다42977호 판결은 [일반적으로 자신 소유의 대지 상에 새로 건물을 건축하고자 하는 사람은 건물이 자리잡을 부지 부분의 위치와 면적을 도면 등에 의하여 미리 확인한 다음 건축에 나아가는 것이 보통이라고 할 것이므로, 그 침범 면적이 통상 있을 수 있는 시공상의 착오 정도를 넘어 상당한 정도에까지 이르는 경우에는 당해

건물의 건축주는 자신의 건물이 인접 토지를 침범하여 건축된다는 사실을 건축 당시에 알고 있었다고 보는 것이 상당하다고 할 것이고, 따라서 그 침범으로 인한 인접 토지의 점유는 권원의 성질상 소유의 의사가 있는 점유라고 할 수 없다.]라고 판결했다. 대법원의 이러한 입장은 현재까지 유지되고 있다.

이 경우도 마찬가지다. 대법원은 모든 사람은 건물신축이전에 부지의 위치와 면적을 확인한다고 전제하고 있다. 건물을 신축하면서 착오로 침범한 면적이 적은 면적이라면 침범사실을 모를 수도 있지만 그 면적이 상당한 정도로 넓다면 역시 그 부분에 대하여는 자주점유로 인정될 수 없고 취득시효도 인정될 수 없다는 것이다.

결론적으로 대법원은 [경계침범토지의 점유에 대하여 그 침범면적이 상당한 정도로 넓다면, 점유자가 그 점유부분이 자신의 소유가 아니라는 사실을 알고서 점유한 것으로 보아야 한다. 그리하여 취득시효를 인정할 수 없다]는 입장이다.

11 국유재산(도로, 하천)도 개인이 시효취득할 수 있는가?

타인의 부동산을 소유의 의사로 평온 공연하게 20년 점유하면 점유취득시효가 완성되고, 소유권등기를 마치고 소유의 의사로 평온, 공연하게 선의 무과실로 10년간 점유하면 등기부취득시효가 완성된다. 그러나 이와 같은 취득시효도 국유재산에 대하여는 적용되지 않는 경우가 있다.

국유재산법은 국유재산을 행정재산과 일반재산 2가지로 분류하고 있고 행정재산에 보존재산을 포함시키고 있다. 개정전 국유재산법은, 국유재산은 시효취득의 대상이 되지 않는다고 규정하고 있었는데 헌법재판소가 일반재산은 시효취득의 대상이 된다고 결정을 한 이후, 국유재산법을 개정하여 '행정재산은 시효취득의 대상이 되지 아니한다'고 규정함으로써 일반재산은 시효취득할 수 있게 되었다.

[공유재산및물품관리법]에서도 행정재산은 시효취득할 수 없다는 규정을 두고 있다(제6조 제2항).

그러므로 국유재산이라도 행정재산이 아니면, 일반재산에 해당하여 모두 시효취득의 대상이 된다고 보면 된다. 잡종재산은 일반재산과 동일한 의미로 보아도 좋다.

다만 취득시효 점유기간동안 계속하여 일반재산이어야 하고, 점유기간 중간에 행정재산으로 된 기간이 있었다면 그 기간이 종류된 시점부터 시효취득여부를 따져야 한다.

어려운 법률용어 제쳐두고 현실적인 차원에서 설명한다.

국유재산 중에 우리가 쉽게 파악할 수 있는 부동산은 관공서가 공무에 사용하는 토지, 국립공원, 명승고적지, 천연기념물보호구역, 하천, 도로를 예상할 수 있고, 여기에 해당하면 소유의 의사로 점유하였다고 하더라도 시효취득할 수 없는게 원칙이다.

이러한 경우에는 개인의 사유재산권보다도 상위의 공공이익을 위하여 보호할 가치가 있으므로 굳이 상세한 설명을 하지 않다고 좋을 듯하다.

다만 이와 같은 공공의 필요가 없어지면 행정상의 용어로 [공용폐지]를 하는데, 행정재산이 공용폐지가 되어서 일반재산이 되었을 때는 시효취득의 대상이 된다.

공용폐지가 있으려면 관리청이 공용폐지의 의사표시를 하여야 한다. 단지 [행정재산이 본래의 용도에 제공되지 않는 상태에 놓여 있다는 사실만으로 공용폐지의 의사표시가 있었다고 볼 수 없다]는 것이 대법원의 해석이다.

하천부지와 도로부지에 대하여는 설명이 좀 필요하다.

하천은 과거에는 하천법에서 "하천은 국유로 한다"라고 규정되어 있어서 하천으로 편입되면 개인 소유이더라도 소유권을 행사할 수 없었다. 그러다가 2007년도에 하천은 국유로 한다는 법조항이 없어지고, 개인소유의 토지가 하천으로 편입된 경우에는 국가가 이를 매수하도록 규정하고 있다. 그러므로 이제는 원칙적으로 국가명의로 소유권등기가 된 하천만이 국유라고 보면 된다. 그러나 하천구역에 편입되어 있는 상태라면 아직 보상을 하지 않았더라도 여전히 국유로 보고 있다.

하천은 국가하천과 지방하천으로 분류된다. 국가하천은 국토교통부장관이 명칭과 구간을 지정하고, 지방하천은 시, 도지사가 명칭과 구간을 지정한다.

국가하천은 국유재산법의 적용을 받아 시효취득의 대상이 될 수가 없고 지방하천은 시효취득의 대상에 포함된다.

도로의 경우에는 도로가 개설되기 이전이나 폐지된 이후에는 일반토지가 된다. 그리고 도로는 실제로 도로가 개설되기 이전에는 겉으로는 보이는 것이 아무것도 없다.

이에 대하여 대법원은 이렇게 해석을 하고 있다. [토지의 지목이 도로이고 국유재산대장에 등재되어 있다는 사정만으로 바로 그 토지가 도로로서 행정재산에 해당한다고 할 수 없다. 도로는 도로로서의 형태를 갖추고 도로법에 따른 도로구역결정고

시를 하거나, 도시계획법이나 도시재개발법에 따라 실제로 도로를 설치하여야 행정재산에 해당한다.]고 판시하였다. 즉 법령에 의하여 도로구역결정고시를 하거나, 실제로 포장을 하는등 도로를 개설하여야 행정재산이 되고 그 이전에는 일반재산으로서 시효취득의 대상이 된다고 보아야 한다.

12 도로로 편입된 토지, 지자체가 취득시효로 빼앗아 갈 수 있나?

지방자치단체가 도로를 개설하거나 확장하면서 개인토지를 도로로 편입하여야 할 경우, 정상적인 절차에 따른다면 토지소유자에게 도로부분을 보상을 하거나 토지소유자로부터 기부채납(증여)을 받는 등 소유권을 확보한 다음에 도로개설 및 확장공사를 하는 게 원칙이다. 그러나 지자체에서는 예산이 확보되지 않아 보상을 하는 대신 소유자의 동의나 승낙을 받아 도로공사를 하는 경우도 있다. 드물기는 하지만 지자체가 소유권이전이나 소유자의 동의도 없이 무단으로 도로를 개설하여 포장까지 하는 경우도 있다.

이러한 경우 지자체가 개인토지를 20년 이상 도로로 사용한 경우 점유취득시효가 성립하는가? 토지소유자 입장에서는 이러한 경우 20년 이상 아무런 조치를 취하지 아니하면 소유권을 빼앗기는가?

이 문제는 다른 각도에서 보면, 토지소유권이라고 함은 본질적으로 자신의 토지를 배타적으로 사용수익할 수 있는 권리를 말하는데, 토지소유자가 자신의 토지가 도로로 사용된다는 사실을 알고 20년 이상 방치하면 소유권을 포기한 것으로 볼 수 있는가? 달리 표현하자면 배타적사용수익권을 포기한 것으로 볼 수 있는지의 문제로 볼 수도 있다.

실제 사건이다. 모 지자체는 개인토지를 매매대금 혹은 보상금을 지급한 사실도 없고 토지소유자로부터 도로부지로 제공하는 데 따른 승낙을 받은 사실도 없이 도로로 편입하여 도로로 사용하고 있었다.

20년이 지난 시점에서 토지소유자가 지자체를 상대로 '내 땅을 무단으로 사용하고 있으니 사용료를 달라'고 소송을 제기하였다. 그러자 역으로 지자체에서는 토지소유자가 도로로 편입된 사실을 알고도 이를 묵인한 것은 지자체에게 배타적사용수익권을 포기한 것이기 때문에 20년 이상 토지를 소유의 의사로 평온 공연하게 점유하였으니 도로편입부분에 대하여 점유취득시효완성을 원인으로 이전등기를 하라고 반소를 제기하여 맞섰다.

이에 대하여 법원은 이렇게 판결했다. [토지소유자가 도로부지를 제공하여 그 사용을 승낙하였다거나 이 사건 토지에 관한 매매대금 혹은 보상금을 지급받으면서 이 사건 토지의 사용수익제한을 용인하였다는 점을 인정할만한 아무런 증거가 없다. 그렇기 때문에 지자체는 토지소유자에게 사용료를 지급하라]고 판결하면서,

지자체의 소유권이전등기청구부분에 대하여는 이렇게 판결했다. [토지소유자가 그동안 도로사용에 이의를 제기하거나 사용료를 청구한 사실이 없다고 하더라도 그러한 권리불행사의 사유만으로 토지소유자가 배타적사용수익권을 포기하였다고 추단할수 없다. 그렇기때문에 지자체의 점유취득시효완성을 원인으로 한 소유권이전등기청구를 기각한다.]고 판결하였다.

위 판결내용은 대법원까지 가서 확정된 판결인데, 매우 타당한 판결이라고 생각된다.

앞서 본 사건에서는 토지소유자로부터 사용승낙도 없이 도로로 편입한 사안이다. 그렇다면 토지소유자의 사용승낙을 받고 도로로 편입한 경우에는 20년 이상 도로로 사용된 경우 토지소유자는 취득시효로 소유권을 빼앗기는가? 지차제가 취득시효로 소유권을 빼앗아갈 수 있는가?

점유취득시효가 인정되려면 자주점유(자기가 주인인 점유)를 하여야 하는데, 토지의 사용승낙은 타인으로 하여금 내소유 토지를 사용하라고 승낙하는 것이기 때문에, 사용승낙을 받고 토지를 사용하는 것은 그 자체로 타주점유(타인이 주인인 점유)이다. 사용승낙을 받고 하는 점유는 자주점유가 아니어서 취득시효의 요건이 될수 없다.

토지소유자의 승낙을 받고 점유하는 것은 타주점유이고, 승낙도 없이 도로로 점유하는 것은 무단점유에 해당하기 때문에, 점유취득시효에서 말하는 자주점유가 될수 없어서, 모두 취득시효를 주장할 수 없다는 것이다,

참고로 도로법 제4조는 [도로를 구성하는 부지, 옹벽, 그밖의 시설물에 대하여는 사권(私權)을 행사할 수 없다. 다만 소유권을 이전하거나 저당권을 설정하는 경우에는 사권을 행사할 수 있다.]라고 규정하고 있는데, 이는 도로로서의 효용을 해치는 행위

(도로 훼손, 철거 등)를 하지 말라는 것이지, 사용료를 청구하지 못한다는 의미가 아니다.

결론적으로 지자체가 개인소유토지를 도로로 점유하는 경우, 매매계약을 체결하거나 보상금을 지급하거나, 기부채납을 받는등 소유권을 확보하지 않은 상태에서 점유하는 것은 모두 취득시효에서 말하는 자주점유가 아니기 때문에 지자체는 아무리 오랜기간 점유하여도 원칙적으로 취득시효로 소유권을 취득할 수 없다. 달리 표현하자면, 도로로 편입된 토지소유자는 취득시효로 빼앗기지 않는다. 그리고 토지소유자는 지자체에게 토지사용료를 청구할 수 있다.

다만 사용료는 지방재정법상 소멸시효가 5년이기 때문에 5년이 경과한 것은 청구할 수 없다.

13 시효취득한 토지에 근저당이 설정되어 있다면 근저당채무는 누가 변제해야 하나?

먼저 다음 2가지를 알고 있어야 한다.

첫째, [20년간 소유의 의사로 평온 공연하게 타인의 부동산을 점유한 때에는 등기를 함으로서 소유권을 취득한다]는 민법 제245조 제1항의 법규정이 있다는 사실,

둘째, 원소유자(시효취득으로 소유권을 빼앗길 사람)가 점유자의 취득시효가 완성된 사실을 알면서 점유자의 권리취득을 방해한 경우, 원소유자는 점유자에게 그로인한 손해를 배상하여야 한다는 것이 대법원판례의 입장이라는 사실, 이 2가지 사실을 알고 있어야 다음 이야기를 이해할 수 있다.

취득시효가 완성되어 이전등기까지 하였는데 원래 소유자가 근저당을 설정한 것이 있으면 취득시효완성을 원인으로 이전등기를 해도 근저당등기가 그대로 남아 있다. 이 경우 취득시효완성자는 근저당권자(채권자)에게 근저당을 말소하라고 청구할 수 있는가? 결국 근저당채무를 누가 변제해야 하는가? 원래의 근저당채무자이냐? 아니면 취드시효완성자이냐이다.

이는 근저당등기가 이루어진 시기에 따라 다르다.

우선, 취득시효완성이전에 근저당이 설정된 경우이다.

대법원은(2004.9.24. 선고 2004다31463 판결) [취득시효로 인한 소유권취득은 원시취

득이므로 원소유자의 권리위에 존재하던 제한에 영향을 받지 않는 완전한 소유권을 취득한다.]는 입장이다. 참고로 원시취득의 반대개념이 승계취득인데, 승계취득의 경우에는 전 소유자에 대한 제3자의 권리가 그대로 후 소유자에게 승계되지만, 원시취득의 경우에는 제3자의 권리가 승계되지 않고 소멸한다.

그렇기 때문에 취득시효완성 이전에 설정된 근저당에 대하여, 취득시효완성을 원인으로 한 이전등기까지 마친 사람은 근저당채무를 변제할 필요 없이 이를 말소하라고 청구할 수 있다.

이와 같은 내용의 판결은 대법원 2014다21649 판결에서도 인용한 바 있고 현재도 대법원입장이 동일하다.

다음 근저당등기가 취득시효완성이후 취득시효완성을 원인으로 이전등기를 하기 이전에 이루어진 경우이다. 다소 어렵고 중요한 부분이다.

점유자가 20년 점유하여 취득시효가 완성되어서 이전등기를 하여 부동산을 취득하는데, 점유자가 취득시효완성을 원인으로 한 이전등기를 하기 이전에 원소유자가 타인으로부터 돈을 차용하고 그 부동산에 근저당을 설정하였다면, 점유자가 이전등기를 하더라도 그 근저당권은 말소되지 않는다. 이때의 근저당권자는 취득시효완성 후 대항할 수 없는 제3자에 해당하느냐가 문제이다.

근저당이 설정된 부동산을 매매할 경우 근저당채무를 변제하지 아니하면 근저당이 그대로 있는 상태에서 이전등기가 경료된다. 이 경우 일반 부동산매매에 있어서는 매도인이 근저당을 말소할 책임이 있고, 만약 매수인이 근저당채무를 대신 변제하면 매도인은 자신의 채무를 대신 변제한 매수인에게 그 채무변제액(대위변제금)을 당연히 지불해야 한다.

그렇다면 시효취득의 경우에도 원소유자가 시효취득자에게 소유권을 이전하게 되는데, 이때 원소유자가 취득시효완성후 설정한 근저당권을 통상의 매매와 같이 원소유자가 이를 말소해주어야 할 의무가 있는가? .

이때 만약 [원소유자가 점유자의 취득시효완성사실을 알면서 점유자의 권리취득을 방해하기 위하여 근저당설정을 하고 돈을 차용한 것이다]라는 사실이 증거에 의하여 입증되었다면, 이때는 대법원판례에 따라 원소유자는 불법행위가 되어 이에 따른 손해를 배상하여야 한다. 그 말은 원소유자가 채무를 변제하고 근저당을 말소할 책임을 부담한다는 말과 같다.

그러나 원소유자가 점유자의 권리취득을 방해할 의도가 아니었다면, 원소유자가 근저당을 설정한 것은 적법하게 권리를 행사한 것이 되는데, 이 경우 근저당채무를 변제할 책임이 원소유자에게 있는가? 시효취득자에게 있는가?

이에 대하여 종전에 상반되어 있었던 것을 대법원판결(2006.5.12. 선고 2005다75910 판결)은 다음과 같이 입장을 정리하였고, 아직도 그 입장이 변하지 않고 있다. 위 대법원판결의 내용을 쟁점별로 정리하자면 다음과 같다.

첫째, [원소유자가 취득시효완성사실을 알면서 점유자의 권리취득을 방해하려고 하는 등의 특별한 사정이 없는한, 원소유자는 점유자명의로 소유권이전등기가 마쳐지기까지는 소유자로서 그 토지에 관한 적법한 권리를 행사할 수 있다.

그렇기 때문에, 원소유자는 취득시효완성이후 시효취득자가 이전등기를 하기 전까지는 그 토지를 제3자에게 처분할 수도 있고, 제한물권(근저당, 지상권설정이 여기에 해당함)을 설정할 수도 있고, 토지의 현상을 변경할 수도 있는 등 소유자로서의 권리를 행사하였다고 하여 시효취득자에 대한 관계에서 불법행위가 성립하는 것이 아니다]라는 것이다. 이 부분은 종전의 판례와 동일한 입장이다.

둘째가 중요하다. [이 경우 시효취득자로서는 원소유자의 적법한 권리행사로 인한 현상의 변경이나 제한물권의 설정(근저당설정) 등이 이루어진 그 토지를 현상 그대로의 상태에서 이전등기를 하여 그 소유권을 취득한다. 따라서 시효취득자가 그 토지에 설정된 근저당권의 피담보채무를 변제하는 것은 시효취득자가 완전한 소유권을 확보하기 위하여, 자기 자신의 이익을 위하여 하는 행위이다. 그리하여 원소유자를 대신하여 근저당채무를 변제하였다고 하더라도 변제한 금액에 대하여 원소유자에게 대위변제를 이유로 구상권을 행사하거나 부당이득을 이유로 그 반환청구권을 행사할 수가 없다]는 것이다.

요약하자면,

1) 근저당이 점유자의 취득시효가 완성되기 이전에 설정된 경우에는, 취득시효가 원시취득이기 때문에 취득시효를 원인으로 한 이전등기가 이루어진 경우 그 근저당은 시효취득자에게 효력이 없어 시효취득자의 청구에 의하여 말소되어야 하고,

2) 근저당이 점유자의 취득시효완성 후 취득시효완성을 원인으로 한 이전등기가 이루어지기 이전에 설정된 경우에는, 근저당이 설정된 토지에 대하여 시효취득을 원인으로 소유권을 취득한 점유자로서는 근저당채무를 변제하는 것이 [자신의 이익을

위하여 당연히 해야할 일]을 한 것이다. 즉 시효취득자가 이를 변제하여야 하고 근저당채무를 변제하였다고 해서, 실제로 돈을 차용한 원소유자의 채무를 [내가 대신변제하였으니 그 돈을 달라]고 할 수가 없다는 것이다.

즉 취득시효완성후의 근저당권자는 대항할 수 없는 제3자에 해당한다는 취지이다.

이러한 일은 대개 점유취득시효가 완성될 즈음에 일어날 수 있는 일이고 점유자측에서 입증을 못할 뿐이지, 취득시효 완성사실을 알면서 시효취득자의 권리취득을 방해하기 위하여 벌어지는 일들일 가능성이 높다. 그렇기 때문에 시효취득을 주장하는 점유자로서는 신속하게 소송을 제기하되, 소송을 제기하기 이전에 이전등기나 근저당을 설정하지 못하도록 가처분결정을 받아 놓으면, 이러한 일은 상당부분 예방할 수 있다.

14 취득시효완성된 부동산, 허위로 제3자에게 이전등기를 한 경우 구제방법

민법 제245조 제1항은, '20년간 소유의 의사로 평온 공연하게 부동산을 점유한 자는 등기함으로서 소유권을 취득한다'라고 규정하고 있다.

취득시효완성을 원인으로 하여 이전등기를 하라는 내용의 소송을 제기할 예정이거나, 아니면 이미 승소판결을 받았는데, 그 사이에 그 부동산을 허위로 이전등기를 한 경우에는 어떤 법적조치를 취해야 하는지?에 대하여 알아 본다.

현행법상 점유취득시효가 완성되었다고 하더라도 그 완성사실은 소유권등기를 할 수 있는 사유에 불과할 뿐이고, 실제로 등기를 해야만 소유권을 취득한다.

대법원은 [점유자의 취득시효완성이후에, 토지소유자가 점유토지를 제3자명의로 이전등기를 하면 점유자는 취득시효완성을 이유로 제3자에게 대항할 수 없다]는 입장이다. 이 말은 제3자명의로 먼저 이전등기를 하면 취득시효완성을 원인으로 승소판결을 받아도 그 판결은 휴지조각이 되고 만다는 말이다.

그런데 제3자에게 마친 이전등기가 허위로 한 것임이 밝혀졌을 경우에는 문제가 달라진다.

대법원은 토지소유자가, 어떤 사람이 장기간 점유하여 취득시효가 완성되었다는 사실을 알고 그 점유자의 취득시효로 인한 소유권취득을 방해한 경우에는 소유권을 취득하지 못한 점유자에게 손해를 배상하여야 한다는 입장이다.

그런데 직전소유자가 제3자에게 마친 이전등기가 실제의 거래로 인한 것이 아니라면, 그것은 원인무효이거나, 아니면 명의신탁이어서 부동산실명법에 의하여 무효일 가능성이 높다. 어찌되었든 말소될 수밖에 없다.

원칙대로라면 그 이전등기를 말소하려면 직전 소유자가 나서서 현재의 등기명의자에게 말소하라고 청구를 하여야 하는데, 직전소유자가 스스로 알아서 그 등기를 말소하지 않는 상황일 경우가 많을 것이다. 그렇다고 하여 점유자는 등기를 이전받은 현재의 등기명의자에게는 직접적으로 행사할 수 있는 권리가 없다. 거래당사자가 아니기 때문이다.

이때 방법이 있다. 취득시효가 완성된 점유자는 직전소유자를 상대로 취득시효 완성을 원인으로 하여 소유권이전등기를 청구할 권리가 있는데, 그 권리를 실현하기 위하여 '직전소유자가 현재등기명의자를 상대로 행사하여야 할 등기말소청구권'을 점유자가 대신 행사할수 있다. 이를 법조계에서는 [대위권행사]라고 표현한다. 즉 점유자는 직전소유자를 대위하여 현재 등기명의자에게 이전등기를 말소하라고 청구할 수 있고, 이전등기가 말소되면 직전소유자에게 소유권이 회복되고, 그런 다음에 직전소유자로 하여금 점유자에게 취득시효완성을 원인으로 이전등기를 하도록 하는 것이다

그렇기 때문에 취득시효소송을 제기할 계획이면, 제3자에게 이전등기를 하지 못하도록 사전에 처분금지가처분등기를 해놓고 소송을 진행하면 위와 같은 번거로움은 없을 것이다.

15 등기부취득시효는 원인무효도 물리칠 수 있다

민법 제245조 제2항은, "부동산의 소유자로 등기한 자가 10년간 소유의 의사로 평온, 공연하게 선의이며 과실없이 그 부동산을 점유한 때에는 소유권을 취득한다"라고 하고 있는데, 이것이 등기부취득시효에 관한 규정이다.

등기부취득시효의 법규정이 특효약으로 작용하는 경우가 있다.

등기부취득시효에만 요구되는 '점유에 있어서의 선의, 무과실'은 어떤 경우에 인정되는가? 마지막으로 10년이라는 기간은 어떠한 의미인가에 대하여 대법원판례를 중심으로 알아 본다.

첫째, 등기부취득시효가 어느때 특효약으로 작용하는지?

부동산은 소유자가 바뀔 때마다 소유권이전등기가 이루어진다. 모든 사람은 등기부등본을 보고 매매를 하고 소유권을 취득한다. 그런데 전 소유자가 불법으로 소유권을 취득한 것이 발각되어 전소유자의 등기가 원인무효로 말소되면 그 후에 순차로 이루어진 모든 등기, 소유권이전등기는 물론 근저당설정등기등 모든등기가 줄줄이 말소되고, 결국 소유권을 상실하게 된다. 즉 등기부등본을 믿고 거래를 하였다고 하여 안전하지 않다. 즉 [등기에는 공신력이 없다]는 말이다.

이러한 경우 진정한 소유자가 불법등기 및 그 이후의 이전등기에 관하여 말소청구소송을 제기하였을 때, 거의 유일한 구제방법이 취득시효이다. 즉 등기부취득시효나 점유취득시효에 해당하면 소유권을 빼앗기지 아니할 수 있다.

반대의 입장에서 본다면 진정한 소유자라고 하더라도 이미 다른 사람에게 불법으로 소유권이 넘어간지 10년이 경과하면 등기부취득시효가 완성되어서, 그리고 20년이 경과하면 점유취득시효가 완성되어서, 소유권을 찾을 수 없게 될 확률이 높다는 것이다

둘째, 선의, 무과실 점유에 대하여 본다.

등기부취득시효가 인정되려면 그 점유가 소유의 의사, 평온, 공연, 선의, 무과실, 5가지의 요건을 갖춘 점유이어야 하는데, 소유의 의사에 관하여는 점유취득시효에서의 설명과 동일하다. 평온, 공연, 선의에 대하여는 실무상 문제가 거의 되지 않는데, 그 이유는 점유자의 점유는 평온, 공연, 선의로 점유하는 것으로 추정을 하고 있기 때문이다.

중요한 사항은 등기부취득시효가 인정되려면 10년의 점유가 [과실없는 점유]이어야 한다. 그렇다면 과실없는 점유로 인정되려면 구체적으로 어떠한 경우이어야 하는가?

대법원판례는, [등기부상의 소유자와 계약을 체결하고 소유권이전등기를 하였으면, 과실없는 점유로 추정된다]는 입장이다.

그런데 등기명의자의 등기가 불법등기라는 사실을 매수인이 알고 있거나, 혹은 의심할 수 있었는데 통상인으로서의 조사를 하지 않아서 몰랐다면, 특단의 사정이 없는한, 매수인에게 과실이 있다고 보아서 등기부취득시효가 인정될 수 없다.

그리고 통상 매매계약 당시에 부동산의 소유자가 아니고 다른 사람이 대리인으로서 계약당사자로 등장하는 경우가 많다.

이 경우 그 계약당사자에게 처분권한이 있는지를 세밀히 조사하여야 한다. 통상 소유자의 인감증명이 첨부된 위임장을 소지하고 있었다면 계약당사자에게 처분권한이 있다고 믿는 데에 과실이 없었다고 할 수 있는데, 그렇지 아니한 경우에는 과실있는 점유로 되어 등기부취득시효가 인정되지 않을 가능성이 많다.

종중소유의 부동산을 매수할 경우에는 종중총회의 결의가 있어야 한다. 이를 무시하고 단순히 종중대표와 계약을 한 경우 과실있는 점유가 될 가능성이 있다.

그리고 미성년자와 계약을 할 때에는 법정대리인의 동의가 있어야 하고 법정대리인의 동의가 없다면 과실있는 점유가 될 수 있다.

그러나 이러한 사항들은 점유취득시효에 있어서는 문제가 되지 않는다. 즉 그러한 문제가 있더라도 점유취득시효가 인정된다는 것이다.

과실없는 점유와 관련하여 명심할 사항이 있다.

매수하여 점유를 개시할 당시에는 매도인이 적법한 권한이 있다고 믿어 과실없는 점유이었는데, 1-2년 후에 매도인이 처분권한없이 계약을 체결하였다는 사실을 알게 된 경우에는, 알게 된때부터 과실있는 점유로 전환되는가? 그리하여 등기부취득시효를 주장할 수 없는가?

이에 대하여 대법원은 점유를 개시할 당시에 과실없는 점유이었다면, 10년간 점유하는 중간에 매도인에게 처분권한이 없었던 사실을 알았더라도, 과실있는 점유로 전환되지 않고 과실없는 점유가 계속된다는 입장을 취하고 있다.

그리고 점유는, 직접 점유하는 것뿐만 아니라, 임대를 하는 등 다른 사람에게 대신 점유하도록 하더라도 직접 점유한 것과 동일한 효력이 있다.

셋째, 불법등기자로부터, 혹은 처분권한이 없는자와 계약을 하고 이전등기를 받고 적법하게 점유를 개시한 매수인이, 10년이 되기 이전에 다른 사람에게 소유권과 점유권을 넘겨서, 그 다른 사람이 점유한 것까지 합하여 10년이 넘으면, 등기부취득시효가 인정되는가?

이에 대하여는 합산기간이 10년을 넘으면 등기부취득시효를 인정한다는 것이 대법원의 입장이다.

핵심은 등기부취득시효가 완성되면 그 이전의 등기가 원인무효가 되더라도 취득시효완성이후의 등기는 말소를 면할 수 있다는 것이다.

16 취득시효 완성되었는데 권리포기로 간주되는 경우

소멸시효이든 취득시효이든 시효완성으로 취득할 이익을 포기하려면 시효완성 전에는 할 수 없고, 시효완성 이후 즉 점유취득시효의 경우에는 20년이 지난 이후에 하여야 효력이 있다.

시효이익의 포기는 진정한 소유자에게 하여야만 효력이 생긴다. 통상 등기부상 소유자는 진정한 소유자일 가능성이 높지만, 그 소유등기가 원인무효이어서 말소될 처지라면, 그 점유자가 원인무효인 등기명의자를 진실된 소유자로 잘못 알고 그에게 포기를 하였을 경우 포기의 효력이 없다.

문제는 '시효이익을 포기한다'고 각서를 작성하는 등 명백하게 의사를 표시한 경우에는 해석상 논란의 여지가 없지만, 그러한 명시적인 의사표시가 없는 경우에도 시효이익을 포기한 것으로 인정되는 경우, 즉 묵시적인 포기로 인정되어 권리를 빼앗기는 경우가 있다는 사실 명심해야 한다.

이에 대하여 대법원 판례를 중심으로 차례로 본다.

우선 대법원이 시효이익을 포기한 것으로 해석한 사례이다.

1) 타인의 토지에 건물을 소유하면서 토지를 점유하고 있어서, 점유자에게 취득시효가 인정될 여지가 있는 상황에서, 점유자가 토지소유자에게 [건물에 대하여 철거 요구가 있으면 응하겠다]고 의사표시를 하였다면 점유자가 취득시효이익을 포기한 것으로 보아야 한다고 했다(대법원 1997.6.27. 선고 96다49735, 49742 판결)

2) 뒤에서 또 언급하겠지만, [국유재산에 대하여 취득시효완성후 점유자가 국유재산 대부계약을 체결하고 점용료를 납부하였더라도, 취득시효완성의 이익을 포기한 것으로 볼수 없다]는게 대법원의 확고한 입장이다.

다만 [대부계약이 아무런 하자없이 수차례 체결되고, 그 계약전에 다년간 연체된 점용료를 변상금 명목으로 납부까지 하였다면, 점유자가 국가의 소유권을 인정하고 시효완성의 이익을 포기하였다고 보아야 한다] (대법원 1998.3.10. 선고 97다53304 판결)고 판결한 예가 있다.

3) [국유토지에 대하여, 점유자가 '국가소유인 사실'과 '아무런 권원없이 이를 점유해온 사실'을 시인하면서 그 사용 수익의 허가신청을 하고 변상금 납부기한을 유예해 달라고 신청한 경우, 점유자는 그 토지에 대한 시효이익을 포기하였다]고 보았다 (대법원 1996.9.6. 선고 94다53914 판결).

4) 점유자가 토지소유자를 상대로 취득시효완성을 원인으로 한 소유권이전등기청구소송을 진행하던 중이다. 이때, [적극적으로 시효의 이익을 포기하겠다고 표명한 바 없더라도, 점유자가 그 토지에 대하여 피고의 소유를 인정하여 합의를 하고 소송을 취하하였다면, 취득시효의 완성을 알면서 시효의 이익을 포기한 것으로 보는게 상당하다](대법원 1973.9.28. 선고 73다762 판결)고 판결했다.

5) 국유가 아니고 일반개인 소유 토지에 대하여, 취득시효가 완성되었다고 주장할 상황임에도, 점유자가 토지소유자의 소유임을 인정하고, 임대계약을 체결하고 임대료를 지급하기로 약정하였다면 시효이익을 포기하였다고 볼수 있다.

6) [토지에 관한 취득시효 완성후에 토지를 실측하여 경계선을 확정하고 공동부담으로 경계에 담을 축조하기로 합의 하였다면 경계침범부분에 대한 시효이익을 포기한 것으로 보아야 한다](대법원 1961.12.21. 선고 4293민상297 판결)고 판결했다.

이상은 대법원이 시효이익을 포기한 것으로 보아야 한다는 것이고, 그 보다 더 중요한 것, '이 정도로는 시효이익을 포기하였다고 볼수 없다'고 판결한 경우를 본다.

1) 통상 '그 물건 내가 사겠습니다'고 매수제의를 하면 '상대방에게 소유권이 있다는 사실을 인정한다'고 해석하게 된다. 그런데 취득시효에 있어서는 다르다.

[점유자가 시효기간경과 후 소유자에게 매수제의를 하였다고 하더라도 시효취득의 이익을 포기하였다고 볼 수 없다. 점유자는 단지 소유자와의 분쟁을 해결하기 위하여 매수제의를 할 수도 있다]는 게 대법원의 입장이다.

2) 통상 점유사는 그 취득시효기간이 완성된 후에도 계속 점유를 하는게 보동이다. 그러나 취득시효완성후 점유를 상실하였다고 하더라도, 그 점유의 상실자체만으

로는 시효이익을 포기한 것이라고 인정할 만한 특별한 사정이 없는한, 취득시효기간의 완성으로 인하여 이미 취득한 소유권이전등기청구권은 소멸되지 아니한다(대법원 1995.12.8. 선고 94다39628 판결), 즉 [단순한 점유상실만으로는 시효이익을 포기했다고 볼 수 없다]는 것이다.

3) 앞에서 언급했지만, 점유자가 국유토지에 대하여 자주점유를 개시한후 국가와의 사이에 점유토지에 관하여 대부계약을 체결하고 [소정의 대부료를 지급하였다] 하더라도, 점유자가 달리 시효완성에 따른 등기청구권을 포기하겠다는 등의 적극적인 의사표시를 하지 않았다면, 위와 같은 사실, 즉 대부계약 체결하고 대부료 지급한 사실만으로는 점유자가 그 시효이익을 포기하였다고 볼 수 없다(대법원 1993.11.26. 선고 93다30013 판결)는 입장이다. 개인토지와는 다르다.

4) 원래 국가가 재산세를 부과하면 일반국민은 [국가가 내 소유인 사실을 인정하는구나] 라고 생각하기 쉽다.

지자체가 20년 이상 점유하여 취득시효로 소유권을 취득할수 있는 사안에 대한 것이다.

[지자체에는 재산을 관리하는 부서와 세금을 담당하는 부서가 따로 있는데, 지방세를 담당하는 공무원이 등기부등본만을 보고 그 등기명의자에게 '종합토지세를 부과하였다. 이 경우 세금을 부과한 행위를, 상대방에게 소유권을 인정하고 시효이익을 포기한 행위로 해석할 수 없다](대법원 1997.4.8. 선고 97다2078 판결)고 판결했다.

이상 시효이익을 묵시적으로 포기하였다고 보아야 하는지?에 대한 대법원의 판결을 살펴보았다. 유념하시어 억울하게 손해를 보지 않기 바란다.

17 취득시효완성으로 대항할 수 없는 제3자

[20년간 소유의 의사로 평온 공연하게 부동산을 점유하는 자는 등기함으로써 소유권을 취득한다]는 것이 민법 제245조 제1항의 내용이다. 즉, 20년간 점유하여 취득시효가 완성되었다고 해서 자동적으로 소유권을 취득하는 게 아니라, 취득시효완성을 원인으로 하여 이전등기까지 하여야 소유권을 취득한다.

그런데 취득시효가 완성되고 나서 시효완성에 따른 이전등기를 하지 않고 있는 사이에 제3자가 먼저 이전등기를 하는 경우에는 [취득시효완성으로 그 제3자에게 대항할 수 없다.] 즉 취득시효가 완성되었어도 소유권을 취득하지 못한다는 것이다. 부동산 이중매매에 있어서 매매계약의 선후를 불문하고 먼저 등기를 한 사람만이 소유권을 취득하는 것과 동일한 원리이다.

여기에서 [시효완성자보다 먼저 등기를 한 제3자는 예외없이 모두 대항할 수 없는 제3자이냐?] 그게 아니고 대항할수 있는 제3자가 별도로 있다.

대항할 수 없는 제3자와 대항할수 있는 제3자를 나누어서 살펴본다.

먼저 대항할 수 없는 제3자이다.

첫째, 시효완성 이후에 매매나 증여계약을 체결하고 이전등기를 한 제3자는, 특단의 사정이 없는 한, 대항할 수 없는 제3자의 대표적인 경우이다.

둘째, 매매계약은 시효완성 이전에 체결하고서, 매매에 따른 이전등기를 시효완성이후 시효완성자가 등기하기 이전에, 시효완성자보다 먼저 매매로 인한 이전등기를 한 제3자도 대항할 수 없는 제3자이다.

셋째, 시효완성전에 가등기를 하고 시효완성후 시효완성자보다 먼저, 가등기에 기한 본등기를 하였다면, 그 제3자도 대항할 수 없는 제3자에 해당한다.

여기에서 문제가 있다.

시효완성전에 제3자가 가등기를 해놓았는데 시효완성자가 먼저 시효완성을 원인으로 이전등기를 했고, 그 이후에 가등기에 기한 본등기를 한 경우이다.

여기에서 의문점은, 가등기에 기한 본등기를 하였으면, 가등기를 한 시기로 본등기의 순위가 보전되기 때문에, 가등기에 기한 본등기가 시효완성을 원인으로 한 이전등기보다 선순위가 되어서, 본등기이후에는 시효완성을 원인으로 한 이전등기가 자동 말소되는 것 아니냐?고 의문을 가질 수 있다.

그러나 그렇지 않다. 가등기의 순위보전의 효력은 원시취득을 한 소유자에게는 해당되지 않는다. 취득시효로 인한 소유권취득은 원시취득이다. 원시취득의 반대되는 개념이 승계취득인데, 매매, 증여, 교환 등등 승계취득의 경우에만 가등기의 순위보전의 효력이 적용된다.

그렇기 때문에 취득시효완성을 원인으로 이전등기를 하는 순간 가등기가 말소되어야 한다. 원시취득의 대표적인 경우가 토지수용의 경우인데 토지가 수용이 되면 가등기, 가처분, 압류, 가압류 등이 모두 말끔히 말소되는 것과 같다.

가등기에 바탕을 둔 본등기가 아니고, 본등기가 가등기와 별개로 이루어진 경우는 여기에 해당하지 않는다.

결론적으로 취득시효완성이후 가등기에 기한 본등기와 취득시효완성을 원인으로 한 이전등기, 이 둘 중 먼저 등기를 한 사람만이 소유권을 취득한다고 보면 된다.

넷째, 취득시효가 완성된 사실을 알고 소유권을 취득한 제3자도, 소유자가 불법행위를 하는 데 가담한 것이 아닌한, 대항할 수 없는 제3자에 해당한다.

다섯째, 해당 토지의 소유자가 사망하여 여러 명이 공동으로 상속한 경우에는 상속인들이 원래 소유자의 책임까지 상속하는 게 원칙이다. 그런데 시효완성 후 이에 따라 이전등기를 하기 이전에, 상속인 중 일부가 자신의 상속분을 다른 상속인에게 양도하여 그에 따른 이전등기를 마친 경우에는 이전받은 상속인은 그 상속분에 관하여는 대항할 수 없는 제3자에 해당한다.

여섯째, 시효완성을 원인으로 등기를 하기 이전에 부동산 소유자가 상속인 중 한 사람에게 몽땅 증여를 하여 먼저 이전등기를 하고 사망한 경우에 대하여 대법원은, [그 증여가 실질적인 상속재산협의분할과 동일시 할 수 있는 등의 특별한 사정이 없는 한 대항할 수 없는 제3자에 해당한다]라고 판결한 예가 있다.

다음으로 대항할 수 있는 제3자에 대하여 본다.

첫째, 포괄승계인이다. 포괄승계의 대표적인 경우는 [상속]과 [회사합병]이 있다. 포괄승계를 받은 당사자는 오히려 전소유자의 의무를 승계하기 때문에, 대항할 수 없는 제3자가 아니다. 대법원은 [상속재산협의분할]을 받은 사람도 상속인과 동일하게 보고 있다. 그러므로 시효완성의 효과는 소유자가 사망한 경우에는 그 상속인들에게 청구하면 된다. 상속인들은 대항할 수 없는 제3자가 아니기 때문이다.

둘째, 시효완성자보다 먼저 이전등기를 한 자의 등기가 등기신청서류 위조 등의 사유로 원인무효임이 밝혀진 경우에는 그 등기는 말소되어야 하기 때문에 그 등기명의자는 대항할 수 없는 제3자가 아니다.

셋째, 이전등기를 하긴 했는데 그것이 남에게 보이기 위하여 허위로 하는 경우가 있다. 이를 민법상 [통정허위표시]라고 하는데, 통정허위표시는 무효이기 때문에 그것에 기하여 한 등기도 말소될 것이어서, 이 경우에도 대항할수 없는 제3자에 해당하지 않는다.

넷째, 시효취득한 부동산을 매수한 사람이 소유자의 이중매매등 배임행위에 적극 가담하여 이전등기를 받은 경우, 대표적으로 매수인이 소유자가 불법으로 빼돌린다는 사실을 알면서 소유자에게 매도할 것을 적극 권유하여 매매가 성사된 경우이다. 이 경우 대법원은 그 이전등기는 원인무효이어서 말소되어야 한다는 입장이다.

그리하여 이러한 경위로 이전등기를 한 매수인은 대항할 수 없는 제3자가 아니다.

다섯째, 미등기부동산을 상속하였으나 민법시행일로부터 일정기간내에 등기를 하지 않았다가 뒤늦게 보존등기를 한 제3자는 대항할 수 없는 제3자가 아니다. 보존등기는 소유권이 변동된 것이 아니라, 기존의 소유권을 등기부상 표시하는 것에 불과하기 때문이다.

여섯째, 시효완성 후 명의수탁자가 명의신탁자로부터 매수한 경우, 매수한 명의수탁자는 대항할 수 없는 제3자에 해당하지 않는다. 왜, 외부적으로는 등기명의자인 명의수탁자만이 소유자로 취급되고, 내부적으로 실질소유자인 명의신탁자로부터 매수하였다고 하여 등기부상 명의가 변동되는 것이 아니기 때문이다.

18   시효완성 후 이전등기한 제3자에게 또다시 취득시효 가능하다

[8. 취득시효 20년, 언제부터 기산하나?]에서 언급한 것을 상세히 설명한다. 취득시효완성 이후 소유권이전을 한 제3자를 상대로 또다시 취득시효가 가능하다고 판결한 대법원판례를 소개한다.

[20년간 소유의 의사로 평온 공연하게 부동산을 점유하는 자는 등기함으로써 소유권을 취득한다]는 것이 민법 제245조 제1항의 내용이다. 즉, 20년간 점유하여 취득시효가 완성이 되었다고 해서 자동적으로 소유권을 취득하는 게 아니라, 취득시효완성을 원인으로 하여 이전등기를 하여야 소유권을 취득한다.

구체적으로 예를 들자면, 부동산을 이중 매매하는 경우가 있다. 물론 이중매도할 경우 매도인은 배임죄로 형사처벌을 받을 수 있다.

이 경우 민사적으로는 매매계약을 누가 먼저 했느냐? 그 선후를 불문하고 먼저 이전등기를 한 매수인만이 소유권을 취득한다. 다만 등기를 하지 못한 다른 매수인은 별도로 매도인에게 손해배상책임을 물을 수 있는 것은 별개의 문제이다.

동일한 원칙이 적용되어서, 취득시효가 완성되었지만 아직 등기를 하지 않고 있는 동안에 제3자가 먼저 이전등기를 한 경우에는 등기를 한 그 제3자만이 소유권을 취득할 뿐 취득시효완성을 한 점유자는 소유권을 취득하지 못한다.

다만 부동산소유자가 취득시효완성자에게 손해를 가한다는 사실을 알고 제3자에게 이중으로 매매하여 등기를 넘겨준 경우에는 시효완성자에게 손해를 배상할 책임을 질수 있다는 것이 대법원의 입장이다.

그런데 여기에서 이와 같이 제3자에게 등기가 이전되어 취득시효완성자가 권리를 상실하게 될 상황에서 제3자에게 등기가 넘어간 이후 또다시 20년이 경과하였다면 점유자가 그 제3자에게 취득시효완성을 주장할 수 있는가?이다.

대법원 2009.7.16. 선고 2000다15172, 15189 전원합의체 판결은 이에 대하여 종전의 입장을 하나로 정리하는 판결을 하였다.

원문을 소개하자면 [부동산에 대한 점유취득시효가 완성된 후 취득시효 완성을 원인으로 한 소유권이전등기를 하지 않고 있는 사이에 그 부동산에 관하여 제3자 명의의 소유권이전등기가 경료된 경우라 하더라도 당초의 점유자가 계속 점유하고 있고 소유자가 변동된 시점을 기산점으로 삼아도 다시 취득시효의 점유기간이 경과한 경우에는 점유자로서는 제3자 앞으로의 소유권 변동시를 새로운 점유취득시효의 기산점으로 삼아서 2차의 취득시효의 완성을 주장할 수 있다.]라고 판결했다.

통상 취득시효를 주장할 때 점유의 기산점은 점유자가 매매나 증여등 소유권취득을 위한 행위가 있을 때부터 점유기간이 진행되기 시작한다고 해석해 왔는데, 대법원 판결대로라면, 1차 취득시효가 완성된 이후 제3자에게 등기가 넘어간 시기를 새로운 기산점으로 삼을 수 있다는 것이니까. 점유자가 소유권 취득을 위한 행위가 없어도 취득시효의 점유가 개시된다는 것이다. 다소 기교적이라고 할 수 있는데, 장기간 소유의 의사로 점유하는 점유자의 이익을 보장하기 위한 해석이라고 생각된다.

그렇다면 제3자명의로 소유권이 변동된 시기를 기산점으로 취득시효의 점유가 개시되었는데 또다시 별도의 제3자에게 소유권이 이전된 경우는 또 어찌되는가?

이에 대하여 대법원은 이런 취지로 판결했다. [취득시효기간이 경과하기 이전에 등기부상의 소유명의자가 변경된다고 하더라도 완성당시의 등기명의자를 상대로 취득시효완성을 주장할 수 있고, 완성 이후에 이전등기를 한 제3자에게는 시효완성으로 대항할 수 없는게 일반원칙인데, 이러한 법이론은 제3자에게 등기가 넘어간 이후 새로이 2차의 취득시효가 개시된 경우에도 동일하게 적용된다. 즉 그 취득시효기간이 경과하기 이전에 등기부상의 소유명의자가 다시 변경된 경우에는 완성당시의 소유자에게 시효완성을 주장할 수 있고, 완성 이후 이전등기를 한 제3자에게는 대항할 수 없다. 즉 시효완성을 주장할 수 없다는 것이다.

이 전원합의체 판결이 있기 이전에는 다소 상이한 판결을 했던 것을 통일한 것이고, 이 판결취지는 아직까지 변동이 없다.

그러니까 취득시효가 완성된 부동산에 관하여 소유권을 이전받아 취득시효완성을 주장하는 점유자를 따돌렸다고 하더라도 그 점유자가 계속 점유하여 20년이 경과하면 또다시 취득시효가 완성되어 소유권을 빼앗길 수 있다는 것이다. 그러므로 이전등기를 하여 소유권을 취득하였다고 안심할 게 아니고 점유권도 함께 행사를 하여야 안전하다.

19 취득시효로 빼앗기기 이전에 상속을 하면 안전한가?

의문을 제기하는 분들이 많아 다루었다.

[20년간 소유의 의사로 평온 공연하게 부동산을 점유하는 자는 등기함으로써 소유권을 취득한다]는 것이 민법 제245조 제1항의 내용이다. 즉, 20년간 점유하여 취득시효가 완성되었다고 해서 자동적으로 소유권을 취득하는 게 아니라, 취득시효완성을 원인으로 하여 이전등기까지 하여야 소유권을 취득한다.

통상은 소송을 통하여 [취득시효완성을 원인으로 한 소유권이전등기절차를 이행하라]는 판결을 받아 이전등기를 진행하고 있다.

그런데 취득시효 20년이 진행중이거나 취득시효가 완성되고 이에 따른 등기를 하기 이전에, 부동산의 소유자가 사망하여 상속등기를 한 경우에는 어떻게 되는지에 대하여 본다.

이해를 돕기 위하여 상속은 소위 [포괄승계]라고 하여 피상속인이 사망하면 상속인들이 권리와 의무를 포괄적으로 승계한다. 매매, 증여, 교환 등은 특정승계라고 하는데 이것과는 정반대의 개념이다.

우선 20년의 취득시효기간이 진행중에 해당 부동산이 상속인에게 이전등기가 된 경우이다.

취득시효가 진행중에 해당부동산의 소유자가 변경되더라도, 점유자로서는 [20년이 완성되는 시기의 소유자]를 상대로 취득시효완성을 원인으로 한 소유권이전등기를 청구할 수 있다. 그렇기 때문에 취득시효기간의 진행중에 소유자가 변경되는 것은 그 사유가 상속 즉 포괄승계이든, 매매나 증여 등 특정승계이든 취득시효를 주장하는데 있어서 영향이 없다.

다음으로 20년이 경과하여 취득시효가 완성된 이후에 상속이 된 경우이다.

취득시효가 완성되고 나서 시효완성에 따른 이전등기를 하지 않고 있는 사이에 제3자가 먼저 이전등기를 하는 경우에는 [취득시효완성으로 그 제3자에게 대항할 수 없다]는 것이 대원칙이다. 즉 취득시효가 완성되었어도 소유권을 취득하지 못한다는 것이다. 부동산 이중매매에 있어서 매매계약의 선후를 불문하고 먼저 등기를 한 사람만이 소유권을 취득하는 것과 동일한 원리이다.

그러나 상속은 이와 다르다. 상속 즉 포괄승계를 받은 상속인은 오히려 전소유자인 피상속인의 의무를 고스란히 승계하기 때문에, 상속인은 대항할 수 없는 제3자에 해당하지 않는다. 대법원은 상속재산협의분할을 받은 사람도 취득시효에 있어서는 일반 상속인과 동일하게 보고 있다. 그러므로 취득시효가 완성되었을 경우 해당 부동산의 소유자가 사망한 경우에는 그 상속인들에게 청구하면 된다.

다음으로 시효완성을 원인으로 등기를 하기 이전에 부동산 소유자가 상속인중 한 사람에게 몽땅 증여를 하여 먼저 이전등기를 하고 사망한 경우이다. 이때 상속인이더라도 증여를 받아 증여를 원인으로 이전등기를 하였다면 그는 해당 부동산에 관한 한 상속인이 아니라 증여를 받은 자(수증자)에 해당한다. 이에 대하여 대법원(대법원 1998.4.10. 선고 97다56495)은 [그 증여가 실질적인 상속재산협의분할과 동일시할 수 있는 등의 특별한 사정이 없는 한 대항할 수 없는 제3자에 해당한다]라고 판결한 예가 있다. 단적으로 말해서 그에게는 취득시효를 주장할 수 없다는 것이다. 즉 상속이 아니고 증여를 원인으로 이전등기를 하였기 때문에 취득시효완성에 따른 이전등기의무가 승계되지 않는다는 말이다.

그리고 해당 토지의 소유자가 사망하여 여러명이 공동으로 상속한 경우에는 당연히 상속인들이 원래 소유자의 책임까지 공동으로 승계하는 게 원칙이다. 그런데 시효완성후 이에 따른 이전등기를 하기 이전에, 상속인중 일부가 자신의 상속분을 다른 상속인에게 양도하고 그에 따른 이전등기를 마친 경우에는 이전받은 상속인은 그 상속분에 관하여는 대항할 수 없는 제3자에 해당하고, 이전받은 상속분에 관하여는 취득시효완성에 따른 의무를 면하게 된다.

그러나 시효취득한 부동산을 매수하여 이전등기를 한 사람이 전 소유자의 배임행위에 적극 가담하여 이전등기를 받은 경우, 대표적으로 매수인이 소유자가 불법으로 빼돌린다는 사실을 알면서 소유자에게 매도할 것을 적극 권유하여 매매가 성사된 경우이다. 이 경우 대법원은 그 이전등기는 원인무효이어서 말소되어야 한다는 입장입니다.

마찬가지로 상속인들 사이에 취득시효 주장을 회피하기 위하여 상호 공모하거나 배임행위에 적극가담하여 상속분의 이전등기를 한 경우에 해당하면, 그 이전등기는 말소되어야 하기 때문에 취득시효주장에 따른 의무를 그대로 이어받아 부담해야 한다.

이번에는 취득시효완성을 위하여 점유하는 점유자가 사망하여 상속인이 계속 점유하는 경우이다.

민법 제193조는 [점유권은 상속인에 이전한다.]고 규정하고 있다. 그러므로 상속인이 피상속인의 점유권을 이어받아 계속 점유하는 경우에는 상속받은 날부터 다시 20년이 경과하여야 하는 게 아니고, 피상속인의 점유개시시로부터 합쳐서 20년이 되는 시점에 상속인에게 취득시효완성에 따른 권리가 생긴다. 대법원(2007.12.13. 선고 2007다61427 판결)도 [상속에 의하여 점유권을 취득한 경우에는 상속인은 새로운 권원에 의하여 자기 고유의 점유를 개시하지 않는 한, 피상속인의 점유를 떠나 자기만의 점유를 주장할 수 없다]라고 하여 동일한 입장을 취하고 있다.

취득시효완성된 토지, 수용되면 시효완성은 물거품되나?
– 대상청구권과 관련하여

국가가 대규모 국책사업을 하게 되면 개인 사유토지를 수용절차를 통하여 보상금을 지불하고 강제로 소유권을 이전해 가는 경우가 있다. 이 경우 토지소유자는 소유권을 상실하는 대신 보상금을 취득한다.

이때, 만약 그 수용된 토지에 대하여 소유자가 제3자에게 매도하고 매매대금을 완불받았으나 이전등기를 하지 않은 상황이라면 그 매수인인 제3자는 매매목적물이 수용되어 소유권은 취득할 수 없지만 대신 수용주체에 대하여 토지소유자에게 지급할 수용에 따른 보상금을 직접 매수인 본인에게 지급하라고 청구할 수 있다. 이를 [대상(代償)청구권]이라고 한다. 즉 토지의 보상금을 직접 나에게 달라고 청구할 수 있는 권리라는 의미이다.

대상청구권에 대하여 몇 가지 착안할 사항이 있다.

첫째, 대상청구권이 인정되려면 아직 보상금이 토지소유자에게 지급되지 않고 있어서 보상금 지급주체인 대개는 국가나 지방자치단체에게 청구할 수 있어야 한다. 이미 토지소유자에게 지급되었다면 토지소유자를 상대로 부당이득반환이나 계약불이행에 따른 손해배상을 청구해야 하고 대상청구권은 문제될 여지가 없다.

둘째, 대상청구권이 인정되었다고 하여 그 보상금이 자동적으로 대상청구권자인 매수인등에게 지급되는 것이 아니고, 대상청구권자가 그에 따른 청구를 하여야만 권리가 발생한다.

셋째, 대상청구권이 인정되면 그 보상금이 실제 매매대금보다 많던 적던 그 보상금 전액을 대상청구권자에게 지급하여야 한다. 왜냐하면 그 토지를 갖고 온 것과 동일한 효과가 있어야 하기 때문이다. 모자라는 금액을 청구하는 것은 대상청구권의 문제가 아니고 손해배상의 문제이다.

그렇다면 매매가 아니고 제3자가 20년간 소유의 의사로 평온 공연하게 점유하여 취득시효가 완성된 경우 그 점유자도 토지소유자가 수령할 수용보상금을 직접 자기에게 지급하라고 청구할 수 있는가? 즉 대상청구권이 있는가?

결론부터 말하자면, 취득시효완성된 점유자에게도 대상청구권이 있다. 다만 여기에는 추가적인 요건이 충족되어야 한다.

누차 설명하였듯이 20년간 점유하였다고 하여 소유권을 자동적으로 취득하는 게 아니고 취득시효완성을 원인으로 한 이전등기를 하여야 소유권을 취득하고, 그 등기를 하기 전에 다른 제3자가 이전등기를 먼저 해 가면 그 제3자만이 소유권을 취득하고 취득시효완성자는 소유권을 취득할 수 없다.

그러면 수용의 경우는 어찌되는가? 수용시기를 기준하여 그 이전에 취득시효가 완성되기만 하면 되는가? 아니면 취득시효가 완성되어 승소판결까지 받아 놓았어야 하는가?

이에 대하여 대법원(1996.12.10. 선고 94다43825 판결)은 [취득시효 기간만료를 원인으로 대상청구권을 행사하기 위하여는 수용되기 이전에 등기명의자에 대하여 점유로 인한 취득시효기간 20년이 만료되었음을 이유로 그 권리를 주장하였거나 그 취득기간만료를 원인으로 한 등기청구권을 행사하였어야 한다]고 판결하였다.

즉, 취득시효가 완성되었다는 것만으로는 부족하고, 그렇다고 취득시효완성을 주장하여 승소판결까지 받을 필요는 없다. 소송을 제기하였거나 소송을 제기하지는 않았더라도 그러한 권리가 있다는 사실을 토지소유자에게 통보하여 권리를 행사하였어야 대상청구가 가능하다는 입장이다. 다시말하면 취득시효가 완성되었지만 수용되기 전에 아무런 조치를 취하지 않았다면 대상청구권을 행사할 수 없다는 것이다.

정리하자면,

취득시효가 완성되고 이를 원인으로 하여 소유권이전등기까지 하였다면, 당연히 등기명의자인 점유취득시효완성자가 수용의 직접 당사자로서 보상금을 수령할 수 있기 때문에 대상청구권이 문제될 여지가 없다.

그렇지 않고, 취득시효완성자가 아직 등기를 하지 않고 있는 상태에서 수용된 경우에는, 취득시효완성자는 수용되기 이전에 토지소유자에게 취득시효완성을 원인으로 한 권리를 행사하였을 경우에 한하여, 대상청구권이 있다는 것이다. 즉, 토지소유자가 아직 보상금을 수령하지 않았다면 수용주체인 국가나 지자체에 대하여 보상금을 취득시효완성자에게 직접 지급하라고 대상청구권을 행사할 수 있다.

다음으로, 토지소유자가 이미 보상금을 수령하였을 경우에는, 수용이전에 권리를 행사한 경우에 한하여, 수용으로 인하여 소유권을 취득하지 못하는 대신 보상금상당의 금액을 부당이득반환이나 손해배상명목으로 청구할 수 있다.

즉 수용되기 이전에 취득시효완성에 따른 권리행사를 하지 아니한 경우에는 아무런 권리도 청구할 수 없다는 것이다.

취득시효완성 후 이에 따른 이전등기를 하기 전에 토지소유자가 제3자에게 매매하여 이전등기를 하였을 경우, 특단의 사정이 없는 한, 시효완성자가 토지소유자에게 [나에게 이전등기를 하지 못하는 대신 매수인으로부터 수령한 매매대금을 지급하라]고 청구할 수 없는 것과 비교해 볼 필요가 있다. .

대상청구권도 소멸시효에 걸리기 때문에 수용주체가 국가나 지자체인 경우에는 5년, 수용주체가 민간업체라면 10년간 행사하지 아니하면 시효가 완성되어 권리가 소멸될 수 있다.

21 토지공유지분에 대하여 점유취득시효가능한가?

토지 1필지에 대하여는 1인이 소유하는 것이 보통이고 이를 단독소유라고 한다. 그러나 2인 이상이 공유하는 경우도 많다. 토지를 공유하는 경우에는 반드시 지분비율이 있게 마련이고 등기부등본에는 공유자간의 지분비율이 표시되어 있다. 지분표시가 없는 경우에는 공유지분이 공유자숫자대로 균등한 것으로 추정된다.

그리고 공유자는 그 지분을 자유롭게 처분할 수 있고, 공유물을 분할할 수도 있다. 현물분할이 원칙이지만 경매를 하여 돈으로 분할하는 경매분할도 있다. 그리고 공유자는 자신의 지분 비율만큼만 사용 수익할 수 있다.

일반적으로 공유토지를 점유할 때에는 공유자가 정확하게 지분비율대로 점유하는 경우는 오히려 드물고, 어느 공유자 1인이 전부를 점유하거나 공유지분비율과 다르게 점유하는 경우가 훨씬 많을 것이다.

이 경우 공유자간에 다른 공유자의 지분까지 점유하는 경우 그 점유부분에 해당하는 다른 공유자의 공유지분에 대하여 취득시효가 가능한가이다.

이에 대하여 대법원 판례를 중심으로 알아본다.

2가지로 나누어, 우선 공유자 1인이 공유토지 전부를 점유하는 경우이다.

이에 대하여 대법원(1995.1.12. 선고 94다19884)은 [공유부동산은 공유자 1인이 전부를 점유하고 있다고 하여도 다른 특별한 사정이 없는 한, 권원의 성질상 다른 공유자의 지분비율의 범위내에서는 타주점유라고 볼 수밖에 없다]는 입장이다.

이는 다른 공유자의 지분에 대하여는 점유취득시효가 인정되지 않는다는 것으로서 너무나 당연한 판결이다. 점유취득시효가 완성되려면 다른 공유자의 지분에 대하여 자주점유가 되어야 하는데, 자주점유가 되려면 소유권취득을 위한 외형, 즉 매매, 증여, 교환, 대물변제등의 거래행위나 그와 유사한 행위가 있어야 한다,

공유자 1인은 원칙적으로 자신의 지분에 대하여만 사용수익할 수 있기 때문에, 매매나 증여등 자주점유라고 인정될 만한 소유권취득을 위한 외형이 없는 상태에서, 자신의 지분을 넘는 다른 공유자의 지분에 대하여는, 이를 점유하였더라도 타주점유가 되어, 오히려 다른 공유자에게 사용수익에 따른 부당이득을 반환해야 마땅한다.

다음으로 토지에 대하여 공유지분등기가 되어 있지만 토지를 구분소유하는 경우가 있다. 예를 들어 1,000평되는 토지가 있는데 쪼개어 10명에게 10분의1에 해당하는 100평씩을 경계를 획정하여 매도하면서, 원칙적으로는 100평을 지적도에도 분할하고 토지대장과 등기부등본에도 별도의 지번으로 독립한 다음 이전등기를 해야 원칙인데, 그러지 않고 전체의 10분의1에 관하여 지분이전등기를 하는 경우이다. 즉 이 경우는 특정부분을 경계에 따라 구분하여 점유하지만, 등기부등본상에는 10분의1의 지분에 대하여 소유권등기가 되어 있다. 이를 [구분소유]라고 한다. 즉 1,000평 중 10분의1인 100평에 대하여 구분하여 소유한다는 의미이다.

이때, 토지를 구분하여 매도한 부분이 실수로 인하여 100평을 초과하여 경계가 획정되었다고 가정해 본다. 그런 상태에서 20년 이상 소유의 의사로 평온 공연하게 점유한 경우에 100평을 초과하는 부분에 대하여 점유취득시효가 인정될수 있는가?

대법원(2019.2.21 선고 2018다29909 전원합의체)판결을 그대로 옮겨 본다. [공유토지는 공유자1인이 그 전부를 점유하고 있다고 하여도 다른 특별한 사정이 없다면 그 권원의 성질상 다른 공유자의 지분비율의 범위내에서는 타주점유라고 볼 수밖에 없지만 (여기까지는 앞의 판결과 동일함), 공유자들이 분할 전 토지의 전체면적중 각 점유부분을 구분소유하게 된다고 믿고서 그 각 점유부분의 대략적인 면적에 해당하는 만큼의 지분에 관하여 소유권이전등기를 경료받은 경우에는, 등기부상 공유자들이 각 토지의 일부 공유자로 되어 있다고 하더라도 그들의 점유가 권원의 성질상 타주점유라고 할 수는 없다.]라고 판시하였다.

문장이 다소 난해하나, 이 경우에는 초과점유부분에 대하여 점유취득시효가 인정될 수 있다는 것이다.

예컨대 매매계약은 100평에 대하여 했는데, 5평을 초과하여 105평이 경계가 획정되어 소유권이 넘어온 경우, 그 5평부분까지 매매계약이후 소유의 의사로 점유하였다면, 그 초과부분 5평에 대하여도 점유자로서는 엄연히 소유권이 있다고 믿고서, 매수인으로서 소유의 의사로 점유한 것이기 때문에 자주점유가 되고, 20년이 경과하면 점유취득시효가 완성되어 등기함으로서, 소유권을 취득할 수 있다는 것이다.

다소 의아해 할 수 있지만 그 5평에 건물이 들어서 있다고 가정할 경우, 철거해야 하는 문제를 감안하면 오히려 천만다행일 것이다.

22 20년 취득시효 완성 후 점유를 그만두면 소유권 상실하나?

[20년간 소유의 의사로 평온 공연하게 부동산을 점유하는 자는 등기함으로써 소유권을 취득한다]는 것이 점유취득시효에 관한 민법 제245조 제1항의 내용이다. 즉, 20년간 점유하여 취득시효가 완성되었다고 해서 자동적으로 소유권을 취득하는 게 아니라, 취득시효완성을 원인으로 하여 이전등기까지 하여야 소유권을 취득한다.

그러나 현실적으로 20년 점유하여 취득시효가 완성되었다고 하여 곧바로 등기소에 가서 이전등기신청을 할 수 있는 게 아니다.

그렇게 하려면 종전 소유자가 인감증명을 교부하고 이전등기신청서류에 날인을 하는 등 이전등기에 협력을 해줘야 하는데, 특단의 사정이 없는 한, 현실적으로 상대방은 취득시효완성 그 자체를 인정하지 않을 것이다. 그렇기 때문에 할 수 없이, 법원의 판결을 받은 후에 판결에 따라 종전소유자를 제쳐두고 일방적으로 이전등기신청을 하는게 현실이다.

취득시효의 생명은 점유이다. 점유로 시작하여 점유로 끝난다. 점유란 [물건에 대한 사실상의 지배]를 말한다. 물건에 대하여 점유를 하지 아니하면, 주인없는 물건으로 오해 받을 수도 있지만, 점유를 하면 그런 오해는 없을 것이다.

그런데 점유를 20년간 하여 점유취득시효가 완성되어서, 판결을 받아 이전등기를 할 수 있는 상태인데, 자의이든 타의이든 점유를 그만둔지 상당한 시일이 흐른 상태에서, 취득시효완성을 주장하여 소유권을 취득할 수 있는가? 아니면 점유를 하지 않고 있기 때문에 취득시효완성을 주장할 수 없는가?

이 문제를 설명하기 이전에, 일반적인 부동산 매매에 있어서, 매매계약을 체결하면 매수인에게 소유권이전등기청구권이 생긴다.

그런데 이 매매를 원인으로 한 소유권이전등기청구권은 10년 이내에 이전등기를 하지 아니하면 소멸시효가 완성되어서, 이전등기청구권이 소멸한다.

그러나 매수인이 이를 인도받아 점유하고 있으면, 대지로 점유하든 농경지로 점유하든, 직접점유를 하든 다른 사람에게 임대하여 간접점유를 하든, 하여튼 점유를 하고만 있으면, 10년 이상이 되어도 소멸시효가 진행이 되지 아니하여 권리가 소멸하지 않는다는 것이 대법원의 확고한 입장이다.

그 이유는 소멸시효란 [권리 위에 잠자고 있는 자는 보호받지 못한다]는 원리에 기초하여 발생한 법원칙인데, 매수인이 이전등기를 하지 않고 있어도 점유를 하고 있다면 그 매수인은 [권리 위에 잠자고 있는 자]가 아니라고 보기 때문이다.

본론으로 돌아가서, 20년간 점유하여 취득시효가 완성되면 곧바로 소유권을 취득하는게 아니라 [취득시효완성을 원인으로 한 소유권이전등기청구권]이 생길 뿐이고, 이를 근거로 판결을 받아 이전등기까지 해야 소유권을 취득한다고 했다.

여기서, 20년 점유하면 [취득시효완성을 원인으로 한 소유권이전등기 청구권]이 생기고, 매매계약을 하면 [매매를 원인으로 한 소유권이전등기청구권]이 생기는데, 이 2개의 이전등기청구권은 그 원인이 하나는 취득시효완성이고 다른 하나는 매매로서 그 원인만 다를 뿐, 소유권이전등기를 요구하는 [청구권]이라는 측면에서는 동일한 법적 성질을 가진다.

매매계약 후 이전등기를 하지 않은 상태에서 매매목적부동산을 계속 점유하고 있으면 10년 그 이상이 되어도 소멸시효가 진행되지 않는다고 했다.

취득시효가 완성된 후에도 마찬가지로 이전등기를 하지 않은 상태에서 계속하여 점유하고 있으면, 특별한 예외사유, 즉 제3자가 우선적인 권리를 취득하거나, 혹시 점유자가 취득시효완성의 이익을 포기하였다고 인정될 사정이 있거나 등등, 그러한 예외사유가 없는 한, 10년 이상이 되어도 소유권이전등기 청구권이 시효로 소멸하지 않는다.

반면에 취득시효가 완성되었는데 그후 점유를 하지 않은 채 10년이 경과하면 소멸시효가 완성되어 권리를 상실할수 있다.

대법원(1996.3.8. 선고 95다34866 판결)은 [토지에 대한 취득시효 완성으로 인한 소유권이전등기청구권은 그 토지에 대한 점유가 계속되는 한 시효로 소멸하지 아니하고, 그 후 점유를 상실하였다고 하더라도 이를 시효이익의 포기로 볼 수 있는 경우가 아닌 한, 이미 취득한 소유권이전등기청구권은 바로 소멸되는 것은 아니다.

취득시효가 완성된 점유자가 점유를 상실한 경우 취득시효 완성으로 인한 소유권이전등기청구권의 소멸시효는 이와 별개의 문제로서, 그 점유자가 점유를 상실한 때로부터 10년간 등기청구권을 행사하지 아니하면 소멸시효가 완성한다.]고 판결했다.

하여간 권리행사는 두말할 필요 없이 늦추지 말고 바로바로 해야 한다.

23 집합건물 공용부분도 시효취득 가능한가?

아파트도 마찬가지이지만 집합건물 즉 다세대주택은 각 세대마다 소유자가 있고 이를 구분소유한다고 말한다. 건물전체가 1인 소유이고 여러세대가 살고 있는 다가구주택과는 전혀 다른 개념이다. 집합건물에는 구분소유자들 어느 개인이 배타적으로 사용하는 전유부분이 있고, 입주자 모두가 공동으로 사용하는 계단, 복도, 지하실등 공용부분이 있다.

이 사건은 집합건물에 지하실이 있는데 그중 일부를 구분소유자 1명이 칸막이를 하는 등 개조하여 독립성을 갖춘 공간으로 만들어 장기간 단독으로 사용하고 있었다. 그런데 다른 구분소유자들이 본소(本訴)에서 그 부분에 대하여 명도를 청구하자, 단독으로 사용하던 구분소유자가 오히려 반소(反訴)로 그 부분에 대하여 소유의 의사로 평온 공연하게 점유하였다는 이유로 취득시효를 주장하면서 단독소유가 되었다고 주장한 사건이다.

이 사건은 해당 개조부분에 대하여 사실상의 개조에 그치지 않고 건축물대장상 전유부분으로 등록을 하고 보존등기까지 경료한 특징이 있었기 때문에 취득시효를 주장할 소지가 있었던 것으로 보이고, 그 분은 점유기간에 따라 20년의 점유취득시효와

10년의 등기부취득시효를 모두 주장할 수 있었던 것으로 보인다.

취득시효는 보통 토지에 관하여만 주장할 수 있는 것으로 알기 쉬운데 부동산이면 토지는 물론 건물에 대하여도 주장할 수 있다.

취득시효가 인정되려면 점유자의 점유가 자주점유이어야 하고, 민법 제197조는 [점유자는 소유의 의사로 점유한 것으로 추정한다]고 규정하고 있다. 즉 자주점유는 추정된다는 것이다.

집합건물 지하실 일부를 특정 구분소유자가 장기간 배타적으로 점유한 것은 사실이고 어느누구도 이에 대하여 항의를 한 적이 없으므로 평온공연하게 점유한 것으로 되었기 때문에, 취득시효를 주장하는 구분소유자의 점유에 대하여는 [나는 내소유로 알고 점유해 왔다]라고 주장하는 상황에서, 자주점유가 아니라는 사실을 반대편 구분소유자들이 이를 입증해야 했다.

어찌되었든 항소심에서는 단독으로 점유하는 구분소유자의 취득시효주장을 받아들였는데, 대법원에서는 이 판결을 파기하여 취득시효주장을 배척하였다.

대법원(2019.10.17. 선고 2016다32841, 32858 판결)은, '집합건물의 공용부분은 아예 취득시효에 의한 소유권취득의 대상이 될 수 없다'고 판단한 것이다.

위 대법원판결의 논거를 나누어서 본다.

[1동의 건물에 대하여 구분소유가 성립하기 위해서는 구분된 건물 부분이 구조상·이용상 독립성을 갖추어야 할 뿐 아니라 1동의 건물 중 물리적으로 구획된 건물 부분을 각각 구분소유권의 객체로 하려는 구분행위가 있어야 한다. 구분건물이 물리적으로 완성되기 전에도 건축허가신청이나 분양계약등을 통하여 장래 신축되는 건물을 구분건물로 하겠다는 구분의사가 객관적으로 표시되면 구분행위의 존재를 인정할 수 있다.]라는 부분이다.

쉽게 설명하자면 건축설계당시 설계자의 의도가 공용부분으로 설계를 하였고 그것대로 건축되었다면 원칙적으로 그 부분은 공용부분으로 보아야 한다는 것이다.

[한편 집합건물 중 여러 개의 전유부분으로 통하는 복도, 계단, 그 밖에 구조상 구분소유자의 전원 또는 일부의 공용에 제공되는 건물 부분은 공용부분으로서 구분소유권의 목적으로 할 수 없다. 따라서 구분건물에 관하여 구분소유가 성립될 당시 객관적인 용도가 공용부분인 건물부분을 나중에 임의로 개조하는 등으로 이용 상황을 변경하거나 집합건축물대장에 전유부분으로 등록하고 소유권보존등기를 하였더라도 그

로써 공용부분이 전유부분이 되어 어느 구분소유자의 전속적인 소유권의 객체가 되지
는 않는다.]고 판시한 부분이다.

다만 위 대법원판결은, [집합건물의 소유 및 관리에 관한 법률 제15조에 따라, 구
분소유자들의 집회결의와 그 공용부분의 변경으로 특별한 영향을 받게 되는 구분소유
자의 승낙을 얻으면, 전유부분으로의 변경이 가능하고 취득시효에 의한 소유권취득도
가능하다]는 취지이다. 판결문을 이해하기 쉽게 약간 정리를 하였다.

결론은 집합건물의 공용부분은 자주점유인지 여부를 따지기 이전에 아예 시효취
득의 대상이 되지 않는다는 것이 현재 대법원의 입장이라는 것이다.

24 미등기토지, 20년 점유하여 소유권등기하는 방법

아직도 접경지 부근에는 미등기토지가 상당히 많다. 그중 상당부분은 소유자가
6.25 사변 당시 월북하여 방치되고 있다.

그런데 그 토지가 임야가 아니고 농지의 경우에는 대부분의 경우 놀리기가 아까
워서 경작하는 경우도 있지만 때로는 객관적으로 보아 소유의 의사로 점유하는 경우
도 있다.

그런 분들이 [20년 이상 점유하였으니 소유권등기를 내어 완전히 내소유로 할 수
없느냐?]고 하면서 변호사를 찾는 경우가 현재까지도 상당히 많다.

이런 분들이 등기를 낼 수 있는 방법은 전혀 없는지? 있다면 현행법상 어떤 방법
이 있는지?에 대하여 본다.

우선, 현행부동산등기법 제65조 제2호에 의하면, 미등기토지의 경우 [확정판결
에 의하여 자기의 소유권을 증명하는 자]는 소유권보존등기를 신청할 수 있다.

물론 점유자가 6.25 사변 이전에 자신 소유이었다면, 그 증거, 예컨대, 등기부등
본, 토지대장, 등기권리증, 납세증명, 혹은 일제 강점기때 조선총독부가 작성한 문서
등, 소유관계를 입증할 수 있는 증거를 확보한 다음, 부동산등기법 제65조 제2호에 의
거하여 국가를 상대로 소유권확인판결을 받아 보존등기를 할 수 있다.

이 경우에 있어서는 소유권을 증명하는 증거가 있느냐 없느냐가 핵심과제일 것이다.

그런데 장기간 점유하면서 등기를 내지 못한 분들의 대부분은 이러한 증거를 갖고 있지 않아서 등기를 내지 못하고 있다.

다음으로, 취득시효완성자체만으로 등기를 할 수 없는가이다.

우리 민법 제245조 제1항은 [20년간 소유의 의사로 평온, 공연하게 부동산을 점유하는자는 등기함으로써 그 소유권을 취득한다]라고 규정하고 있다. 20년 이상을 점유하여야 하되, 소유의 의사로, 평온, 공연하게 점유하여야 한다.

그런데 6.25 사변 이후 이제까지 70년이 되도록 등기를 내지 못한 분들 대부분은 소유의 의사에 의하여 점유하고 있다는 사실을 입증하지 못하고 있다. 소유자가 행방불명이고 토지는 아깝게 놀고 있으니까 나라도 경작을 해야겠다고 하여 점유하고 있는 것이다. 이런 점유는 소유의 의사에 의한 점유, 즉 자주점유가 아니고, 무단점유에 해당한다. 무단점유나 타주점유는 아무리 오랜기간 점유하여도 취득시효로 소유권을 취득할 수가 없다.

그렇다면 20년간 소유의 의사로 평온 공연하게 점유한 사실에 대하여 확실하게 증거가 있는 경우, 즉 취득시효완성이 인정될 것이 분명한 경우에는, 어떤 방법이 있는가?

취득시효가 완성되면 소유권등기를 할 수 있는 청구권이 생길 뿐이지, 취득시효완성 그 자체로서 소유권을 취득하는 것이 아니다. 등기까지 마쳐야 소유권을 취득한다.

즉, 취득시효완성을 근거로 해서는 전소유자를 상대로 이전등기를 청구할 수 있을 뿐인데, 미등기토지이기 때문에 이전등기를 청구할 상대방이 없다.

한편 현행 부동산등기법은 미등기토지에 대하여 취득시효가 완성되었다는 사실만을 근거로 직접 [보존등기]를 하는 것을 허용하지 않는다.

그렇기 때문에 취득시효완성을 이유로 이전등기를 청구하려면 개인이든 국가이든 누군가가 소유권등기를 하고 난 이후의 상태에서 그 소유명의자를 상대로 청구하여야 한다.

결론은 미등기토지의 점유자가 소유권등기를 하여 완전한 소유권을 취득하기 위하여는 다음과 같은 과정을 거쳐야 한다.

첫째, 20년 이상 소유의 의사로 평온 공연하게 점유하여 하시라도 취득시효완성을 원인으로 한 소유권이전등기청구소송에서 승소할 것이 전제되어야 한다.

둘째, 개인이든 국가이든 누군가가 소유권보존등기나 멸실회복등기를 하기를 기다렸다가 그 등기명의자를 상대로 취득시효완성에 따라 이전등기청구를 하여야 한다. 여기에서 중요한 사항은 일단 취득시효완성으로 승소판결을 받아 등기까지 마친 경우에는 그 이전의 보존등기나 회복등기가 혹시 원인무효로 말소될 운명에 처하더라도, 취득시효완성자의 등기는 실체관계에 부합하기 때문에 완벽하게 소유권을 확보할 수 있다. 취득시효는 원인무효를 이긴다는 말이다.

셋째, 아무도 소유권등기를 하는 사람이 없다면, 방법이 전혀 없는가?

만약 과거 어느 누구의 소유이었다는 사실을 입증할 증거가 있고, 그 증거를 점유자가 확보할 수 있는 경우에는, 점유자가 그 소유자를 대위하여(대신한다는 말과 유사함), 그 소유자명의로, 부동산 등기법 제65조 제2호에 의하여 국가를 상대로 확인판결을 받아서, 그 소유자명의로 보존등기를 한 다음, 그 소유자로부터 다시 취득시효완성에 의한 이전등기를 함으로써 소유권을 확보할 수 있다.

방법을 몰라서 등기를 내지 못하고 있다면 지금이라도 활용하기 바란다.

25 귀속재산(일본인이 놓고 간 재산), 시효취득 가능한가?

우리는 36년간 일본의 지배를 받다가 1945.8.15. 해방되었다. 일본은 그 동안 조선왕국은 전혀 꿈도 꾸지 못한 철도나 교량건설등 대규모 사업을 하느라 많은 비용을 투자하였고, 아직도 경향각지에 일본 제국이 건설한 흔적들이 산재해 있다. 일본이 그와같이 많은 비용을 투자한 것은, 일본이 한일합방으로 우리나라를 영원히 일본국토의 일부로 고착화하려는 의도가 있었기 때문이었다.

일본 국가뿐아니라 일본 국민들도 우리나라에 토지 등 부동산을 많이 소유하고 있었다.

그러다가 일본이 2차세계대전에서 패망하여 우리나라에서 갑자기 철수하게 되었고, 그들이 갖고 있던 토지나 건물 등 부동산은 그대로 두고 떠났다.

이러한 재산들에 대하여 1945.12.6. 미군정법령 33호에 의하여 [1945.8.9. 현재 일본인 소유였던 재산을 1945.9.25.자로 미군정청의 소유로 했다가 1948.9.11.대한민국 정부로 이양]하였다. 이와 같은 경위로 대한민국정부에 이양된 일본인 재산이지만, 아직 등기부상 일본 국적의 개인이나 법인명의로 등기가 된 재산을 [귀속재산] (국가에 귀속된 재산)이라고 불렀다.

우리 정부는 이러한 귀속재산을 처리하기 위하여 1963.5.29. [귀속재산처리에 관한특별조치법]을 제정하여, 조선총독부소유이었던 재산은 대부분 국가소유로 하고, 일본인 개인소유이었던 재산은 1964.12.31.까지 일반인에게 매각하도록 하였다.

그런데, [1964.12. 말일까지 매매계약이 체결되지 아니한 귀속재산]에 대하여 귀속 재산처리에 관한 특별조치법 부칙 제5조는 [1965.1.1.부터는 국가소유로 된다]고 했다.

그러므로 1965.1.1.부터는 비록 등기부상에 일본인 명의로 등기가 되어 있더라도, 국가소유로 되어서, 귀속재산이라는 멍에는 벗게 되었다.

여기에서 문제가 되는 것은 일본인이 소유하던 부동산을, 우리나라 국민이 일본인이 떠나고 없으니까, 여러 가지 이유로 이를 점유하고 있었다.

그럴 경우 그 부동산을 점유하는 우리 일반국민은 점유취득시효로 그 부동산의 소유권을 취득할 수 있는가가 매우 많이 문제가 되었고, 현재도 이와 같이 일본인 소유이었던 토지를 점유하고 있는 분들이 취득시효문제로 문의를 해오고 있는 실정이다.

이 문제를 정리해 본다.

첫째, 대법원은 근본적으로 [귀속재산에 대하여는 이를 점유하더라도 타주점유로 간주하여서, 취득시효의 대상이 되지 않는다]는 입장이다.

귀속재산의 점유자는 단순한 보관자의 지위에 불과하여 그에게는 귀속재산의 처분권한이 없고 처분을 하더라도 무효라는 것이다.

앞에서 귀속재산은 1964.12.31.까지만 존재한다고 했다.

그렇기 때문에 1965.1.1.부터 비로소 취득시효의 대상이 된다는 말이다.

둘째, 1964.12.31. 이전부터 점유를 개시한 경우, 1965.1.1.부터는 취득시효의 대상이 된다고 했는데 그렇다면, 1965.1.1.부터는 자동적으로 자주점유가 되어서, 20년이 경과한 1985.1.1.에는 점유취득시효가 완성되는가?

이에 대하여 대법원(1996.11.29. 선고 95다54204 판결)은 [귀속재산은 1965.1.1.부터 국유재산이 되어 그 이후에는 소유의 의사로 이를 점유하는 것이 가능하나, 그렇다고 이에 대한 점유가 그때(1965.1.1.)부터 당연히 타주점유에서 자주점유로 전환되는 것은 아니고, 이 경우에도 소유의 의사의 유무(자주점유이냐?)는 점유를 개시할 당시의 점유취득 원인이 된 권원의 성질이나 점유와 관계가 있는 모든 사정에 의하여 외형적·객관적으로 결정하여야 한다]는 입장이다.

대법원은 귀속재산에 대하여 쉽게 자주점유를 인정할 수도 있다는 입장인 듯하지만, 당시에도 모든 부동산은 등기가 되어 있었고, 귀속재산은 일본인명의로 등기가 되어 있었기 때문에, 현실적으로는 자주점유를 인정받기가 쉽지 않다.

더욱이 대법원(1997.8.21. 선고 95다28625 판결)은 [시효취득을 주장하는 점유자가, 사인에게는 처분권한이 없는 귀속재산이라는 사실을 알면서, 이를 매수하여 점유한 경우에는, 점유개시 당시에 소유권 취득의 원인이 될 수 있는 법률행위 기타 법률요건이 없이, 그와 같은 법률요건이 없다는 사실을 잘 알면서, 타인 소유의 부동산을 무단점유한 경우와 마찬가지로, 자주점유의 추정이 번복된다고 보아야 할 것이다]라고 판결하기도 했다. 그리하여 1965.1.1. 이전에 정식으로 일본인 소유자로부터 직접 소유권을 이전받은 것이 아닌 한, 1965.1.1. 이전에 점유를 개시한 경우에는 자주점유로 인정받기가 어렵다고 보아야 한다.

셋째, 1965.1.1. 이후부터 점유를 개시한 경우에는 자주점유가 되어 20년이 경과하면 시효취득할 수 있는가?이다.

앞에서도 언급하였듯이 1965.1.1.부터는 비록 등기부상 명의가 일본인 혹은 일본국적 법인명의로 등기가 되어 있더라도, 우리나라 국유로 되었기 때문에 국유재산법에 따라 시효취득 가능여부가 결정된다.

국유재산법 제7조 제2항은 [행정재산은 민법 제245조에도 불구하고 시효취득의 대상이 되지 아니한다]라고 규정하고 있다. 국유재산에 대한 취득시효가 완성되기 위해서는, 그 국유재산이 취득시효기간 동안 계속하여 행정재산이 아닌 일반재산(잡종재산)이어야 한다.

여기에서 특히 문제되는 사항은, 행정재산이 기능을 상실하여 본래의 용도에 제공되지 않는 상태가 장기화된 경우, 국가나 지자체가 묵시적으로 공용폐지를 하였다고 보아서 일반재산이 되었다는 전제하에, 취득시효의 대상이 될수 있느냐?이다.

이에 대하여 대법원(2010.11.25. 선고 2010다58957 판결)은 확고한 입장이다. 즉 [행정재산이 기능을 상실하여 본래의 용도에 제공되지 않는 상태에 있다 하더라도, 관계 법령에 의하여 용도폐지가 되지 아니한 이상, 당연히 취득시효의 대상이 되는 일반재산이 되는 것은 아니고, 공용폐지의 의사표시는 묵시적인 방법으로도 가능하나, 행정재산이 본래의 용도에 제공되지 않는 상태에 있다는 사정만으로는, 묵시적인 공용폐지의 의사표시가 있다고 볼 수도 없다.]고 판결하여 시효취득을 인정하지 않는다는 입장이다.

즉 귀속재산이었던 부동산이라도 행정재산이 아닌 것만 취득시효로 소유권을 취득할 수있다.

26 토지조사부의 소유자를 상대로 취득시효 주장하는 방법

요즈음에도 미등기토지를 장기간 점유하는 분들이 '20년 이상 점유하면 소유자가 될 수 있다고 하는데, 소유권등기를 할 수 있도록 도와달라'고 하는 경우가 있다.

민법 제245조 제1항은 [20년간 소유의 의사로 평온, 공연하게 부동산을 점유하는 자는 등기함으로써 그 소유권을 취득한다]라고 규정하고 있다.

20년의 점유취득시효완성을 원인으로 한 소유권이전등기청구권을 인정받으려면 현재 우리나라의 실정으로는, 토지의 소유자가 취득시효가 완성된 점유자의 주장을 받아들여 [취득시효가 완성되었으니 갖고 가십시오]하는 경우는 없고, 토지소유자는 취득시효자체를 인정하지 않기 때문에, 법원의 확정판결을 받아야만 하는데, 확정판결을 받기가 그리 쉽지 않다.

20년 이상을 점유하여야 하되, 소유의 의사로, 평온, 공연하게 점유하여야 하는데, 그중에서도 [소유의 의사가 있는 점유이냐 아니냐]가 가장 핵심요건이다. 소유의 의사에 의한 점유라고 인정받기 위해서는, 예컨대, 그 부동산을 매수했거나 증여받았거나 아니면 교환을 하여 취득하는 등의 사유가 있어서, 자신에게 소유권이 있다고 믿을만한 사유가 있어야만 [소유의 의사에 의한 점유], 즉 [자주점유]가 인정된다는 사실은 누차 설명한 바 있다.

그리고 취득시효가 완성되면 소유권등기를 할 수 있는 청구권이 생겼을 뿐이지, 취득시효완성 그 자체로서 소유권을 취득하는 것이 아니다. 취득시효완성을 원인으로 한 소유권이전등기까지 마쳐야 소유권을 취득한다고 했다.

현행 부동산등기법은 미등기토지에 대하여 취득시효가 완성되었다는 사실만을 근거로 [보존등기]를 해주면 간단하고 좋겠지만, 이는 법이론상 허용되지 않는 것이 문제이다.

즉, 취득시효완성을 근거로 해서는 전소유자를 상대로 이전등기를 청구할 수 있을 뿐인데, 이 경우 미등기토지이어서 이전등기를 청구할 상대방이 없다.

그렇기 때문에 취득시효완성을 이유로 소유권을 취득하려면 개인이든 국가이든 누구이든 소유권등기를 하고 있는 상태에서 그 등기명의자를 상대로 청구하여야 한다.

그런데 현재 미등기인 상태에서 토지조사부에 소유자로 등재된 사람을 상대로 취득시효완성을 주장할 수 있는지가 과제이다. 결론부터 말하자면 방법이 있다. 토지조사부는 일제 강점기 때 조선총독부가 작성한 토지조사부를 말한다.

현행부동산등기법 제65조 제2호에 의하면, 미등기토지의 경우 [**확정판결에 의하여 자기의 소유권을 증명하는 자**]는 소유권보존등기를 신청할 수 있다. 즉 소유권을 인정하는 판결로 보존등기를 할 수 있다는 의미이다.

토지조사부상의 소유자 혹은 그가 사망한 경우에는 그의 상속인들은 토지조사부를 근거로 자신들이 정당한 소유자라는 내용의 확정판결을 받을 수 있다. 이 경우 통상 국가를 피고로 하여 소유권확인판결을 받지만, 확인판결이 아니더라도 이행판결, 형성판결 또는 화해조서등 확정판결과 동일한 효력이 있는 것으로도 가능하다는 것이 대법원의 입장이다.

토지조사부상의 소유자나 그의 상속인들이 보존등기를 한다면, 20년 이상 점유한 자가 그 등기명의자를 상대로 취득시효완성을 원인으로 한 소유권이전등기청구소송을 제기하면 간단하다.

그런데 그들이 점유자의 취득시효주장을 통한 소유권취득을 도와주기 위하여 보존등기를 서두를 리가 없고, 대개는 타인이 20년간 소유자로서 점유하고 있는 점에 비추어 보면, 소유자내지 상속인들이 행방불명이거나 그러한 토지가 있다는 사실조차 모른 채 세월이 흐르고 있을 가능성이 많을 것이다.

이 경우 현행법상 이용하는 방법을 소개해 본다.

20년 점유자는 토지조사부상의 소유자내지는 그 상속인들에게 취득시효완성을 원인으로 한 소유권이전등기청구권이 있다고 했다. 그 청구권이 있기 때문에, [그 소유자 내지는 상속인들이 부동산등기법 제65조 제2호에 근거하여 국가를 상대로 소유권확인판결을 받을 권리]를 점유자가 그 소유자 내지 상속인들을 [**대위하여**] 청구할 수가 있다.

설명의 편의상 원고를 [이점유], 토지조사부상의 소유자 내지는 상속인을 [김주인]이라고 가정해본다.

그렇기 때문에 원고 이점유는 1개의 소장에 국가와 김주인 둘을 피고로 하여 소를 제기하여,

[피고 국가는 OO토지가 김주인의 소유임을 확인하라],

[피고 김주인은 원고에게 OO토지에 관하여 △△년 △월 △일 취득시효완성을 원인으로 한 소유권이전등기절차를 이행하라]

는 2개의 청구를 하여 승소판결을 받을 수 있다.

그후 그 판결문을 근거로 김주인명의로 보존등기를 한 다음, 김주인으로부터 이전등기를 받으면 되고, 이 때는 피고들의 협조없이 원고가 판결문을 이용하여 일방적으로 등기할 수 있다.

이 방법이 현행법상 유일한 방법이라고 할 수 있다.

그밖에 여러 가지 문제가 있을 수 있다. 토지조사부상의 소유자가 사망하고 그 상속인들을 찾을 수 없는 경우, 토지조사부상의 소유자가 매매 이전에 사망한 사실이 밝혀진 경우, 이름의 한자(漢字)가 상이한 경우 등 여러 가지 부수적인 문제가 생길 수 있는데, 이에 대하여 대법원은 다양한 해결책을 제시하고 있다.

이때 담당판사가 그러한 대법원판결이 있다는 사실을 모두 알고 있을 수는 없다. 원고 측에서 그러한 판결이 있다는 사실을 판사에게 알려주지 않으면 패소할 수도 있다.

27 매매를 이유로 20년 점유했는데 매매가 무효라면 취득시효 안 되나?

여러분이 취득시효에 관한 관심이 예상을 훨씬 뛰어넘어 매우 많다는 걸 매번 느낀다. 이번 주제도 여러분이 관심을 보인 사항 중 하나이다.

법률전문가에게는 당연한 내용이지만 여러분에게는 그렇지 않은 것 같다.

민법 제245조 제1항에 의하면, 부동산은 20년간 소유의 의사로, 평온 공연하게 점유하면 취득시효가 완성되고, 취득시효가 완성되면 타인의 토지를 점유자에게 등기

를 넘기라고 청구할 수 있다는 사실은 잘 아시리라 본다.

법은 상식의 축소판이라고 했다. 법률이라든지 법원의 판결은 일반인들에게 상식적으로 이해가 가야 마땅하다. 그런데 그렇지 않은 경우가 의외로 많은게 현실이다.

법률은 어느 누구에게는 이익을 주는 반면, 다른 누구에게는 불이익을 주는 경우가 태반이다. 구체적인 법조항이 국민 모두에게 이익만을 주는 경우는 흔하지 않다.

그러므로 자신에게 불리한 법조항이 있을 경우 어떻게 해야 할까?

그 법률을 국회를 압박하여 개정하는 것이 가장 완벽한 해결책이겠지만 그렇지 못할 경우, [악법도 법이다]라고 체념하고 그 법으로 인하여 피해를 보지 않도록 철저하게 대처하는 게 가장 현명한 처사가 아닐까?

이번 시간에 다루는 주제도 역시 여러분 일부에게는 좋은 법이지만 한편 상당수에게는 악법으로 인식될 수도 있는 것이다.

본론으로 돌아와서, 점유취득시효에 있어서 가장 중요한 사항은 소유의 의사로 점유했느냐이다. 소유의 의사에 의한 점유를 자주점유(자기가 주인인 점유)라고 하고 이에 대응하는 개념으로 타주점유(타인이 주인인 점유)와 무단점유(주인이 없으니까 내라도 점유해야겠다고 하여 하는 점유) 이 2가지가 있는데, 타주점유와 무단점유는 100년을 점유해도 취득시효가 인정되지 않는다고 했다.

소유의 의사란 점유자가 자신이 소유자라고 믿는 경우이다.

예를 들어 점유자가 해당토지를 매수하였음을 이유로 점유하기 시작하였다면, 당연히 자신이 소유자라 알고 그 토지를 영원히 소유할 의사로 점유할 것이다. 그런데 후에 점유자가 매수하였다고 주장하는 그 매매가 효력이 없음이 밝혀졌다면 어떨까?. 그 매매 주장이 의도된 거짓말일 수도 있고, 아무권리도 없는 사람이 매도인으로 나타나 매매를 한 것이기 때문에 매매의 효력이 없을 수도 있고, 그 형태는 여러 가지가 있을 수 있다.

그럼 이때, 그 매매가 허위이거나 효력이 없는 것으로 밝혀지면, 점유자가 그동안 해온 점유가 소유의 의사로 점유한 것도 부정되어야 할까? 그리하여 점유자가 20년을 점유해도 취득시효를 인정하지 말아야 할까? 우리의 법 현실은 정반대이다. 이 경우에도 취득시효를 인정하고 있다.

그 이유는 이렇다.

첫째, 취득시효제도는 [권리 위에 잠자는 자는 보호받지 못한다]는 원칙에 근거한 것이고, 20년 점유하면 취득시효로 소유권을 취득할 수 있다는 민법 제245조가 바로 이런 원칙에 바탕을 두고 생긴 법조항이다.

진정으로 자기 소유인 줄로만 알고 장기간 점유해왔고, 이때 취득시효를 인정하지 않을 경우 그 토지에 걸쳐 축조된 건물을 철거해야 하는 등 커다란 손해를 키칠 수 있는 경우 등 그 점유자에게 소유권을 취득하도록 하는 것이 사회 전체적으로 공평하다고 판단되면, 그에게 소유권을 인정해 주자는 것이다.

그렇기 때문에 재판과정에서 취득시효는 이를 주장한다고 하여 무조건 인정되는 게 아니고, 법원은 엄격히 심리하여 매우 한정적으로만 인정하고 있는게 현실이다. 가장 중요한 판단기준은 점유자의 자주점유 주장이 진실한가?이다.

둘째, 점유자의 매매주장이 허위이거나 무효임이 밝혀져도 취득시효가 인정되는 이유는 민법 제197조 제1항이 [점유자는 소유의 의사로, 선의, 평온및 공연하게 점유한 것으로 추정한다]라고 규정하고 있기 때문이다. 점유자는 소유의 의사로, 즉 자주점유를 한 것으로 추정되기 때문에, 취득시효를 부정하는 상대방이 오히려 점유자가 자주점유한 것이 아니라는 사실, 다시 말하자면 점유자가 타주점유나 무단점유를 한 것이라는 사실을 입증해야 한다는 것이 대법원의 확고한 입장이다.

그렇기 때문에 점유자가 매매를 하여 점유하기 시작하였다고 주장하는 사건에서 그 매매주장이, 허위이거나 효력이 없게 되었다고 하여 점유자의 점유가 곧바로 자주점유가 아니라고 단정할 수 없다, 달리 말하자면 [자주점유의 추정이 번복되지 아니한다]는 것이다.

바로 이와 같은 [점유자의 점유를 자주점유로 인정할 것인가 말 것인가?]의 쟁점에 관하여 재판과정에서 논쟁이 수없이 많이 벌어지고 있고, 따라서 자주점유에 관하여 수많은 대법원판결이 나오고 있는 것이다. 법조항 중에서 관련된 대법원판결이 나오는 숫자로 순위를 정할 경우, 아마도 취득시효에 관한 법조항이 단연 1위에 해당하리라 본다.

매매뿐 아니라 증여, 교환 등으로 점유를 개시하였는데, 그 증여나 교환등의 주장이 허위로 밝혀진 경우에도 똑같은 문제가 생길 수 있다. 그 경우에도 자주점유의 추정이 번복되지 않는다는 것이다. 무효이거나 허위로 밝혀져도 점유자의 점유가 곧바로 타주점유나 무단점유로 전환되지 않는다는 것이다.

28 남의 토지를 누군가가 책임진다고 하여 믿고 매매계약한 후, 20년 점유하면 취득시효 완성되나?

임야나 대지 또는 전답 등 토지거래를 하면서, 가끔 등기부상 소유자가 아닌 사람이 그 토지에 대하여 [내가 **책임을 지겠으니** 믿고 **매수하라**]고 하는 경우가 있다. 책임을 지겠다고 하는 것은 당장은 아니더라도, 최종적으로는 매수인명의로 소유권등기를 해주겠다는 의미이다. 왜? 등기를 이전받아야 매수인으로서는 모든게 해결되기 때문이다.

그런데 이 경우 물론 꺼름직하긴 하지만, 매수하려는 사람 입장에서는 그 토지가 당장 필요하기도 하고, 제반 사정을 종합할 때, 그 사람이 전혀 아무런 권리도 없이 남의 토지를 불법으로 가로채서 매도하려는 것 같지는 않고, 그렇다고 그 사람 외에, 권리자라고 하면서 나서는 사람도 없는 경우에는, 매매계약을 체결하고 매매대금을 지불하는 경우가 있다.

어찌되었든 매매계약을 체결하고 매수인은 그 이후 그 토지를 점유하고 있는데, 책임을 지겠다고 한 매도인이 매수인 앞으로 등기도 못해주고, 그러는 동안 세월이 흘러 20년이 되었다면 점유취득시효를 주장하여 완전하게 내소유로 할 수 있는가? 단적으로 말하자면 매수하여 점유하는 사람이 현재의 등기부상 소유자를 상대로, 점유취득시효완성을 원인으로 한 소유권이전등기청구소송을 제기하여 승소판결을 받을 수 있는가?이다.

민법 제245조는 "20년간 소유의 의사 로 평온, 공연하게 부동산을 점유하는 자는 등기함으로써 그 소유권을 취득한다."라고 규정하고 있고, 취득시효로 등기를 하여 완전한 소유권을 취득하려면 현실적으로 민법 제245조에 의거하여 승소판결을 받아야 한다.

그런데 등기부상 소유자가 아닌 사람과 계약을 하고 점유한 경우 자주점유가 되는가?가 관건이다. 왜냐하면 매수한 사람은 매매당시 매도인이 등기부상 소유자가 아닌 사람, 즉 무권리자일지도 모르는 사람과 계약을 하였고 계약당시 무권리자일지도 모른다는 정도는 알고 있었기 때문이다.

이와 달리 매도인이 등기부상 소유자로부터 위임을 받았는데 그 위임장에 문제가 있어서 무권리자가 된 것과는 다르다. 이때는 당연히 자주점유가 된다. 그런데 이 건의 경우에는 아예 그러한 위임장도 없는 경우이다.

민법 제197조 제1항은 [점유자는 소유의 의사로 선의, 평온 및 공연하게 점유한 것으로 추정한다.]라고 규정하고 있다.

즉 점유자의 점유는 자주점유로 추정되어 시효취득을 할 수 있다는 것이다. 그러나 임차인이나 전세권자의 점유는 그 자체로 소위 타주점유로서 소유의 의사에 의한 점유가 아니고, 임자없는 땅이어서 나라도 점유하겠다고 하여 점유하는 것은 무단점유로서 그 자체로 자주점유가 아니다.

그리고 대법원(2022.5.12. 선고 2019다249428 판결)은 소유의 의사에 의한 점유, 즉 자주점유이냐?에 대한 입증책임이 누구에게 있느냐에 관하여 [민법 제197조 제1항에 의하면, 물건의 점유자는 소유의 의사로 점유한 것으로 추정되므로, 점유자가 취득시효를 주장하는 경우 스스로 소유의 의사를 입증할 책임은 없고, 그 점유자의 점유가 소유의 의사가 없는 점유임을 주장하여 취득시효의 성립을 부정하는 자에게 그 점유자의 점유가 자주점유가 아니라는 사실을 입증할 책임이 있다]는 입장이다.

그런데 이 건에서와 같이, 매도인이 등기부상 소유자가 아니어서 곧바로 소유권을 취득할 수 없다는 사정을 알고 계약을 했고, 토지매수인이 매매계약에 의하여 목적토지를 점유하게 된 경우, 그 점유가 자주점유로 인정되느냐?가 문제된 사안에 관하여 대법원이 판결한 것이 있다. 원문대로 인용하고 쉽게 설명해 본다.

즉 [토지의 매수인이 매매계약에 의하여 목적토지의 점유를 취득한 경우, 설사 그것이 타인의 토지의 매매에 해당하여, 그에 의하여 곧바로 소유권을 취득할 수 없다고 하더라도, 그것만으로 매수인이 점유권원의 성질상, 소유의 의사가 없는 것으로 보이는 권원에 바탕을 두고, 점유를 취득한 사실이 증명되었다고 단정할 수 없을 뿐만 아니라, 매도인에게 처분권한이 없다는 것을 잘 알면서 이를 매수하였다는 등의 다른 특별한 사정이 입증되지 않는 한, 그 사실만으로 바로 그 매수인의 점유가 소유의 의사가 있는 점유라는 추정이 깨어지는 것이라고 할 수 없고, 민법 제197조 제1항이 규정하고 있는 점유자에게 추정되는 소유의 의사는, 사실상 소유할 의사가 있는 것으로 충분한 것이지, 반드시 등기를 수반하여야 하는 것은 아니므로, 등기를 수반하지 아니한 점유임이 밝혀졌다고 하여, 이 사실만 가지고 바로 점유권원의 성질상 소유의 의사가 결여된 타주점유라고 할 수 없다.]라고 하였다(대법원 2000.3.16. 선고 97다37661 전원합의체

판결: 2000.9.29. 선고 99다50705 판결).

쉽게 말하자면, 매수인이 매도인에게 처분권한이 없다는 것을 잘 알면서 이를 매수하였다는 등의 다른 특별한 사정이 입증되지 않는 한 매수인은 취득시효로 소유권을 취득할 수 있다는 것인데, 그러나 이게 문제가 되었을 때, 매수인측에서는, 매도인에게 처분권한이 없다는 사실을 몰랐다(즉 매도인에게 처분권한이 있다고 알았다)고 주장할 경우, 상대방측에서 [아니다, 매수인은 이를 알고 있었다]라고 단정할 증거를 제시하기가 쉽지 않다는 것이다.

다만 매도인이 타인의 토지를 몰래 팔아넘기는 범죄행위를 한다는 사실을 알면서, 거기에 협조하는 차원에서 계약을 한 것이라고 인정되어서, 매수인도 매도인의 범죄에 공모하였다고 유죄판결을 받았다면, 매수인이 알고 있었다는 사실이 입증되었다고 보아야 할 것이다. 그렇지 않는 한, 점유자의 점유는 자주점유임을 부정할 수 없고, 따라서 점유자에게 취득시효가 인정된다는 것이다.

취득시효가 문제되었을 때 대법원은 근복적으로 점유상태를 중시하여 점유자에게 유리한 판단을 하는 입장이다.

29 세금까지 내고 있는데 취득시효로 빼앗아 간다고?

20년간 소유의 의사로 평온 공연하게 부동산을 점유하는 자는 등기함으로서 소유권을 취득한다는 것이 민법 제245조 제1항의 내용이고, 여기에서 가장 중요한 사항이 소유의 의사에 의한 점유, 일명 자주점유라야 취득시효가 인정된다는 것이다. 타주점유나 무단점유는 100년을 점유해도 취득시효가 인정되지 않는다는 내용은 누차 강조드렸다.

이에 대하여 많은 분들이 의문을 제기하는 것 중 하나가 [취득시효가 인정되려면 점유자가 소유자처럼 점유해야 한다는데, 해당 부동산에 대한 세금을 소유자가 납부하고 있었다면, 점유자는 세금도 내지 않으면서 어떻게 소유자로서 점유하는 것이 되고, 자주점유가 되어서 취득시효로 남의 땅을 빼앗아 가느냐?]는 것이다.

매우 합리적인 의문이라고 본다.

우선 이해를 돕기 위하여 취득시효에 있어서 자주점유에 관한 기본 지식 3개를 다시 한번 소개한다.

1) 민법 제197조 제1항에 의하면, 물건의 점유자는 소유의 의사로 점유한 것으로 추정된다. 그리하여 점유자가 취득시효를 주장하는 경우 스스로 소유의 의사가 있다는 것을 증명할 책임은 없고, 그 점유자의 점유가 소유의 의사가 없는 점유임을 주장하여 취득시효의 성립을 부정하는 자에게, 소유의 의사가 없었다는 사실에 대한 증명책임이 있다는 것이다.

2) 점유자의 점유가 소유의 의사 있는 자주점유인지 아니면 소유의 의사 없는 타주점유인지는 점유자의 내심의 의사에 의하여 결정되는 것이 아니라 점유 취득의 원인이 된 권원의 성질이나 점유와 관계가 있는 모든 사정에 의하여 외형적·객관적으로 결정되어야 한다는 것이다. 즉 점유자가 [나는 소유의 의사로 점유해왔다]고 주장한다고 하여 그것만으로 자주점유라고 단정하지 않는다는 것이다.

3) 점유자가 진정한 소유자라면 통상 취하지 아니할 태도를 나타내거나, 반대로 소유자라면 당연히 취하였을 것으로 보이는 행동을 취하지 아니한 경우이다. 즉 외형적·객관적으로 보아 점유자가 타인의 소유권을 배척하고 점유할 의사를 갖고 있지 아니하였던 것이라고 볼 만한 사정이 증명된 경우에는 자주점유의 추정이 깨져 취득시효가 인정되지 않는다는 것이다(대법원 2002.2.26. 선고 99다72743 판결).

본론으로 돌아와서, 그렇다면 점유자가 재산세등 세금을 납부하지 않은 것이 3번째 항에서 말하는 [진정한 소유자라면 당연히 취하였을 조치를 점유자가 취하지 아니한 경우]에 해당하느냐? 여기에 해당한다면 세금을 내지 않은 점유자는 시효취득을 할 수 없다고 보아야 한다.

경우를 둘로 나누어서 살펴본다.

우선, 점유자가 토지 1필지의 일부를 자신의 소유로 알고 점유한 경우이다. 대표적으로 토지를 매수하여 20년 이상 점유했는데, 매수당시 매수한 토지가 이웃 토지를 침범한 사실을 모르고 있었다면, 취득시효의 대상에 해당하는 그 침범부분에 대하여 당연히 등기상 소유자가 세금을 납부하는 게 정상이다.

이 경우 점유자가 재산세 등 세금을 납부하지 않은 것이 [진정한 소유자라면 당연히 취하였을 조치를 취하지 아니한 경우]에 해당하는가?

이 경우에는 해당하지 않는다고 보아야 하고, 점유자가 세금을 납부할 여지가 없어 점유자의 취득시효는 인정되어야 할 것이다.

다음으로 점유자가 토지 1필지 전부를 점유하면서 세금을 납부하지 않은 경우라면 어떻게 될까?

예를 들어 토지 1필지 전체에 대하여 매매계약을 하고 매매대금을 완불했는데, 매매의 효력이 없어서 이전등기를 하지 못하고 미등기인 채로 점유하고 있는 상황에서, 재산세는 여전히 등기상 소유자가 납부해 오고 있다고 가정해 본다.

매매의 효력이 없다고 함은, 점유자의 매매주장이 허위일 수도 있고, 아니면 매매는 하였는데 권한없는 자가 계약을 하였다는등 매매에 하자가 있는 경우일 수도 있다.

법이론을 제쳐두고 현실을 보자.

재산세고지서는 등기부상 소유자에게 송달되고 점유자는 누가 알려주지 않는 한 그 사실조차도 알 수가 없다.

그리고 취득시효가 인정되느냐 아니냐의 문제가 발생한 상황에서, 소유자라고 하면 재산세를 점유자가 내기를 원할까? 소유권에 관하여 다툼이 있는 상황이라면 자신이 소유자로 인정받기 위해서라도 서로 재산세를 납부하려고 하는게 보통이다.

그렇기 때문에 이 경우도 점유자가 재산세등 세금을 납부하지 않는 것이 [진정한 소유자라면 당연히 취하였을 조치를 취하지 아니한 경우]에 해당하지 않는다고 보아서 점유자의 취득시효를 인정해야 마땅하다고 본다.

대법원도 소유자가 재산세를 납부하였는데도, 점유자의 점유를 자주점유로 보아서 취득시효를 인정한 실례가 있다(2015.4.29. 선고 2013다89358 판결).

재산세를 누가 납부하였는지가 전혀 영향이 없다는 것이 아니고, 그것도 참작하고 모든 사정을 종합하여 자주점유인지를 판단하라는 취지이지만, 재산세를 누가 납부하였는지가 그렇게 커다란 요인으로 작용하지는 않는다는 것이다.

반대로 원래는 타주점유이어서 취득시효가 인정될 수 없는 상황인데, 점유자가 [나는 소유자라고 인식하고 점유했다]라는 점을 부각시키기 위하여, 즉 자주점유임을 강조하기 위하여, 소유자 대신 재산세를 장기간 납부해왔다고 주장하면서 취득시효를 주장한 사건이 있었다. 흔하지 않은 경우이다.

점유자가 세금을 대납해온 것으로 자주점유가 되느냐?에 관하여

대법원(94다50595, 50601 판결)은 [타주점유가 자주점유로 전환하기 위하여는 새로운 권원(매매, 증여)에 의하여 다시 소유의 의사로 점유하거나, 또는 자기에게 점유시킨

자에게 소유의 의사가 있음을 표시하여야 할 것인데, (중략) 점유부분에 대한 재산세나 종합토지세를 납부하였다는 것만으로는, 새로운 권원에 의하여 다시 이를 점유하게 되었다거나, 자신의 점유에 소유의 의사가 있음을 표시하였다고 볼 수 없다]고 판결하여 자주점유를 인정하지 않은 실례가 있다.

결론적으로 재산세납부여부는 취득시효인정에 큰 영향을 미치는 게 아니다.

30 측량을 하여 타인소유임을 알고 점유했는데도 취득시효로 빼앗는다고?

민법 제245조 제1항은 점유취득시효에 관하여, 20년간 소유의 의사로 평온, 공연하게 부동산을 점유하는 자는 등기함으로써 그 소유권을 취득한다고 규정하고 있다.

많은 분들이 의문을 가지는 사항 중 하나이다.

점유취득시효기간 20년이 끝나기 이전 중간에 경계측량을 했더니 점유자가 타인소유의 토지를 침범하여 점유한 사실이 드러났다. 그럼에도 소유자가 침범부분을 내놓으라는 법적 청구를 하지 않아서 20년이 된 시기에, 점유자가 그 침범부분에 대하여 취득시효완성을 원인으로 소유권을 이전하라고 할 수 있느냐이다. 자주점유(자기가 주인인 점유)라야 취득시효가 인정된다고 했다. 이때 자주점유가 인정되어 점유자의 취득시효주장이 받아 들여질까?

첫째, 이 문제를 설명하기 이전에 우선 자주점유가 무엇이냐? 그 의미부터 알아야 한다.

대법원(1992.6.23. 선고 92다12698, 92다12704 판결)은 '자주점유란 소유의 의사', 즉 '소유자와 동일한 지배를 사실상 행사하려는 의사'를 가지고 하는 점유를 의미하는 것이지, 그러한 지배를 할 수 있는 [법률상의 권원을 가지거나 소유권이 있다고 믿고서 하는 점유만을 의미하는 것이 아니다.]라고 정의했고 그 입장은 현재도 변함이 없다.

표현이 다소 애매하지만, [법률상의 적법한 권리를 가지거나 법적으로 소유권이 있다고 믿고서 하는 점유]라면 당연히 자주점유가 되겠지만 그 정도가 아니더라도 [소유자와 동일한 지배를 사실상 행사하려는 의사]만 갖고 있어도 자주점유가 된다는 취지이다.

이 사건에서 측량을 하여 타인의 토지까지 점유한다는 사실을 알았다면, 그 이후에는 법률상의 권원을 가지거나 소유권이 있다고 믿었다고 할 수가 없다. 그렇지만, [소유자와 동일한 지배를 사실상 행사하려는 의사]는 갖고 있다.

그렇기 때문에, 대법원의 논리에 따라, 경계침범사실을 알았더라도 여전히 자주점유로 인정된다는 것이다.

둘째, 소유의 의사는 점유[개시]당시에 있으면 족하고, 중간에 소유자로부터 명도요구나 사용료청구등 이의제기를 받았거나, 측량을 하여 점유부분이 타인 소유임이 밝혀지더라도 자주점유가 타주점유로 전환되지 않는다. 즉 취득시효가 인정된다는 것이 대법원의 입장이다.

대법원(2001.5.29. 선고 2001다5913 판결)은 [점유의 시초에 자신의 토지에 인접한 타인 소유의 토지를 자신 소유의 토지의 일부로 알고서 이를 점유하게 된 자는 나중에 그 토지가 자신 소유의 토지가 아니라는 점을 알게 되었다고 하더라도 그러한 사정만으로 그 점유가 타주점유로 전환되는 것은 아니다]고 판결했다. 즉 취득시효가 인정된다는 것이다.

그렇기 때문에 소유자로서 그 사실을 알면 1차로 점유자와 합의를 시도해 보고, 안되면 즉시 소송을 제기하여 침범부분을 되찾는 소송을 제기하여 판결을 받아야 한다.

셋째, 그렇다면 점유자가 처음 점유를 개시할 당시에 인접토지를 침범하여 점유한다는 사실을 알았다면 어떻게 되는가?

대법원(1997.8.21. 선고 95다28625 전원합의체 판결)은 [점유자가 점유개시 당시에 소유권 취득의 원인이 될 수 있는 법률행위 기타 법률요건 없이 그와 같은 법률요건이 없다는 사실을 잘 알면서 타인 소유의 부동산을 무단점유한 것임이 입증된 경우, 특별한 사정이 없는 한 점유자는 타인의 소유권을 배척하고 점유할 의사를 갖고 있지 않다고 보아야 할 것이므로 이로써 소유의 의사가 있는 점유라는 추정은 깨어졌다고 할 것이다]라고 판결했다.

정리하자면 점유를 처음 개시하기 이전에 경계침범사실을 알고 있었다면 침범부분에 대하여 취득시효가 인정되지 않을 가능성이 많지만, 점유개시당시에는 경계침범사실을 몰라서 자주점유를 하였다면, 중간에 경계침범사실이 드러났어도 자주점유가 타주점유로 전환되지 않고 취득시효가 인정된다는 것이다.

이때 특히 명심할 사항이 있다. 경계침범의 분쟁이 생겨 소송에 이르게 되면, 대부분의 토지점유자는 침범사실을 알지 못했다고 거짓말을 한다. 왜? 그런소리 해봐야 손해만 될 것 같으니까. 현실적으로 이것 때문에 착한 사람들이 수없이 거짓말쟁이가 되고 있다.

그러나 그럴 필요가 없다. 설령 알았더라도 점유개시당시부터 알았다면 취득시효가 인정되지 않지만, 점유중간에 알았다면 취득시효가 인정되는 데 영향이 없기 때문이다.

그런데 이때 점유자가 지레 겁을 먹고 소유자와 합의를 하여 사용료를 지불하기로 약정을 하면, 그때부터 그 점유자는 임차인과 같은 지위로 바뀌어 타주점유가 되고 취득시효는 인정되지 못한다는 사실, 명심하기 바란다.

그러므로 결론은 타인이 내소유토지를 점유하고 있다는 사실을 알면 즉시 조치를 취하라는 것이다. 여기에서 주의할 사항은 단순히 내용증명우편으로 침범사실을 알리고 명도하라고 요구하는 것만으로는 점유자의 자주점유가 타주점유로 변하지 않는다. 내용증명은 소송을 하기 이전에 권리를 행사하겠다는 사실을 사전에 알리면서 합의를 유도하는 정도의 효력외에는 없다.

내용증명 송달 후 6개월 내에 소송을 제기하여야 취득시효 20년의 진행이 계속 멈추고, 판결을 받아 승소하여야 점유자의 취득시효의 주장을 원천적으로 봉쇄할 수가 있다.

31 | 빈집이라도 건물소유하면 부지를 점유한 것이 되어 그 부지에 대하여 취득시효 인정되나?

부동산을 20년간 소유의 의사로 평온 공연하게 점유한 자는 등기함으로서 소유권을 취득한다.

건물은 필수적으로 그 건물부지를 점유해야 건물이 존재할 수 있다. 그런데 건물에 사람이 전혀 거주한 적이 없는데도 불구하고 그 기간동안 그 부지를 점유한 것이 되는가? 그리하여 토지의 시효취득이 인정되는가? 이에 대하여는 현실적인 법적용이 좀 의아할 수 있다. 대법원판례를 중심으로 알아본다.

대법원(1996.6.14. 선고 95다47282 판결)은 [사회통념상 건물은 그 부지를 떠나서는 존재할 수 없는 것이므로 건물의 부지가 된 토지는 그 건물의 소유자가 점유하는 것으로 볼 것이고, 이 경우 건물의 소유자가 현실적으로 건물이나 그 부지를 점거하고 있지 아니하고 있더라도, 그 건물의 소유를 위하여 그 부지를 점유한다고 보아야 한다.]라고 판결했고 현재도 같은 입장(2023.8.18. 선고 2021다249810 판결)이다. 건물소유자가 건물의 실제 점유여부를 떠나서 건물부지를 점유한다고 본다는 것이다.

선뜻 이해하기 어려울 수 있다. 토지 소유자 입장에서 본다. 건물주는 건물을 소유하는 대가로 토지사용료를 내고 있는데, 건물에 아무도 거주하지 않는다는 이유로 [토지사용료를 낼 수 없다]고 할 수 있을까? 아니다. 건물에 아무도 거주하지 않아도 남의 토지에 건물을 소유하면 그 자체로 토지를 점유하는 것이 되고 토지소유자에게 당연히 토지사용료를 내야 한다.

다만 그 건물이 미등기거나 소유권의 변동등으로 인하여 소유자가 아닌 사람이 점유하는 경우에 있어서, 그 건물부지의 점유자를 누구로 보아야 할 것이냐?가 문제될 뿐이다. 점유자로 판명되면 토지사용료를 부담하여야 하고, 반면 시효취득이 문제될 경우 시효취득을 위한 점유자가 될 수 있다.

이 문제는 실제재판에서 의외로 많이 다루어지고 있다.

1) 미등기건물의 경우이다.

미등기건물은 이를 원시취득한 사람, 즉 건물을 처음 신축한 사람의 소유이다. 건물이 미등기이더라도 당연히 건물부지를 점유한다고 보아야 할 것이다. 다만 미등기건물이 양도된 경우, 그 양수인은 이전등기를 경료하지 않았기 때문에 이전등기청구권만 있을 뿐 아직 건물의 소유자가 아니다.

대법원(2003.11.13. 선고 2002다57935 판결)은 미등기건물의 양수인에 대하여 [미등기건물을 양수하여 건물에 관한 사실상의 처분권을 보유하게 됨으로써 그 양수인이 건물부지 역시 아울러 점유하고 있다고 볼 수 있는 등의 다른 특별한 사정이 없는 한, 건물의 소유명의자가 아닌 자로서는 실제로 그 건물을 점유하고 있다고 하더라도 그 건물의 부지를 점유하는 자로는 볼 수 없다]라고 했다.

즉 미등기건물을 매수한 후 매매대금을 완불하고 이전등기만 경료하지 않았을 뿐이라면, 그 양수인은 다른 예외사유가 없는한 그 건물에 대하여 전매도 할 수 있는 등 사실상 처분권이 있다고 보아야 하고, 이러한 양수인은 건물부지도 점유한다고 보아야 한다는 것이다.

반면 비록 매매계약을 체결하였지만 아직 계약금만 지불한 상태라면 계약이 해제될 수도 있기 때문에 그 건물에 대한 사실상의 처분권이 아직 없다고 보아야 하고, 그러한 양수인은 그 건물부지를 점유한다고 볼수 없을 것이다.

한편 대법원은 미등기건물이 양도되어 양수인이 사실상의 처분권을 보유하게 된 경우, 토지사용료를 누가 부담하여야 하느냐에 대하여

[건물 소유자는 미등기건물의 원시취득자이고 그 건물에 관하여 사실상의 처분권을 보유하게 된 양수인이 따로 존재하는 경우에도 미등기건물의 원시취득자는 토지 소유자에 대하여 부당이득반환의무를 진다.

한편 미등기건물을 양수하여 건물에 관한 사실상의 처분권을 보유하게 됨으로써 그 양수인이 건물 부지 역시 아울러 점유하고 있다고 볼 수 있는 경우에는 미등기건물에 관한 사실상의 처분권자도 건물 부지의 점유·사용에 따른 부당이득반환의무를 부담한다.

이러한 경우 미등기건물의 원시취득자와 사실상의 처분권자가 토지 소유자에 대하여 부담하는 부당이득반환의무는 동일한 경제적 목적을 가진 채무로서 부진정연대채무 관계에 있다고 볼 것이다.]라고 판결했다(2022.9.29. 선고 2018다243133, 243140 판결)

즉 미등기건물의 원시취득자와 사실상의 처분권을 보유한 양수인 모두 건물부지 사용료를 지불할 의무가 있고, 그 둘 중 한 사람이라도 이를 변제하면 사용료지불의무는 없어진다는 것이다. 이를 [부진정연대채무]라고 한다.

2) 대법원은 타인의 토지에 무단으로 건물을 건축한 경우에도 그 건물소유자는 그 부지의 점유자가 된다고 했다. 즉 [타인 소유의 토지 위에 권원 없이 건물을 소유하는 자는 그 자체로써 건물 부지가 된 토지를 점유하고 있는 것이므로 특별한 사정이 없는 한 법률상 원인 없이 타인의 재산으로 인하여 토지의 차임에 상당하는 이익을 얻고 이로 인하여 타인에게 동액 상당의 손해를 주고 있다고 할 것이다.]라고 했다(2023.8.18. 선고 2021다249810 판결).

3) 건물이 경매로 소유권이전등기가 되었는데도 종전의 소유자가 그대로 거주하고 있는 사안에 대하여 대법원은 그 건물부지의 점유자는 건물에 대하여 이전등기를 받은 새로운 소유자이고 건물소유권을 상실한 종전 소유자는 그 건물부지의 점유자가 될 수 없다고 판결했다(1993.10.26. 선고 93다2483 판결).

4) 건물이 단독소유가 아니고 여러 명의 공유인 경우이다.

대법원(2003.11.13. 선고 2002다57935 판결)은, [건물 공유자 중 일부만이 당해 건물을 점유하고 있는 경우라도, 그 건물의 부지는 건물 소유를 위하여 공유명의자 전원이 공동으로 이를 점유하고 있는 것으로 볼 것이며,

건물 공유자들이 건물부지의 공동점유로 인하여 건물부지에 대한 소유권을 시효취득하는 경우라면 그 취득시효 완성을 원인으로 한 소유권이전등기청구권은 당해 건물의 공유지분비율과 같은 비율로 건물 공유자들에게 귀속된다]고 했다.

다시 말해서, 건물의 공유자 중 1인이 건물전체를 점유했더라도, 건물의 공유자 전원이 그 건물부지를 점유한 것으로 되고, 토지에 대한 시효취득을 했을 때, 건물공유자들의 지분비율대로 토지소유권을 취득한다는 것이다.

5) 건물을 타인명의로 명의신탁을 하였을 경우에는 실소유자인 신탁자가 아니고, 명의상으로만 소유자인 수탁자가 건물을 소유한 것이 되고 따라서 수탁자가 건물부지를 점유한 것이 된다는 입장이다(1986.7.8. 선고 84누763 판결).

명의신탁의 경우에는 신탁자와 수탁자 단 둘만의 사이에서만 신탁자가 소유자일 뿐, 외부적으로는 수탁자만이 소유자이기 때문이다.

6) 건물에 대하여 매매가 이루어져 소유권이전등기가 되었다. 그럼에도 불구하고 전소유자가 매매를 인정하지 않고 그 건물을 점거하고 있는 경우에 그 건물의 부지는 누가 점유하는 것일까? 대법원은 이 경우에도 전 소유자가 점유하는게 아니고, 이전등기를 받아 유효하게 건물소유권을 취득한 사람이, 비록 그 건물을 실제로 점유하지 않더라도 그 건물의 소유를 위하여 그 건물부지를 점유한다고 보고 있다(2003.11.13. 선고 2002다57935 판결).

이상과 같이 건물을 소유함으로써 그 부지의 점유자로 인정되면 사용료를 지불할 의무가 있고, 취득시효가 문제될 경우 점유자로 인정되어 시효취득할 수도 있다.

32 특별조치법 때 등기 안하면 취득시효 안되나?

우리나라는 1950년 6.25 사변을 겪었다. 그 상처가 임야, 토지 등 부동산에도 큰 상처를 남겼다. 6.25 사변 때 공산군이 점령한 지역에서는, 사유재산제도를 없애자는 게 공산주의라서, 의도적으로 토지의 소유권을 증명하는 등기부등본, 토지대장, 임야대장, 토지조사부, 임야조사부 등을 불태웠다.

1953년 전쟁이 끝나고 수복되고 나서 많은 사람들이 토지의 소유권을 입증하지 못하여 소유권복구등기를 할 수가 없었다. 그리하여 수복후 정부에서는 여러차례 특별조치법을 한시적으로 시행하여 정당한 소유자가 소유권을 회복할 수 있는 기회를 제공해왔다.

그 방법은 정부에서 그 지역사정을 잘 아는 나이많은 분들을 보증인으로 선임하고, 그 보증인들이 [△△(어느)토지는 (아무개)○○○의 소유임을 보증한다]는 보증서를 작성하고, 이를 근거로 관할 면장이 [○○○소유임을 확인한다]는 확인서를 발급하면, 그 확인서를 첨부하여 등기소에 등기신청을 하여 소유권등기가 되었다.

그런데 모든 특별조치법은 유효기간을 정하여 한시적으로 시행되었고, 그 유효기간이 지나도 여전히 소유권을 회복하지 못한 사람들이 남아 있어 또다시 특별조치법이 생기기를 반복해왔고, 지난 2020년에도 부동산소유권이전등기등에 관한 특별조치법이 제정되어 2022년 8월까지 한시적으로 2년간 시행되었다. 아마도 몇 년 후에는 또다시 특별조치법이 제정될 게 분명하다.

6.25 사변 직후에는 6.25 사변 이전의 소유자가 소유권을 회복하기 위하여 특별조치법이 이용되었지만 그 이후 시간이 흐를수록 [6.25 사변 이전의 소유자로부터 취득한 다른 사람]이 특별조치법을 이용하는 등 그 적용범위가 확대되었다.

이와 관련하여 취득시효에 관하여 본다.

취득시효의 경우에는 [**현점유자가 ○년○월○일 ○○○ 로부터 매수하여**(증여받아) **현재까지 20년 이상 점유하고 있다**]고 주장하고 이에 부합하는 증거를 제출하여 승소판결을 받아 소유권등기를 한다.

그렇다면 특별조치법으로 등기를 할 경우의 보증인이나 취득시효를 주장할 경우 이를 증명해 줄 증인은, 모두 그 지역 사정을 잘 아는 주민일 수밖에 없고, 그들이 증명해주는 내용은 취득시효에 있어서의 [20년 이상 점유하고 있다]는 부분만 다르고 나머지는 거의 동일하다.

그렇기 때문에 20년 점유취득시효를 주장하여 소유권등기를 할 수 있었던 사람들은 대부분 점유기간동안 특별조치법으로 등기를 신청하였더라도 소유권등기를 할 수 있었을 확률이 매우 높다.

그리하여 [특별조치법으로 등기를 할 수 있었는데도 불구하고 하지 않았다면 자주점유라고 인정할 수 없어 취득시효를 인정하지 말아야 하지 않느냐?]는 의문이 제기되는 것이다.

민법 제245조 제1항은 "20년간 소유의 의사로 평온, 공연하게 부동산을 점유하는 자는 등기함으로써 그 소유권을 취득한다"라고 규정하고 있다.

취득시효에 있어서 가장 중요한 핵심요소가 점유자의 점유가 자주점유이냐 아니냐이다. 타주점유나 무단점유로는 시효취득할 수 없다고 했다.

여기에서 문제된 특별조치법과 취득시효에 관한 대법원판결이 있다,

그 사건의 사실관계는 점유자가 취득시효를 주장하는 사건인데, 오히려 소유자인 상대방이 특별조치법으로 등기를 하였고, 이에 대하여 점유자가 아무런 이의를 하지 않아 점유자의 취득시효주장이 배척된 사건이다.

즉 대법원(2000.3.24. 선고 99다56765 판결)은 [점유자가 타인의 소유권을 배제하여 자기의 소유물처럼 배타적 지배를 행사하는 의사를 가지고 점유하는 것으로 볼 수 없는 객관적 사정, 즉 점유자가 진정한 소유자라면 통상 취하지 아니할 태도를 나타내거나, 소유자라면 당연히 취했을 것으로 보이는 행동을 취하지 아니한 경우 등 외형적·객관적으로 보아 점유자가 타인의 소유권을 배척하고 점유할 의사를 가지고 있지 아니하였던 것이라고 볼 만한 사정이 증명된 경우에는 그 자주점유의 추정은 깨어진다.] 즉 취득시효를 인정할 수 없다는 것이다.

그 다음이 핵심부분이다. [토지 점유자가 점유기간 동안 여러 차례 부동산소유권이전등기등에관한특별조치법이 시행됨에 따라 등기의 기회가 있었음에도 불구하고 소유권이전등기를 하지 않았고, 오히려 소유자가 같은 법에 의하여 소유권보존등기를 마친 후에도 점유자가 별다른 이의를 하지 않은 경우, 자주점유의 추정이 번복될 수 있다]고 판결했다.

이 대법원판결을 근거로 점유자가 [특별조치법으로 등기를 할 수 있는 기회가 있

없는데 하지 않았으면 취득시효를 인정할 수 없다]고 주장하는 견해가 있는 것으로 보인다.

그러나 이 대법원판결은 [특별조치법으로 등기를 할 수 있었는데 하지 않았기 때문에 취득시효를 인정할 수 없다]는 것이 아니라, [점유자가 진정한 소유자라면 통상 취하지 아니할 태도를 나타내거나, 소유자라면 당연히 취했을 것으로 보이는 행동을 취하지 아니한 경우]에 해당하기 때문에 취득시효를 인정할 수 없다는 취지이다.

즉 점유자가 진정한 소유자라고 하여 취득시효를 주장할 사정이라면. 다른 사람이 특별조치법으로 등기를 한 사실을 알았으면 그 즉시 강하게 이의를 제기하여 취득시효주장을 밀고 나갔어야지, 그렇지 않고 오히려 아무런 이의를 제기하지 아니하여 사실상 타인의 소유임을 묵인한 것은 [소유자라면 당연히 취했을 행동을 하지 아니한 것]이기 때문에, 자주점유를 하였다고 볼 수가 없어 취득시효를 인정할 수 없다고 한 것이다.

우리나라는 6.25 사변 이후 현재까지 특별조치법은 수시로 시행되었다. 20년 이상의 장기간동안 특별조치법이 시행되지 않은 적이 없는 것 같다. 만약 특별조치법 때 등기를 하지 않았기 때문에 취득시효를 인정할 수 없다고 한다면, 우리 국민 어느 누구도 취득시효로 소유권을 취득할 사람이 없을 것이다. 취득시효를 주장하는 20년간 누구든 특별조치법으로 등기를 할 수 있는 기회를 놓지지 않은 사람이 없다고 보아야 하기 때문이다.

특별조치법으로 등기를 하지 않았어도, 취득시효가 인정되는 데 아무런 지장이 없다.

33 취득시효완성되기 이전에 빨리 타인명의로 이전등기하면 안전한가?

필자가 유튜브를 하면서 많은 분이 [취득시효완성되기 이전에 빨리 타인명의로 이전등기하면 안전한가요?]라는 질문을 댓글로 달았다. 처음에는 간단히 답변을 했는데, 똑같은 댓글을 다는 분들이 계속 나타나서, 이 문제를 주요 주제로 다루게 되었다.

본론에 앞서, 많은 분이 이것 때문에 부동산에 대한 설명이 어려울 수 있다고 본다. 통상 소유권이 이전되었느니 넘어갔느니 하는 말은, 예를 들어 매매계약이 체결되고 매매대금을 완불하였느냐가 아니라, 이전되었느니 넘어갔느니 하는 말은 모두 [등기가 이전되었느냐?]는 의미라는 사실, 이 기회에 꼭 알아두시기 바란다. 이걸 모르면 부동산에 관한 법적 설명을 전혀 이해할 수가 없다.

다시 말하면 매매계약이 체결되어 매매대금을 완불하면 이전등기를 청구할 수 있는 채권적효력이 있을 뿐이고, 소유권이전등기가 되어야 비로소 소유권이 넘어갔다고 하는 물권적효력이 발생하는 것이다. 매매나 증여의 종착점은 이전등기이다. 이전 등기를 해야 모든 것이 깨끗이 매듭지어 진다.

심지어 법원의 판결로 [소유권이전등기를 하라]는 판결이 확정되었어도 이는 이전등기청구권이 판결로 확정된 것이지 소유권이 넘어온 것이 아니다.

그러므로 판결확정 후에 다른 사람이 먼저 이전등기를 받으면, 그 사람이 소유권을 취득한다는 말이다. '그러면 판결도 소용없다는 말 아닙니까?'하실 수 있는데, 그래서 재판하기 이전에 처분하지 못하도록 가처분을 해놓으라는 것이다.

본론으로 돌아와서, [20년간 소유의 의사로 평온 공연하게 부동산을 점유하는 자는 등기함으로써 소유권을 취득한다]는 것이 민법 제245조 제1항의 내용이다. 즉, 20년간 점유하여 취득시효가 완성되었다고 해서 자동적으로 소유권을 취득하는 게 아니라, 취득시효완성을 원인으로 하여 이전등기까지 하여야 소유권을 취득한다.

그런데 취득시효 20년이 완성되고 나서 시효완성에 따른 이전등기를 하지 않고 있는 사이에 제3자가 그 토지에 대하여 먼저 이전등기를 하는 경우에는 [취득시효완성을 가지고 그 제3자에게 대항할 수 없다.]는 것이다.

즉 점유자가 20년을 점유하여 20년이 끝나는 시점, 즉 취득시효가 완성되는 시점 그 이후에, 해당 토지의 소유권이 제3자에게 넘어가면, 취득시효완성의 효과는 물거품이 되고, 먼저 소유권을 이전받은 그 제3자만이 소유권을 취득한다.

그러나 점유자의 취득시효가 진행되고 있고, 20년이 채 안된 시기에 토지 소유권을 넘기면 소유권을 넘겨받은 새로운 소유자는, 취득시효완성이후에 이전받은 것이 아니기 때문에, 대항할 수 없는 제3자에 해당하지 않는다.

부동산에 대하여 매매계약을 했는데, 매도인이 또다른 매수인과 매매계약을 체결하여 이중매매가 되었을 때, 매매계약을 나중에 체결한 사람이 먼저 등기를 하였다면, 계약의 선후관계를 떠나서 먼저 이전등기를 한 사람만이 소유권을 취득한다.

마찬가지로 취득시효완성은 소유권이전등기를 청구할 수 있는 청구권이 생겼을 뿐, 아직 소유권이전이 되지 않았기 때문에, 제3자가 먼저 이전등기를 하면 먼저 등기를 한 사람만이 소유권을 취득한다.

이해를 돕기 위하여 점유자와 소유자가 변경된 경우를 본다.

예를 들어 전 점유자가 1990.1.1. 소유의 의사로 점유를 개시하였다가, 2000.1.1. 부터는 현 점유자가 이어받아 소유의 의사로 점유하고 있고, 토지소유권이 2015.1.1. 변경되었다고 가정해 본다.

이때 현 점유자가 취득시효를 주장한다면, 점유기간 20년의 기산점을 둘 중 하나 선택할 수 있다.

즉 전 점유자가 점유를 개시한 1990.1.1.을 기산점으로 하여 20년이 된 2010.1.1. 취득시효가 완성되었다고 주장할 수도 있고, 현 점유자 자신이 점유를 개시한 2000. 1.1.부터 20년이 경과한 2020.1.1. 취득시효가 완성되었다고 주장할 수도 있다.

이럴 경우, 현재의 점유자가 점유의 기산점을 1990.1.1.로 하여 20년이 경과한 2010.1.1. 취득시효가 완성되었다고 주장한다면 취득시효가 완성된 2010.1.1. 그 이후인 2015.1.1. 소유권이 제3자인 현재의 소유자에게 이전되었기 때문에, 현 소유자에게는 취득시효완성의 효과를 주장할 수 없어 실효성이 없다는 결론이다.

그렇지 않고 현재의 점유자가 점유의 기산점을 자신이 점유를 개시한 2000.1.1. 부터 20년이 경과한 2020.1.1. 취득시효가 완성되었다고 주장한다면 취득시효가 완성된 2020.1.1. 이후에는 토지의 소유권이 변동되지 않아 제3자가 발생하지 않았다. 그렇기 때문에 현재의 점유자는 현재의 소유자(2015.1.1. 소유권이전등기 받은 자)를 상대로 2020.1.1. 취득시효가 완성되었다고 주장하여 승소판결을 받을 수가 있다.

다시 말하면 점유취득시효기간 20년이 진행되고 있고 아직 20년이 되지 않은 시기에, 토지소유자가 제3자에게 소유권을 이전한 경우에는, 점유자로서는 20년이 끝나는 당시의 토지소유자에게, 취득시효를 주장할 수 있다는 결론이다.

변호사들이 취득시효에 관한 상담을 할 때, 가장 핵심적으로 살피는 부분이, 취득시효완성이후에 소유권을 취득한 제3자에게는 대항할 수 없다는 이론 때문에, 어떻게든지 현재 소유자의 소유일 때, 20년의 취득시효가 완성되었다. 즉 [20년이 끝났다]고 주장할 수 있는 길을 찾기 위하여, 20년의 기산점을 어디로 할 것인가를 찾으려 하는 것이다.

그러므로 결론은, 아직 점유자의 점유기간이 20년이 되지 아니하였고, 장차 점유자가 취득시효완성을 주장할 것이 예상된다면, 제3자에게 소유권을 넘길 게 아니라, 점유자를 상대로 [토지인도]나 [사용료 청구]를 하여 취득시효의 진행을 막아야 한다. 사용료를 내면 그 자체로 자주점유가 타주점유가 변경되어 취득시효를 주장할 수 없다.

그렇다면 [취득시효완성되기 이전에 빨리 타인명의로 이전등기하면 안전한가?]라는 질문에 대한 답변은, [아니다. 아무런 소용이 없다. 취득시효 20년이 지났을 때 이전을 해야 효과가 있다.]이다. 그러나 이런 의문을 가지는 것 자체만으로도 엄청나게 발전한 증거이다.

여기에 꼭 알아두셔야 할 사항, [상속받은 자는 제3자에 해당하지 않는다.]는 것이다. 상속은 소위 포괄승계라고 하여 피상속인의 권리와 의무를 포괄적으로 승계하기 때문에, 이는 당사자의 법적 지위의 연속이지, 대항할 수 없는 제3자가 아니라는 것이다. 매매나 증여등 특정승계를 하여야 제3자로서 보호받을 수가 있다.

동일한 자식에게라도, 매매나 증여로 등기를 넘기면 제3자가 되어 보호받을 수 있는데, 상속을 원인으로 소유권이전등기를 하면, 그 상속인은 제3자가 아니어서, 상속등기는 취득시효를 피하기 위하여 아무 소용이 없다는 사실, 명심하기 바란다.

34 가등기된 부동산, 시효취득해도 가등기권자에게 빼앗기나?

앞에서 잠깐 언급했던 내용이다. 가등기에 관하여 다시 한번 복습한다.

가등기에는 2가지, 즉 [청구권 보전가등기]와 [담보가등기]가 있다.

청구권보전가등기는 예컨대 매매계약을 체결하고 계약금을 지불한 다음, 잔금지급기일까지 장기간이고 그 사이에 매도인이 다른 사람과 이중으로 계약을 하거나 근저당을 설정할 것 등에 대비하여, 매도인이 그와 같은 행위를 하지 못하도록 가등기를 하는 경우이다.

이에 반하여 담보가등기는 금전을 차용하고 이를 담보하기 위하여 저당권설정 대신 가등기를 하는 것, 즉 다른 형태의 저당권이라고 보면 된다.

청구권보전가등기는 어떠한 효력이 있는가?

청구권보전가등기는 그 자체로는 특별한 효력이 없고 가등기에 기한 본등기, 본등기를 해야만 효력을 발휘한다. 예컨대, 가등기를 한 이후 본등기를 하기 이전, 그 사이에, 제3자가 한 모든 등기, 이전등기, 저당권등기, 전세권등기, 가압류등기, 가처분등기, 압류등기 등 모든 등기는, 본등기를 하는 순간 등기소의 등기관이 직권으로 말소한다. 가등기의 [순위보전의 효력]때문이다.

본론으로 돌아와서, 앞에서 가등기를 한 이후 본등기를 하기 이전, 그 사이에, 제3자가 한 모든 등기는 말소된다고 하였다.

그렇다면 가등기가 된 토지를 시효취득하여 취득시효완성을 원인으로 이전등기까지 하였는데, 그후에 가등기에 기한 본등기를 하면 취득시효를 원인으로 한 이전등기는 다른 일반 등기와 마찬가지로 말소되어야 하는가?

다시 한번 복습한다.

[20년간 소유의 의사로 평온 공연하게 부동산을 점유하는 자는 등기함으로써 소유권을 취득한다]는 것이 민법 제245조 제1항의 내용이다.

여기에서 중요사항은 20년간 점유하여 취득시효가 완성되었다고 해서 자동적으로 소유권을 취득하는 게 아니라, 취득시효완성을 원인으로 하여 이전등기까지 하여야 소유권을 취득한다고 했다.

그리고 취득시효가 완성되고 나서 시효완성에 따른 이전등기를 하지 않고 있는 사이에 제3자가 먼저 이전등기, 근저당설정등기, 가처분등기등을 하는 경우에는 [취득시효완성으로 그 제3자에게 대항할 수 없다.] 즉 취득시효가 완성되었어도 소유권을 취득하지 못할 수도 있다고 했다.

그렇다면 가등기의 경우에는 어떠한가. 이에 대하여는 가등기의 시기에 따라 2가지로 나누어 본다.

첫째 가등기가 시효완성 이전(점유기간 20년이 끝나기 이전)에 가등기가 되어 있는 경우이다.

취득시효로 인한 소유권취득은 원시취득이다.

원시취득의 대표적인 경우가 토지수용(예. 국가에서 고속도로 개설하는 경우)의 경우인데 토지가 수용이 되면 그에 앞서 등기부에 기재된 가등기, 가처분, 가압류, 근지당등기등 모든 등기가 모두 말끔히 말소된다. 이 경우에는 토지는 없어지고 그 대신 채권자들이 보상금을 나누어 가지게 된다.

취득시효로 인한 소유권취득도 원시취득이기 때문에, 취득시효완성을 원인으로 이전등기까지 하면 시효완성이전에 이루어진 등기는, 가등기, 근저당, 가처분, 압류등 모든 등기를, 취득시효완성자가 말소를 하라고 청구할 수 있다. 원시취득의 경우에는 가등기의 순위보전의 효력을 따질 여지가 없다.

원시취득의 반대되는 개념이 승계취득인데, 매매, 증여, 교환등 승계취득의 경우에만 가등기의 순위보전의 효력이 적용된다.

그런데 시효완성 이후 즉 점유기간 20년이 끝난 이후에, 시효완성자보다 먼저, 가등기에 기한 본등기를 하였다면 어찌되는가?

가등기가 있고 이어서 이를 근거로 한 본등기가 이루어지면, 소유권이 넘어간 시기는 가등기시기가 아니라 본등기를 한 시기에 소유권변동이 된다. 가등기는 다른 이해관계인들과의 사이에 순위보전의 효력이 있을 뿐, 소유권변동(일명 물권변동)이 가등기시기에 일어난 것이 아니다.

그렇기 때문에 시효완성이후에 시효완성자보다 먼저, 가등기권자가 본등기를 하면, 이때는 [취득시효완성후의 대항할 수 없는 제3자]가 된다.

한편 시효완성전에 제3자가 가등기를 해놓았고, 시효완성자가 먼저 시효완성을 원인으로 이전등기를 했고 그 이후에 가등기에 기한 본등기를 한 경우이다. 핵심포인트이다.

가등기의 순위보전의 효력을 중심으로 본다면, 가등기 이후에 취득시효완성을 원인으로 이전등기를 하였더라도, 그 이전등기 후 가등기에 기한 본등기를 하였으면, 가등기이후에 이루어진 [시효완성을 원인으로 한 이전등기]는, 순위보전의 효력을 중심으로 따진다면 이론적으로는 말소되는 게 맞다.

그런데 가등기의 순위보전의 효력은 원시취득을 한 소유자에게는 해당되지 않는다고 했다. 또 시효취득의 경우 가등기는 말소될 수 있다고 했다.

다만 그 가등기에 기한 본등기가 시효완성후 시효완성자보다 먼저 본등기를 하였다면 [취득시효완성후의 대항할 수 없는 제3자]에 해당하기 때문에 살아남는다고 했다. 하지만 취득시효완성 후 가등기에 본등기를 하기 이전에 시효완성자가 먼저 이전등기를 하면, [취득시효완성 후의 대항할 수 없는 제3자]에 해당하지 않기 때문에, 그 가등기는 말소되어야 하고, 만약 가등기에 기한 본등기가 이루어졌다면 그 본등기도 말소되어야 한다는 것이다.

그렇기 때문에 결과적으로는 가등기가 취득시효완성 이전에 경료된 경우에는, 취득시효완성 이후, [가등기에 기한 본등기]와 또 [취득시효완성을 원인으로 한 이전등기] 이 둘 중, 먼저 등기를 한 사람만이 소유권을 취득한다는 것이다.

간혹 가등기권자가 가등기에 기한 본등기가 아니고, 가등기와 별개로 이전등기를 하는 경우가 있는데, 이 경우에는 이제까지의 설명이 전혀 필요가 없다.

둘째, 가등기가 취득시효완성 이후에 등기된 경우입니다.

앞에서, 취득시효완성 이후 제3자가 먼저 등기를 한 경우 취득시효의 완성으로 그 제3자에게 대항하지 못한다고 했다. 이때 제3자는 이전등기뿐 아니라 근저당등기, 지상권등기, 가처분등기 등 이해관계인으로서 등기를 한 모든 등기명의자를 말하고, 가등기 역시 대항할 수 없는 제3자에 해당한다.

다만 그 가등기가 혹시 [취득시효완성사실을 알고 시효완성자의 이익을 해하기 위하여 경료된 것]이라면 손해를 배상하여야 하는 문제는 남는다.

결국 결론은 시효가 완성되었으면 빨리 시효완성을 원인으로 한 이전등기를 서둘러야 한다는 것이다.

35 취득시효가 완성되었는데 해당토지의 소유권등기가 원인무효라면 시효취득 못하나?

이해를 돕기 위하여 [등기에는 공신력이 없다]에 대하여 본다.

등기부에 소유자로 등재되어 있으면 법률상 소유자로 추정된다. 이를 [등기의 추정력]이라고 한다. 우리는 등기의 추정력을 믿고 등기부상소유자를 진실한 소유자라고 알고 그와 매매, 임대차 등 거래를 한다.

그런데 누군가가 이전등기에 필요한 서류를 위조하여 자신명의로 불법으로 이전등기를 하는 경우가 있다.

그와 같이 불법으로 등기한 사실이 밝혀지면, 그 위조범이 형사처벌을 받게 되는 것과 무관하게, 그 범인에게 이전된 등기는 원인무효의 등기가 된다. 그리하여 진정한 권리자가 말소를 청구하면 그 이전등기는 말소되는게 현행 우리민법의 기본원칙이다.

그런데 위조범으로부터 다시 그 부동산을 아무것도 모르고 매수한 선의의 매수인은 현행 우리나라 법제도하에서는 전혀 보호받을 수 없다. 즉, 위조범이 불법으로 등기한 것을 토대로 그로부터 이전등기를 한 것이라는 이유로, 위조범명의의 등기가 말소되면 그 이후 선의의 매수인앞으로 이전된 등기까지 모조리 원인무효의 등기가 된다. 선의의 매수인이 그 부동산을 매수하기 위하여 근저당을 설정하고 대출을 받았을 경우 그 근저당설정등기도 불법등기에 기초하여 이루어진 것이라는 이유로 원인무효의 등기가 된다.

나아가 선의의 매수인으로부터 또다시 그 부동산을 매수한 또다른 선의의 매수인이 있을 경우 그 매수인의 이전등기도 역시 앞에 앞에 등기가 불법등기라는 이유로 원인무효의 등기가 되어 말소될 운명에 처한다.

이러한 현상을 [등기에는 공신력이 없다]라고 표현한다.

그러나 원인무효등기이어서 말소될 운명에 있다고 하더라도 예외적으로 살아나서 말소되지 않는 경우가 있다

예를 들어 앞에서 본 서류 위조범이 원 소유자와 합의를 하여, 원소유자가 소유권을 그 위조범에게 넘기기로 한 경우이다.

원칙대로라면 위조범에게 이전된 등기는 원인무효이니까 말소되고, 추후 이루어진 합의에 기하여 새로이 이전등기를 하는게 원칙이지만, 이 경우 복잡한 절차를 거치지 않고, 서류를 위조하여 넘긴 처음의 이전등기를 그대로 유효하다고 보는 것이 현재 대법원의 입장이다.

그렇게 되면 원인무효등기 및 이에 터잡아 이루어진 모든 등기가 말소될 위기에 있다가 전체가 고스란히 되살아난다.

원인무효등기가 이와 같이 살아나는 근거를 법조계에서는 [실체관계에 부합]하기 때문이라고 설명한다. 즉 서류위조범의 등기는 원인무효이지만, 위조범이 합의를 함으로써 소유권을 확보하였기 때문에, 위조범의 등기가 실체관계에 부합한다는 말이다.

본론으로 돌아와서, 취득시효완성의 효과는 시효완성당시의 소유자를 상대로 주장하여야 한다. 그런데 시효완성당시의 등기부상 소유권등기가, 원인무효인 사실이 밝혀졌다면, 그는 진정한 소유자가 아니다. 그렇기 때문에 그 등기부상 소유자를 상대로 승소판결을 받더라도 소용이 없다.

이에 대하여 대법원(2005.5.26. 선고 2002다43417 판결)은, [점유취득시효완성을 원인으로 한 소유권이전등기청구는 시효완성 당시의 소유자를 상대로 하여야 하므로, 시효완성 당시의 소유권보존등기 또는 이전등기가 무효라면, 원칙적으로 그 등기명의인은 시효취득을 원인으로 한 소유권이전등기청구의 상대방이 될 수 없고, 이 경우 시효취득자는 진정한 소유자를 대위하여 위 무효등기의 말소를 구하고, 다시 진정한 소유자를 상대로 취득시효완성을 이유로 한 소유권이전등기를 구하여야 한다.]라고 판결했고 이 이론은 현재 일반화된 이론이다.

즉, 서류위조범이 이전등기를 하기 이전의 진정한 소유자를 상대로 취득시효완성을 원인으로 한 소유권이전등기를 청구하여 승소판결을 받아야 한다. 그와 동시에, 진정한 소유자는 위조범을 상대로 위조범명의의 이전등기를 말소하라고 청구할 수가 있는데, 그 진정한 소유자가 청구할 수 있는 말소청구권을, 시효취득자가 진정한 소유자를 대위하여 청구를 하여 승소판결을 받으면 된다.

그렇다면 나아가 시효취득자가 시효취득을 원인으로 이전등기까지 했는데, 이전등기당시에는 몰랐다가 그 후에, 직전 혹은 그 이전의 등기가 원인무효임이 밝혀졌을 때는 어찌되는가?

일반논리대로라면 원인무효등기에 터잡은 모든 등기는 원인무효로 말소되어야 하니까 시효취득자의 이전등기도 말소되어야 하는 게 맞다.

그러나 그렇지 않다.

이 경우 시효취득자가 20년 점유하여 점유취득시효가 완성된 사실이 인정되었다면 특단의 사정이 없는 한, 그 효과는 진정한 소유자에게도 효력이 있기 때문에, 어차피 시효취득자의 이전등기는 실체관계에 부합한다.

실체관계에 부합하는 등기는 말소되지 않는다.

그렇기 때문에 재판실무에서 시효취득을 원인으로 이전등기가 된 경우에는 원인무효등기의 말소가 차단된다. 시효취득자의 이전등기가 말소되지 않기 때문에 그 이전의 원인무효등기까지도 말소되지 않고, 원인무효상태이지만 그로 살아남게 된다.

이상은 제3장 제4항 [원인무효등기라도 말소되지 않는 경우]라는 주제에서 강조한 것이기도 하다.

36 폐하천은 이를 점유해도 시효취득 안되나?

하천은 과거에는 하천법에서 [하천은 국유로 한다]라고 규정되어 있어서 하천으로 편입되면 개인 소유이더라도 소유권을 행사할 수 없었다. 그러다가 2007년도에 헌법재판소의 위헌결정에 따라 하천은 국유로 한다는 법조항이 없어지고, 개인소유의 토지가 하천으로 편입된 경우에는 국가가 이를 매수하도록 규정하고 있다.

그러므로 이제는 원칙적으로 국가명의로 소유권등기가 되었거나 될 예정인 하천만이 국유라고 보면 된다. 그러나 국유하천구역에 편입되어 있는 상태라면, 아직 보상을 하지 않았더라도 여전히 국유로 보아야 한다.

그동안 하천법이 여러번 개정되어 용어의 혼란이 있는데, 2023년 현재의 하천법령에 의하면, 하천은 크게 국가하천과 지방하천으로 분류된다.

국가하천은 국토보전상 또는 국민경제상 중요한 하천으로서 환경부장관이 그 명칭과 구간을 지정하고 관리하고,

지방하천은 지방의 공공이해와 밀접한 관계가 있는 하천으로서 시·도지사가 그 명칭과 구간을 지정하고 관리한다고 규정하고 있다.

이와는 별도로 소하천이라는 것이 있는데, "소하천"이라 함은 [하천법의 적용 또는 준용을 받지 아니하는 하천으로서 시장·군수 또는 자치구의 구청장이 지정, 관리]하고 소하천정비법의 적용을 받는다.

국가하천은 국유재산으로서 국유재산법의 적용을 받아 시효취득의 대상이 될 수가 없다. 그렇기 때문에 반대해석으로 지방하천과 소하천은 시효취득의 대상이 된다고 보아야 한다.

이해를 돕기 위하여 먼저 [국유재산과 취득시효에 관한 기본사항]에 대하여 본다.

국유재산법은 국유재산을 행정재산과 일반재산으로 구분하는데, 행정재산은 관공서의 관사, 청사부지, 도로, 항만, 하천, 갯벌, 문화유적지, 국립공원등을 말하고, 여기에 해당하지 않는 것은 모두 일반재산으로 보면 되겠다.

국유재산법 제7조 제2항은 [행정재산은 취득시효의 대상이 되지 않는다]고 했다. 그렇다면 국유재산이라도 행정재산이 아닌 일반재산은 시효취득을 할 수 있다는 것이다.

그러면 일반인 입장에서 일반재산인지를 확실히 알 수 있는 쉬운 방법이 없을까? 물론 행정청에 가서 확인하면 알겠지만, 국가가 일반인에게 매각하려고 내놓거나 일반인이 사용할 수 있도록 대부계약을 맺으려고 하는 재산, 이런 것은 일반재산이라고 보면 틀림없다. 왜 행정재산은 법적으로 매각이나 대부계약이 불가능하기 때문이다.

그리고 행정재산이라도 관리청이 용도폐지, 일명 공용폐지를 하면 일반재산으로 되어 시효취득을 할 수 있다. 공용폐지는 일종의 행정행위이고, 공용폐지가 있어야 행정재산이 일반재산으로 변경된다.

문제는 국가하천이라도 장기간 하천으로서의 역할을 하지 못해 폐하천이 된 경우가 있다. 이런 경우 대개 일반인이 대지로 사용하거나 농지로 경작하거나, 특히 개인소유의 건물일부가 하천에 걸쳐있을 수도 있는데, 이 경우에 그 하천부지가 취득시효의 대상이 될 수는 없는가이다.

행정재산도 공용폐지가 되면 일반재산이 되어 취득시효의 대상이 된다고 했다. 그리고 행정법상 공용폐지는 문서로서 명시적으로 해야 하는 게 원칙이지만, 묵시적인 방법으로도 가능하다는 게 일반적인 이론이다. 예를 들어 하천에 관하여 공용폐지가 있은 후에나 가능한 조치를 관리청이 먼저 한 경우이다.

하천의 기능이 없어진지 오래이고 관리청이 장기간 방치하여 일반인이 자신소유로 잘못 알고 점유하는 토지에, 하천이 일부 포함되어 취득시효의 요건을 갖추었다면, 관리청이 묵시적으로 공용폐지를 하였다고 보아서 점유자의 시효취득을 인정하는게 타당하지 않을까?

그러나 이에 대하여 대법원은 확고한 입장을 갖고 있다.

대법원(2010.11.25. 선고 2010다58957 판결)은 [행정재산이 기능을 상실하여 본래의 용도에 제공되지 않는 상태에 있다 하더라도, 관계 법령에 의하여 용도폐지가 되지 아니한 이상 당연히 취득시효의 대상이 되는 일반재산이 되는 것은 아니고, 공용폐지의 의사표시는 묵시적인 방법으로도 가능하나, 행정재산이 본래의 용도에 제공되지 않는 상태에 있다는 사정만으로는 묵시적인 공용폐지의 의사표시가 있다고 볼 수도 없다.]라고 했다.

대법원은 폐하천에 대하여 그것이 국가하천인 이상 취득시효는 인정하지 않는다는 확고한 입장이고, 나아가 국유인 도로나 구거(도랑)에 대하여도, 그게 전혀 기능을 못하는 폐도로나 폐구거가 되었어도 동일한 입장을 고수하여, 일반인의 점유에 의한 취득시효를 인정하지 않고 있다. 타당한가?

필자의 견해로는 [국가도 사유지를 20년 이상 점유하면 국가가 시효취득한다]는 게 대법원의 입장인데, 일반인은 폐하천, 폐도로, 폐구거에 대하여 취득시효를 할 수 없다고 하는 것은 형평의 원칙에 어긋난다.

그리고 취득시효는 [권리 위에 잠자는 자는 보호받지 못한다]는 원칙하에 생긴 법규정이다. 그런데 이 경우 국가는 권리위에 잠자는 자에 해당하지 않는다는 결론이다. 대법원은 국가가 관리를 하지 못하고 있는데 대하여 일종의 특권을 인정하는 셈이다.

개인 의견으로는 이와 같은 대법원판결은 조속히 시정되어야 한다고 본다.

반대로 국가가 사유지를 하천부지로 20년 이상 점유한 경우에는 국가가 시효취득할 수 있다고 했다. 다만 이 경우 보상의 근거가 없는 경우 대법원은 국가의 취득시효를 인정하는데 매우 인색한 편이긴 하다. 어찌되었든 국가가 시효취득을 하였다면 이론상으로는 사유지소유자에게 보상을 할 필요 없이 그냥 이전등기해가면 되는 게 원칙이다.

그러나 대법원은 이 경우에도 사유지소유자에게 보상을 하라고 판결한 실례가 있다. 즉 대법원(2016.6.28. 선고 2016두35243 판결)은 [국가가 토지를 20년간 점유하여 취득시효가 완성된 경우, 토지의 소유자는 국가에 이를 원인으로 하여 소유권이전등기절차를 이행하여 줄 의무를 부담하므로 국가에 대하여 소유권에 따른 권리를 행사할 지위에 있다고 보기는 어려우나, 한편 하천법부칙 제2조가 하천구역으로 편입되어 보상 없이 국유로 된 사유지에 대하여 보상을 받을 수 있는 법적 근거를 마련하였고, 나아가 하천편입토지보상법은 하천법에 따른 **손실보상청구권의 소멸시효가 완성된 경우에도 손실보상청구를 허용**하고 있는데,

이러한 관계 법령의 취지는 시간의 경과에도 불구하고 하천구역 편입으로 아무런 보상 없이 토지 소유권을 상실한 [개인의 재산권을 두텁게 보장]하기 위한 것인 점, 국가가 소유자를 상대로 취득시효 완성을 원인으로 한 소유권이전등기청구를 함으로써 토지의 소유권을 취득할 수 있는 지위에 있었는데도 권리를 제때 행사하지 않고 있던 중에 토지가 하천구역에 편입되어 국유로 되고 소유자에게 손실보상청구권이 발생하자 뒤늦게 비로소 취득시효완성주장을 하는 경우까지 그 주장을 받아들여 원래 소유자의 손실보상청구를 배척하는 것은 헌법상 재산권 보장의 이념과 하천편입토지보상법의 취지에 부합한다고 보기 어려운 점 등을 종합하면 다음과 같다.

점유취득시효가 완성되어 국가에 소유권이전등기청구권이 발생하였다는 사정은, 토지 소유자가 국가를 상대로 소유권에 기초한 물권적 청구권을 행사하는 것을 저지할 수 있는 사유는 될 수 있으나, 나아가 토지 소유자가 소유권의 상실을 전제로 하천편입토지보상법에 따른 손실보상청구권을 행사하는 것을 저지하는 사유가 될 수는 없다.]고 판결했다.

즉 하천편입토지보상법이 손실보상규정을 두고 있으니, 국가의 취득시효가 인정되더라도 사유토지에 대하여 보상을 하라는 취지이다.

국가는 개인의 재산을 지켜주어야 한다는 측면에서는 매우 타당한 판결이라고 본다.

37 폐구거에 대하여 취득시효 부정하는 대법원판결 변경되어야 한다.

국유재산법은 국유재산을 행정재산과 일반재산 2가지로 분류하고 있고 행정재산에 보존재산을 포함시키고 있다. 개정전 국유재산법은, 국유재산은 시효취득의 대상이 되지 않는다고 규정하고 있어서 원래는 국유재산 전부가 시효취득의 대상이 되지 않았었다. 그런데 헌법재판소가 일반재산(잡종재산)은 시효취득의 대상이 된다고 결정을 하였고 그 이후, 국유재산법을 개정하여 '행정재산은 시효취득의 대상이 되지 아니한다'고 규정함으로써 일반재산(잡종재산)은 시효취득할 수 있게 되었다.

어려운 법률용어 제쳐두고 현실적으로 본다.

행정재산이라고 함은 관공서가 공무에 사용하는 토지(시청부지등), 국립공원, 명승고적지, 천연기념물보호구역, 하천, 도로, 구거를 예상할 수 있다. 여기에 해당하면 20년간 소유의 의사로 점유하였다고 하더라도 시효취득할 수 없다.

다만 이와 같은 공공의 필요성이 없어지면, 예를 들어 시청이 이사를 갔을 경우 종전의 부지에 대하여는 행정상의 용어로 [공용폐지]를 하는데, 행정재산이 공용폐지가 되어서 일반재산이 되었을 때는 시효취득의 대상이 될 수 있다.

공용폐지가 있으려면 관리청이 공용폐지의 의사표시를 하여야 하고, 공용폐지는 명시적인 의사표시가 있어야 함이 원칙이나, 사실상의 폐지, 즉 묵시적으로 공용폐지를 한 것과 동일한 것으로 볼 수 있는 경우에는 공용폐지가 있었다고 본다는 것이 일반적인 견해이다.

그러나 대법원은 특히 취득시효가 문제된 사안에 있어서만 [공용폐지의 의사표시는 묵시적인 방법으로도 가능하나, 행정재산이 본래의 용도에 제공되지 않는 상태에 있다는 사정만으로는, 묵시적인 공용폐지의 의사표시가 있다고 볼 수 없다]고 하여 묵시적인 공용폐지를 인정하지 않고 있다.

구거에는 [자연구거]와 [인공구거]가 있다.

자연구거의 경우, 현재도 구거로서 역할을 하는 것이 물론 많지만, 인구밀집지역이 생기고 산업단지, 주택단지등이 들어 서고 토지의 전체적인 효율적인 이용을 위하여 크고 작은 인공구거가 생기면서 원래부터 존재하던 자연구거는 수십년간 기능을 상실한 채 대지나 농지로 사용되고 있고, 많은 경우 전체적인 지형자체가 변형되어서 그 자연구거는 영원히 없어졌다고 보여지는 경우도 많다.

그렇지만 옛날의 자연구거는 대부분 토지대장과 등기부에는 구거로 존재하고 여전히 국가소유로 남아 있다.

이러한 폐구거에 대하여 많은 국민들이 자신의 토지의 일부로 잘못 알고 수십년간 점유하고 있다가 최근에 구거인 사실을 알게 되는 경우가 있다.

더욱이 자신의 건물의 일부가 구거부지에 걸쳐 있는 경우가 있는데, 일반적인 경우라면 취득시효를 주장하여 건물의 철거를 면할 수가 있다.

그러면 폐구거에 걸쳐 있는 경우에도 취득시효를 주장하여 피해갈 수 있는가?

이에 대하여 우리 대법원은 일관된 입장을 취하고 있다.

대법원(1998.11.10. 선고 98다42974 판결)은 [행정재산이 기능을 상실하여 본래의 용도에 제공되지 않는 상태에 있다 하더라도 관계 법령에 의하여 용도폐지가 되지 아니한 이상 당연히 취득시효의 대상이 되는 잡종재산(일반재산)이 되는 것은 아니다.

공용폐지의 의사표시는 묵시적인 방법으로도 가능하나 행정재산이 본래의 용도에 제공되지 않는 상태에 있다는 사정만으로는 묵시적인 공용폐지의 의사표시가 있다고 볼 수 없으며, 또한 공용폐지의 의사표시는 적법한 것이어야 하는바, 행정재산은 공용폐지가 되지 아니한 상태에서는 사법상 거래의 대상이 될 수 없으므로 관재당국이 착오로 행정재산을 다른 재산과 교환하였다 하여 그러한 사정만으로 적법한 공용폐지의 의사표시가 있다고 볼 수도 없다.]라고까지 판결했다.

대법원은 폐구거가 취득시효의 대상이 되지 않는다고 하는 것에 그치지 않고 한 발 더 나아갔다. 즉 자자체가 구거로서 기능을 못하는 폐구거를 개인소유의 다른 토지와 교환하려면 논리적으로 폐구거에 대한 공용폐지가 선행되었어야 하는데, 지자체가 폐구거를 공용폐지없이 개인소유의 다른 토지와 교환하였다면 이는 폐구거에 대하여 묵시적으로라도 공용폐지가 있었다고 보아 일반재산이 되었다고 보아도 좋을 듯하다. 그러나 대법원은 이 경우 [교환등 거래를 하였다고 하여도 그것만으로 묵시적인 공용폐지가 있었다고 볼수 없고, 그리하여 이는 여전히 행정재산이기 때문에 교환을 할 수 없는데도 교환을 하였으니, 교환자체가 무효]라는 입장이다.

결국 대법원은 교환으로 폐구거를 이전받은 개인이 20년 이상 점유했어도 이는 행정재산을 점유한 것이 되어 취득시효를 인정할 수 없고 원상회복을 하여야 한다는 것이다. 즉 20년 동안 그곳에 건물을 지어 점유하였어도 특단의 사정이 없는한 원칙적으로 철거되어야 한다는 결론이다.

이러한 대법원의 입장은 바뀌어야 한다고 본다.

행정재산이라고 하려면 최우선의 전제사실이 제대로 관리를 하고 있었어야 한다. 수십년간 구거로서의 역할을 하지 못하고 있고 다시는 구거로 되돌아갈 것이 전혀 예상되지 않는다면, 국가로서는 마땅히 공용폐지를 하여 일반인들에게 불하를 하든지, 아니면 폐구거를 제대로 관리하여 일반인들로 하여금 경계를 잘못 알고 건물을 축조하거나 점유하지 못하도록 충분한 조치를 하였어야 한다.

취득시효는 민법 제245조가 정식으로 일반국민들에게 인정한 권리이다.

그럼에도 불구하고 이름만 구거일 뿐, 이미 구거 아닌 다른 용도로 사용된지 수십년이 된 폐구거에 대하여는 민법 제245조가 적용될 수 없다고 하는 대법원의 입장은 시대의 흐름을 따라가지 못하는 것이라고 본다.

요즘, 폐구거의 부지가 꼭 필요할 경우 내 소유의 토지에 새로운 대체구거를 만들어 국가에 기부채납하고, 그 대신 그 폐구거를 양여해 달라고 신청하면 국가는 이를 양여해주고 있는 게 현실이다.

대법원은 폐구거외에도 폐하천 기타 일반인들이 취득시효를 주장할 여지가 있는 이러한 유형의 토지에 대하여 아예 취득시효를 인정하지 않고 있다.

6.25 사변 이후 혼란기라면 몰라도 이제는 국가 전반적으로 안정되어 있고 '일

반적인 토지에 대하여는 취득시효가 널리 적용되고 있는 마당에, 취득시효를 인정해도 국가에게 해당토지의 소유권상실 이외에 이렇다할 피해가 예상되지 않는 폐구거에 대하여, 굳이 취득시효의 적용대상에서 제외되어야 할 명분이 이제는 없어졌다'고 보인다.

대법원의 입장이 나름 이해는 간다. 전국에 국가가 제대로 관리하지 않아 일반인들이 알게 모르게 여러 형태로 점유하고 있는 이러한 폐구거가 무수히 많은데, 이에 대하여 취득시효를 인정하면 전국의 폐구거가 모두 장기간 이를 점유해 온 개인들에게 취득시효로 빼앗기는 사태가 벌어질 것이기 때문에 대법원이 이를 차단한 것이라고도 보여진다.

국가가 제대로 관리를 하지 않아 무심하게 방치하는 바람에 일반인들에게 뜻하지 않은 손해를 끼친 것에 대하여 대법원은 전혀 관심이 없다.

38 집합건물의 대지권, 취득시효 가능한가?

아파트나 다세대주택 등 집합건물은 일반인들은 건물만 매매가 되는 것으로 인식하지만, 토지가 없으면 건물이 존재할 수 없듯이, 집합건물에는 항상 대지권이 따라 다닌다.

그런데 간혹 집합건물 중 대지권이 없는 경우가 있고, 집합건물의 구분소유자가 대지를 20년 이상 점유하였을 때 취득시효로 취득이 가능한지가 문제된다.

집합건물은 여러 명이 구분소유하고 있어 전유부분과 공용부분이 있는데 이 둘은 독립하여 별도로 존재할 수가 없다.

즉 구분소유자가 갖는 대지사용권은 전유부분에 종속되어 있다.

나아가 전유부분과 공용부분이 분리되어 거래되면 복잡한 법적 분쟁이 생길 소지가 있기 때문에, 집합건물법은 아예 법으로 분쟁의 소지를 없앴다.

집합건물법은 다음과 같이 규정하고 있다.

1) 공용부분은 구분소유자의 공유로 한다(제10조 제1항).

2) 공용부분의 공유지분은 전유부분의 처분에 따른다(제13조 제1항).

3) 구분소유자는 공용부분을 전유부분과 분리하여 처분할 수 없다(제13조 제2항).

4) 공용부분에 관한 물권의 득실변경은 등기를 요하지 아니한다(제13조 제3항).

5) 대지사용권은 전유부분과 분리하여 처분할 수 없다(제3조 제20조).

그렇기 때문에 공용부분을 전유부분과 분리하여 처분하면 이는 법률에 정면으로 위반된 것이어서 원칙적으로 무효라는 것이 대법원의 입장이다.

대지권에 관하여 전유부분 소유자가 아닌 제3자가 취득시효로 소유권을 취득할 수 있는가?

대법원(2013.12.12. 선고 2011다78200, 78217 판결)은 [공용부분에 대하여 취득시효의 완성을 인정하여 그 부분에 대한 소유권취득을 인정한다면 전유부분과 분리하여 공용부분의 처분을 허용하고 일정 기간의 점유로 인하여 공용부분이 전유부분으로 변경되는 결과가 되어 집합건물법의 취지에 어긋나게 된다. 따라서 집합건물의 공용부분은 취득시효에 의한 소유권 취득의 대상이 될 수 없다고 봄이 타당하다.]라고 판결했다.

즉 대지권은 전유부분의 소유자가 아닌 제3자에게는 취득시효의 대상이 되지 아니한다라는 입장이다.

그런데 실제로 대지권이 없는 집합건물이 있었다. 그 집합건물의 구분소유자가 당연히 따라붙어 있어야 할 대지권을 점유한 경우에 그 구분소유자에게 취득시효를 인정할 것인지에 대하여 대법원은 다른 입장을 취하였다.

대법원(2017.1.25.선고 2012다72469 판결)은,

[1] 건물은 일반적으로 대지를 떠나서는 존재할 수 없으므로, 건물의 소유자가 건물의 대지인 토지를 점유하고 있다고 볼 수 있다. 이 경우 건물의 소유자가 현실적으로 건물이나 대지를 점유하지 않고 있더라도 건물의 소유를 위하여 대지를 점유한다고 보아야 한다. 그리고 점유는 물건을 사실상 지배하는 것을 가리키므로, 1개의 물건 중 특정 부분만을 점유할 수는 있지만, 일부 지분만을 사실상 지배하여 점유한다는 것은 상정하기 어렵다.

따라서 1동의 건물의 구분소유자들은 전유부분을 구분소유하면서 공용부분을 공유하므로 특별한 사정이 없는 한 건물의 대지 전체를 공동으로 점유한다.

이는 집합건물의 대지에 관한 점유취득시효에서 말하는 '점유'에도 적용되므로, 20년간 소유의 의사로 평온, 공연하게 집합건물을 구분소유한 사람은 등기함으로써 대지의 소유권을 취득할 수 있다. 이와 같이 점유취득시효가 완성된 경우에 집합건물

의 구분소유자들이 취득하는 대지의 소유권은 전유부분을 소유하기 위한 대지사용권에 해당한다.

[2] 집합건물의 구분소유자들이 대지 전체를 공동점유하여 그에 대한 점유취득시효가 완성된 경우에도 구분소유자들은 대지사용권으로 전유부분의 면적 비율에 따른 대지 지분을 보유한다고 보아야 한다.

집합건물의 대지 일부에 관한 점유취득시효의 완성 당시 구분소유자들 중 일부만 대지권등기나 지분이전등기를 마치고 다른 일부 구분소유자들은 이러한 등기를 마치지 않았다면, 특별한 사정이 없는 한 구분소유자들은 각 전유부분의 면적 비율에 따라 대지권으로 등기되어야 할 지분에서 부족한 지분에 관하여 등기명의인을 상대로 점유취득시효 완성을 원인으로 한 지분이전등기를 청구할 수 있다.]라고 판결했다.

단적으로 집합건물의 구분소유자가 해당 전유부분에 종속되는 대지를 20년간 소유의 의사로 평온 공연하게 점유한 경우에는 취득시효가 인정되고, 취득하는 범위는 전유부분의 면적비율에 따른다는 것이다.

즉 대법원은 공용부분이 전유부분과 분리되어 제3자가 취득시효로 취득하는 것은 안된다고 하면서도, 구분소유자가 해당 대지권을 취득시효로 취득하는 것은 허용된다는 다소 이율배반적인 입장을 취하고 있다.

그러나 이는 집합건물법의 취지에 부합하기 위하여 그와같은 해석을 하는 것이라고 본다.

39 중복등기라서 무효, 취득시효완성되었다면 유효한가?

이 경우도 직접 처리했던 사건을 토대로 한 것이다.

원래 1개의 부동산에는 1개의 등기부만이 존재해야 한다. 절대로 2개 이상의 등기부가 있어서는 안 된다. 이를 [1부동산1용지주의]라고 한다. 그럼에도 2개 이상의 등기부가 중복하여 생겨 문제가 되고 있다.

중복등기가 생기는 이유에 대하여는 이미 제3장에서 설명한 바 있다.

우선 중복등기가 문제되기 위해서는 중복된 2개의 등기가 모두 유효한 등기로서의 자격을 갖추어야 한다. 어떠한 이유로든 중복등기중 1개가 원인무효라면 그 등기는 그 자체로 말소될 것이기 때문에 등기의 중복상태가 생길 수 없다.

2개의 중복등기 중 어느 것이 유효하냐에 대한 대법원의 입장을 요약하자면 다음과 같다.

중복등기는 2가지가 있는데, 애초 2개의 등기가 생겨날 당시에 2개 등기의 등기명의인(소유자)이 동일인인 경우, 아니면 등기명의인(소유자)이 다른 경우 이렇게 2가지가 있다.

설명의 편의상 2개의 등기중 먼저 경료된 것을 선등기, 후에 경료된 것을 후등기라고 칭하겠다.

대법원판결의 요지는 아래의 입장이다.

① 선등기와 후등기중 등기명의인이 동일한지 여부를 막론하고 선등기만이 유효하다.

② 후등기는 실체관계의 부합여부와 관계없이 무효이다.

③ 이 무효인 후등기에 터잡아 타인명의로 소유권이전등기등 어떠한 등기가 경료되었더라도 그 모든 등기 역시 무효이다.

기본적으로 대법원은 선등기가 있다는 사실을 알았다면 후등기는 생길 수가 없는 것이기 때문에, 후등기는 무효라는 것이다.

실체관계부합여부에 상관없이 후등기이후의 모든 등기는 줄줄이 무효라는 점에서는 일반 원인무효의 경우와 동일하다.

여기에서 실체관계의 부합여부와 관계없이 무효라는 의미가 무엇인가?

예를 들어 매매를 원인으로 이전등기가 경료되었는데, 그 이전등기가 누군가 서류를 위조하는 불법행위에 의하여 경료된 것이라면 원인무효가 되어 말소된다.

그런데 후에 당사자가 합의하여 정상적인 매매가 이루어진 것과 동일하게 된 경우에는 그 등기는 실체관계에 부합하고, 실체관계에 부합하면 무효등기가 살아나서 말소되지 않는게 원칙이다. 그런데, 대법원은 중복등기의 경우에는 그러한 실체관계 부합여부를 막론하고 후등기 및 그에 터잡아 이루어진 모든 등기가 무효라는 것이다.

본론으로 돌아와서 원인무효등기라도 10년의 등기부취득시효이든, 20년의 점유취득시효이든, 취득시효가 완성되었다면 그 등기는 실체관계에 부합하여 유효한 등기로 살아나고 그 등기는 말소되지 않는다.

그렇다면 중복등기중 무효인 후등기에 기초하여 취득시효가 완성되었다면 그 후등기는 유효한 등기로 살아나는가?

이에 대하여 대법원의 입장을 본다.

우선 등기부취득시효의 경우이다.

민법 제245조 제2항은, "부동산의 소유자로 등기한 자가 10년간 소유의 의사로 평온, 공연하게 선의이며 과실없이 그 부동산을 점유한 때에는 소유권을 취득한다"라고 규정하고 이것이 등기부취득시효의 규정이다.

즉 중복등기 중 무효인 후등기에 기초하여 소유자로 이전등기한 자가 10년 점유하여 등기부취득시효가 완성되면 유효한 등기로 되살아나느냐 아니냐이다.

이에 대하여 대법원은 [민법 제245조 제2항에서 말하는, 소유자로 등기한 자의 '등기'는 부동산등기법 제15조가 규정한 [1부동산1용지주의]에 위배되지 아니한 등기를 말하므로, 어느 부동산에 관하여 등기명의인을 달리하여 소유권보존등기가 2중으로 경료된 경우, 먼저 이루어진 소유권보존등기가 원인무효가 아니어서 뒤에 된 소유권보존등기가 무효로 되는 때에는, 뒤에 된 중복보존등기나 이에 터잡은 소유권이전등기를 근거로 하여서는 등기부취득시효의 완성을 주장할 수 없다.]고 여러번 판결했다.

즉 중복등기 중 무효인 후등기에 기초하여 이루어진 것이기 때문에 무효라면, 등기부취득시효가 완성되었더라도 무효등기가 유효한 등기로 되살아나지 않는다는 입장이다(대법원 1996. 10. 17. 선고 96다12511 전원합의체 판결 등).

등기부취득시효는 소유자로 등기된 상태에서 10년을 점유하는 것이어서 소유자로 등기된 그 등기 자체가 [1부동산1용지주의]에 위배된 중복등기이기 때문에, 등기부취득시효를 인정할 수 없다는 대법원의 논리에 수긍이 간다.

다음은 점유취득시효의 경우이다. 점유취득시효는 민법 제245조 제1항과 같이 [20년간 소유의 의사로 평온 공연하게 부동산을 점유하는 자는 등기함으로써 소유권을 취득한다]는 것이다.

점유취득시효의 경우는 등기부취득시효와 사정이 다르다. 즉, 등기부취득시효는 소유자로 이미 등기된자가 10년간 점유하는 것이지만, 점유취득시효는 20년을 점유한후 비로소 소유자를 상대로 이전등기를 청구하는 것이다.

그렇다면 이에 대한 대법원의 입장은 어떠한지 본다.

[동일한 부동산에 관하여 등기명의인을 달리하여 중복된 소유권보존등기가 마쳐진 경우 선등기가 원인무효가 되지 않는 한 후등기는 실체관계에 부합하는지 여부에 관계없이 무효라는 법리는 후등기 또는 그에 기하여 이루어진 소유권이전등기의 명의인이 당해 부동산의 소유권을 원시취득한 경우에도 그대로 적용된다.

따라서 선등기가 원인무효가 아니어서 후등기가 무효인 경우, 후등기에 기하여 소유권이전등기를 마친 사람이 그 부동산을 20년간 소유의 의사로 평온·공연하게 점유하여 점유취득시효가 완성되었더라도, 후등기나 그에 기하여 이루어진 소유권이전등기가 실체관계에 부합한다는 이유로 유효로 될 수 없고, 선등기에 기한 소유권을 주장하여 후등기에 터잡아 이루어진 등기의 말소를 구하는 것이 위법부당하다고 할 수 없다]라고 판결했다(대법원 2011.7.14. 선고 2010다107064 판결 등).

결론적으로 대법원은 20년의 점유취득시효의 경우에도 중복등기중 무효인 후등기에 기초하여 취득시효 완성을 원인으로 하여 이미 이전등기를 한 경우에 그 등기도 여전히 무효라는 입장이고, 따라서 취득시효를 원인으로 아직 등기가 되지 않았을 경우에는, 후등기의 소유자를 상대로 하여 취득시효완성을 원인으로 이전등기를 청구할 수 없다는 입장이다.

대법원판례가 타당하다고 본다. 왜 만약 취득시효가 완성되어 무효등기가 살아난다면, 유효한 등기가 여전히 2개가 존재하게 되고, 그렇다면 어느쪽의 등기가 유효하냐에 대한 또다른 과제가 남기 때문에, 원칙으로 돌아가 이 경우에도 선등기가 유효하다고 보아야 하고 달리 해석할 여지가 없다고 본다.

앞에서 인용한 대법원판결들은 등기명의인이 다를 경우에 대한 판결인데 등기명의인이 동일인인 경우라고 하여 달리 해석될 여지는 없어 보인다.

그렇다면 중복등기의 경우에는 점유취득시효의 길이 영영 막혀있는가?

그게 아니다. 취득시효를 주장할 수 있는 점유자는 공동점유가 아닌한, 논리상 1인일 수밖에 없다. 그리고 점유취득시효는 등기부상 소유자의 변동여부 및 변동시기에 따라 취득시효완성이 인정될 수도 있고, 안 될 수도 있다.

그런데 점유의 개시시기, 취득시효완성이후 대항할 수 없는 제3자의 존재여부등을 종합할 때, 점유자의 20년 동안의 점유가, 중복등기중 유효한 선등기를 기준으로 따지더라도 점유취득시효가 완성되었다면,

유효한 선등기의 소유자 혹은 그로부터 이전받은 소유자를 상대로 점유취득시효

완성을 원인으로 한 소유권이전등기를 청구할 수 있다고 보아야 하고, 실제로 이러한 취지로 판결한 대법원 판결(대법원 1994. 11. 11. 선고 94다30430 판결)도 있다.

40 취득시효의 진행을 멈추게 하는 방법

현재 누군가가 내 소유 토지를 점유하고 있고 점유취득시효기간이 진행되고 있다. 만 20년이 되면 점유자에게 취득시효가 완성될 것이 예측되고 취득시효가 완성되면 점유자가 그 토지의 소유권을 이전하라고 요구할 지도 모르는 상황이다.

이 경우 만 20년이 되기 이전에 토지소유자로서 취득시효의 진행을 막을 방법은 없는 것일까? 즉 취득시효중단의 문제이다.

취득시효가 완성되었더라도 점유자가 그에 따른 등기를 하여야만 소유권을 취득한다. 이미 20년이 경과하여 취득시효가 완성되었더라도 점유자가 취득시효완성을 원인으로 한 이전등기를 하기 이전에, 토지소유권을 제3자에게 이전하면 취득시효가 완성되었다는 사실을 제3자에게 대항할 수 없다. 그렇기 때문에, 소유권을 빼앗기기 전에 취득시효완성후 제3자에게 소유권을 이전하면 안전할 수도 있지만 경우에 따라서는 위험할 수도 있다는 점에 대하여는 여러 번 강조했다.

어떤 점유자가 내 소유토지를 점유하고 있고, 아직 20년이 되지 않은 상태에서 토지소유자로서 장차 점유자가 취득시효주장을 하지 못하게 하기 위하여, 즉 취득시효를 중단시키기 위하여 취해야 할 조치에 대하여 살핀다.

첫째, 점유자를 설득하여 점유자로부터 액수의 많고 적음을 떠나서 토지점유에 따른 사용료를 수령하면 완벽하다. 왜냐하면 취득시효가 완성되려면 자주점유, 자기가 주인인 점유를 하여야 하는데, 토지점유자가 토지사용료를 지불한다는 것은 그 자체로서 그 토지를 자주점유가 아닌 타주점유(타인이 주인인 점유)를 하는 것이 되어서 아예 취득시효자체가 문제될 여지가 없어지기 때문이다.

둘째, 장차 취득시효를 주장할 수 있는 점유자는 대부분 점유부분이 점유자 본인의 소유가 아니라는 사실을 알지 못하고 점유하고 있다. 토지소유자가 점유자를 상대로 '점유부분의 토지가 나의 소유이다'라고 주장하면서 소유권확인을 청구하는 내용의 소송을 제기하면 소장이 점유자에게 송달된 날 부터 취득시효의 진행이 중단된다.

셋째, 토지소유자가 점유자를 상대로 토지인도를 청구하는 것이 토지소유자로서 가장 근본적인 권리행사가 되는데, 토지인도를 청구하면 청구의 의사표시가 상대방에게 도달한 날부터 취득시효의 진행이 중단된다. 토지인도청구는 구두로, 즉 말로 하는 것도 유효하지만 가장 안전한 방법으로 문서로써 통고서를 내용증명우편으로 보내기도 한다. 한편 직접 법원에 소송을 제기하여 인도청구를 할 수도 있다. 다만 소송을 제기하지 않고 통고서를 보내어 인도청구를 한 경우에는 6개월 이내에 법원에 소송을 제기하여야 취득시효중단의 효력이 지속된다. 다시말하면 6개월 이내에 소송을 제기하지 아니하면 우편으로 보낸 통고서의 효력이 없어진다는 말이다.

넷째, 소유권확인청구나 토지인도청구를 하지 않고, 점유자의 점유부분에 대하여 사용료를 청구할 수가 있다. 사용료는 토지소유자로서 점유를 하지 못하게 하였으니 그에 따른 손해를 배상하라고 할 수도 있고, 점유자가 타인의 토지를 점유함으로서 이득을 취하였으니 그 이득을 반환하라는 내용의 부당이득반환청구를 할 수도 있다.

이와 같이 점유자의 점유부분에 대하여 점유에 따른 사용료를 청구하면 취득시효의 진행이 중단된다. 사용료청구도 통고서로서 한 경우에는 6개월 이내에 소송을 제기하여야 효력이 유지된다.

명심할 사항이 있다. 이와 같이 취득시효의 중단과 관련하여 소송을 제기하였는데, 그 소송이 각하판결을 받거나 기각판결을 받으면 중단의 효력이 없어지고 본래의 취득시효가 그대로 진행된다는 것이다. 중간에 소송을 취하하는 경우에도 마찬가지이다.

그러므로 취득시효의 진행이 중단되려면 위에서 언급한 소송이 모두 승소판결을 받아야 한다.

다섯째, 점유자가 토지소유자를 상대로 토지소유권과 관련된 소송을 제기하였을 때 토지소유자가 소유권자임을 주장하면서 응소하는 것도 취득시효의 중단사유가 된다. 즉 점유자의 청구에 반대하여 적극적으로 소유권에 기한 각종 주장을 하면 취득시효의 진행은 중단된다. 그러나 역시 승소판결을 받아야 효력이 유지된다.

앞에서 설명한 5가지 조치로서 취득시효의 진행이 중단되었다면 그후 취득시효는 영영 없어지는가? 그게 아니고, 중단된 시점부터 점유자가 다시 시작하여 소유의 의사로 평온 공연하게 20년간 점유하면 또다시 취득시효가 완성된다는 것이 민법 제

178조의 규정이다. 원래 소멸시효이든 취득시효이든 '권리위에 잠자는 자는 보호받지 못한다'는 원칙에 근거한 것이다. 위와 같이 토지소유자가 권리행사를 하는 것은 권리 위에 잠자는 자가 아님을 보여준 것이다. 대법원은 토지소유자로서 권리행사를 하였 다고 인정되는 경우에는 취득시효의 중단을 폭넓게 인정하고 있는 편이다.

41 취득시효로 토지를 빼앗기지 않기 위해 토지소유자가 해야 할 일

부동산은 20년간 소유의 의사로, 평온 공연하게 점유하면 취득시효가 완성된다 는 사실은 여러분 모두가 잘 안다. 그렇다면 토지소유자입장에서 타인이 20년간 점유 하여 취득시효로 토지를 빼앗으려는 기미가 보일 때 어떠한 조치를 취해야 이를 예방 할 수 있는지에 대하여 본다.

첫째, 당연한 이야기이지만 자신소유의 토지에 관심을 가지고 누가 점유하는지를 수시로 확인해야 한다. 농촌의 경우에 자신소유의 토지가 경계가 어디인지도 모르고 심지어 자신소유의 토지가 있는지 조차 모르고 있는 분이 의외로 많다.

둘째, 누군가가 내소유 토지를 점유한다고 의심될 경우에는 즉각 반응을 보여 점 유자에게 내가 소유자라는 사실을 인식시키고 불법점유사실을 해소시키려는 마음가 짐이 무엇보다 중요하다. 잘 아는 사이이어서 말하기 곤란하다고 1년, 2년 미루다가 취득시효가 완성되어 큰 화를 당할 수 있다.

셋째, 불법점유자를 발견하였을 때 구체적으로 어떤 장치를 마련해야 할까?

무엇보다도 불법점유자가 장차 20년점유를 근거로 점유취득시효주장을 하는 것 을 방지할수 있는 확실한 방안을 찾아야 한다. 가장 좋은 방법은 실제 점유자로부터 "자신이 점유하는 토지에 대하여 장차 취득시효를 주장하지 않겠다"는 각서를 받으면 가장 완벽하겠지만, 그러한 각서를 요구하는 것은 망설여질 것이다. 필자는 200평 되 는 토지를 점유하는 사람에게 1년에 사용료 10만원만 지불하라고 요구하였더니, 그 분이 고맙다고 하면서 매우 좋아했다. 그리고 영수증에 [토지사용료로 영수합니다]라 고 기재하여 영수증을 발행하면 완벽하다.

액수의 다소를 불문하고 사용료를 지급하기로 한 순간부터 자주점유가 아닌 타주점유가 되고, 타주점유가 되면 100년을 점유해도 취득시효가 문제될 리가 없다. 그리고나서 사용료를 올리느냐는 별개의 문제이다.

넷째, 점유자가 이미 20년의 점유취득시효의 요건을 갖추었다고 의심될 경우에 어떻게 해야하는가 문제이다.

현행법상 점유취득시효가 완성되었다고 하더라도 그 완성사실은 소유권등기를 할 수 있는 사유에 불과할 뿐, 실제로 등기를 해야만 소유권을 취득할 수 있다. 이에 대하여 대법원은 [점유자의 취득시효완성이후에 토지소유자가 점유토지를 제3자명의로 이전등기를 하면 점유자는 취득시효완성을 이유로 제3자에게 대항할 수 없다]는 입장이다. 대항할 수 없다는 말은, 취득시효완성의 효력을 새로운 소유자에게 주장할 수 없다는 말이다. 그렇기 때문에 이러한 경우 일단 매매를 하여 제3자명의로 이전등기를 하고, 그 제3자가 명도청구를 하면 현행법상 가장 안전한 방법으로 보인다.

그런데 여기에서 주의할 사항이 있다. 대법원은 토지소유자가, 어떤 점유자가 장기간 점유하여 취득시효가 완성되었다는 사실을 알고 그 점유자의 취득시효로 인한 소유권취득을 방해한 경우에는 소유권을 취득하지 못한 점유자에게 손해를 배상하여야 한다는 입장이다. 대표적인 예로서, 점유자가 취득시효완성을 원인으로 한 소유권이전등기절차를 이행하라고 민사소송을 제기하여 토지소유자가 소장을 받은 상태에서, 아니면 점유자가 소송을 제기는 하였지만 아직 소유권등기를 하지 않았으니까 먼저 다른 사람에게 이전등기를 하면 안전하다 싶어서 이전등기를 하였다면, 이는 대법원이 말하는 [점유자의 취득시효로 인한 소유권취득을 방해하는 행위]에 해당된다고 볼 여지가 많고, 실제로 그와 같이 대법원이 판결을 한 예가 있다. 즉 대법원판례에 의하면 이 경우 점유자는 토지 소유권을 취득하지 못하는 대신 토지시가상당의 손해를 배상받을 수가 있다. 그렇기 때문에 실무에서는 점유취득시효완성을 원인으로 이전등기청구소송을 제기할 경우, 사전에 토지소유자가 제3자에게 이전등기를 하지 못하도록 가처분결정을 받아 등기를 해놓은 상태에서 소송을 진행하는 예가 많다.

그러나 점유자가 아직 소송을 제기하기 이전에 제3자에게 이전등기를 하였다면, 토지소유자가 점유자의 권리취득을 방해하기 위하여 이전등기를 하였는지? 그 속마음을 점유자가 입증해야 하는데 사실상 이를 입증하기란 쉽지 않다.

다만 예컨대, 점유자가 취득시효완성을 원인으로 실제로 소송을 제기하지는 않았지만, 소송을 제기하겠다는 말을 하거나 내용증명 등 서면이나 휴대폰 문자 등으로 취득시효를 주장하기 시작한 이후에, 예컨대 토지소유자가 전혀 남남이 아닌 직계비속이나 처남등 가까운 친지에게 실제로는 매매가 아닌데 매매인 것처럼 가장하여 이전등기를 하였다면, 이러한 경우에는 점유자의 권리취득을 방해하기 위하여 이전등기를 하였다고 의심받을 수가 있을 것이다.

그렇기 때문에 점유자에게 취득시효가 완성되어 점유자가 소송을 제기할지 모른다고 판단되는 경우, 제3자에게 소유권이전등기를 경료하는 것이 안전하긴 하지만, 경우에 따라서는 이전등기의무를 면하더라도 대신 점유자에게 시가상당의 손해를 배상할 수도 있으니 위와 같은 대법원판례의 취지를 잘 이해하여 적절하게 처리해야 한다.

42 취득시효 점유자가 절대 해서는 안 될 일

본 내용은 필자가 유튜브 방송을 한 것 중에서 가장 악플을 많이 받은 내용이다. 취득시효에 부정적인 분들이 [도둑놈에게 도둑질을 하는 수법을 가르치느냐?]고까지 했다.

민법 제245조 제1항은, [20년간 소유의 의사로 평온 공연하게 부동산을 점유하는 자는 등기함으로써 소유권을 취득한다]라고 규정하고 있다.

누차 설명한 바와 같이 취득시효가 인정되려면 소유의 의사에 의한 점유, 일명 자주점유를 하여야 하고, 반대되는 개념으로 타주점유나 무단점유가 있는데, 타주점유나 무단점유를 한 경우에는 아무리 오랜기간 점유해도 취득시효로 소유권을 취득할 수 없다고 했다.

예컨대, 전소유자로부터 토지와 건물을 매수하여 20년 이상 내 소유로 알고 점유하고 있었고 이웃토지소유자도 그런줄 알고 경계를 잘못 알고 사이좋게 장기간 살아왔다. 최근에 측량을 해보니 내가 이웃토지를 침범하고 있고 내 건물의 일부도 경계에 걸쳐 있어서 침범된 토지를 넘겨주어야 할 경우 건물의 일부도 철거해야 한다면 상당히 당혹스러울 것이다. 이때 점유자는 취득시효를 주장하여 그 토지의 소유권을 확보해야 할 필요가 있고 그러한 권리는 민법이 취득시효로써 보호하고 있다.

[취득시효 점유자가 점유기간 중 절대 해서는 안 될 일]을 설명하기 전에 중요한 사실이 있다.

취득시효가 인정되려면 자주점유를 해야 한다고 할 때 이 자주점유는, 점유개시시기를 기준으로 자주점유이면 족하고, 자주점유를 하고 있던 도중에 측량을 하거나 기타 사유로 '내가 타인의 토지를 침범하여 점유하고 있다'는 사실을 알게 되더라도, [그것만으로 자주점유가 타주점유로 전환되지 않는다.] 달리 표현하자면 [중간에 그런 사실을 알게 되더라도 점유개시시기의 자주점유상태가 그대로 지속되어서 20년이 경과하면 취득시효가 인정된다]는 것이 대법원판례의 입장이라는 것이다.

취득시효점유자가 절대로 해선 안 될 일

첫째, 많은 분들이 이와 같이 '내가 남의 토지를 내 소유로 잘못알고 점유하고 있다'는 사실을 알게 되면, 마음이 약해지고 죄인이 된 느낌이 들어, '나도 정당하게 대가를 치르고 소유권을 취득한 것이다'라는 소유의식을 포기하고, 억울한 마음을 억누루고 소유자가 요구하는 사항에 따르는 경우가 허다하다.

가장 대표적인 경우가 사용료를 지급하기로 약정하는 것이다.

사용료를 지급하거나 지급하기로 약정하는 순간 자주점유가 타주점유로 전환되기 때문에, 취득시효로 인한 이익을 완전히 포기하는 결과가 된다. 점유기간이 20년이 되기 전에 사용료 지급약정을 하였다면 취득시효를 주장할 수가 없고, 20년이 경과한 이후에 사용료를 지급하였다면 취득시효완성의 이익을 포기한 것이 될 수 있다. 임차인으로서 점유하면 타주점유이기 때문에 100년을 점유해도 취득시효가 인정될 수 없다. 그런데 중간에 사용료를 지급하기로 하였다면 임차인으로서의 점유와 다를 것이 없어진다.

그러므로, 취득시효를 주장할 수 있는 점유자라면 점유에 따른 사용료지급약정을 해서는 안 된다.

나아가 '이 물건은 내 소유가 아니고 이웃주인의 소유임을 인정한다'는 의사도 표시하지 말아야 한다. 자칫 취득시효의 장애사유인 [승인]이 되어 타주점유로 전환될 수 있다.

자주점유란 '사실상 소유할 의사'이면 족하다. 결국은 '이건 내가 돈을 주고 산 물건이니 내가 소유자이다'라는 주장을 굽히지 않는 것이 근본적으로 중요하다.

취득시효는 법률이 인정하는 권리이다. 주어진 권리는 자신이 챙겨야 한다.

둘째, 대법원(2000.3.16. 선고 97다37661 전원합의체 판결)은 [점유자가 진정한 소유자라면 통상 취하지 아니할 태도를 나타내거나 소유자라면 당연히 취했을 것으로 보이는 행동을 취하지 아니한 경우 등 외형적·객관적으로 보아 점유자가 타인의 소유권을 배척하고 점유할 의사를 갖고 있지 아니하였던 것이라고 볼 만한 사정이 증명된 경우에도 취득시효가 인정되지 않는다]고 했다. 취득시효가 인정되는 점유를 하려면 점유자가 완전히 소유자인 것처럼 행세를 하였어야 한다는 것이다.

구체적으로 설명하자면, 어느 임야나 토지에 대하여 타인이 들어와 훼손하거나 식물을 채취해가고 있는데, 소유자라면 당연히 타인이 출입을 하지 못하게 하는등 이를 제지하였어야 마땅하다. 그런데 그러거나 말거나 아무런 조치를 취하지 않았다면 점유자가 소유의 의사로 점유한 것이라고 인정받을 수 없다는 것이다.

그렇기 때문에 자주점유를 하여 취득시효를 주장하는 점유자라면 진실된 소유자 이상으로 소유자라는 인식을 가지고 물건을 지키라는 것이다.

셋째, 점유취득시효완성을 주장할 수 있는 점유자가 등기상 소유자에게 점유부분을 매수하겠다고 제의하는 경우가 많다. 통상 매수제의는 상대방에게 소유권이 있다는 사실을 인정함을 전제로 행해질 수가 있다. 이러한 매수제의를 하면 자주점유가 타주점유로 전환되는가? 20년이 경과한 이후에 하면 취득시효의 이익을 포기한 것이 되는가?.

이에 대하여 대법원은 입장을 분명히 하였다. 즉 점유자가 취득시효기간이 경과한 후에 상대방에게 매수를 제의한 일이 있다고 하여도 일반적으로 점유자는 취득시효가 완성된 후에도 소유권자와의 분쟁을 간편히 해결하기 위하여 매수를 시도하는 사례가 허다함에 비추어, 이와 같은 매수제의를 하였다는 사실을 가지고는 위 점유자의 점유를 타주점유라고 볼 수 없다고 하였고(대법원 1997.4.11. 선고 96다50520 판결), 또한, 점유로 인한 부동산소유권의 취득시효기간 20년이 경과된 뒤에 점유자가 소유자에게 그 부동산을 매수하자고 제의한 일이 있었다는 것만으로는 점유자가 위 부동산이 소유자의 소유임을 승인하여 타주점유로 전환되었다거나 시효이익을 포기하였다고 보기는 어렵다고 판결하였다(대법원 1992.9.1. 선고 92다26543 판결).

즉 점유자의 매수제의는 소유자와의 원만한 타협을 하자는 의사표시로서 매수제의를 하였더라도 타주점유로 전환되거나 취득시효이익의 포기로 볼 수 없다는 입장이다.

그러나 필자의 개인적인 생각은, 이러한 대법원판결을 확실히 알고서 매수제의를 한다면 모르겠으나, 그런 상황이 아니라면 매수제의를 하는 분들의 심리상태는 대부분 근본적으로 상대방의 소유권을 인정하는 상태이기 때문에, 그런 분들은 사용료를 지급하겠다고 할 위험성도 많다. 그리하여 대법원 판결과는 무관하게 매수제의는 대단히 위험한 것이니 가급적 하지 마시라고 권해드린다.

43 국가도 개인재산 시효취득할 수 있나?

[20년간 소유의 의사로 평온 공연하게 부동산을 점유하는 자는 등기함으로써 소유권을 취득한다]는 것이 민법 제245조 제1항의 내용이다. 국가나 지방자치단체도 일반국민의 재산에 대하여 20년간 소유의 의사로 평온 공연하게 점유하면 등기함으로써 소유권을 취득할 수 있는가?

만민은 법앞에 평등하다고 할 때 국가와 지방자치단체도 만민에 포함되는가? 공법적관계가 아니고 사법적관계에서는 일반인과 국가 혹은 지방자치단체도 동등한 지위에 있기 때문에 취득시효에 관한 민법규정이 국가와 지방자치단체에도 적용되는 것은 당연하다.

다만 국가와 지방자치단체는 모든 공문서를 보관하고 있고 일반국민을 상대로 행정적인 업무를 총괄하고 있다는 특수성 때문에 민법 제245조의 취득시효규정을 적용함에 있어 일반국민들 사이와는 다른 면이 있다.

즉 취득시효가 인정되려면 점유자의 점유가 소유의 의사에 의한 점유 즉 자주점유를 하여야 하는데, 국가와 지방자치단체가 개인재산을 자주점유하였다고 인정받으려면, 원칙적으로 소유자 개인에게 적법한 보상절차를 거쳐서 소유권을 이전한 후에 점유를 해야 하고, 대법원판결의 표현대로 [보상절차없이, 소유자로 등재된 자가 따로 있음을 알면서 그 토지를 점유하여 온 경우라면 자주점유라고 인정할 수 없다]는 것이다. 대법원은 국가나 지자체는 소유권에 관한 문서를 보관하고 있기 때문에 소유자로 등재된 자가 따로 있음을 알 수 있는 지위에 있다고 보고 있다.

대표적으로 대법원(2021.2.4. 선고 2019다297663 판결)은 [국가나 지방자치단체가 점유하는 토지에 대하여 취득시효의 완성을 주장하는 경우 그 토지의 취득절차에 관한 서류를 제출하지 못하고 있다 하더라도, (중략) 여러가지 사정을 감안할 때, 국가 등이 점유 개시 당시 공공용 재산의 취득절차를 거쳐서 소유권을 적법하게 취득하였을 가능성을 배제할 수 없는 경우에는, (중략) 자주점유의 추정은 깨어지지 않는다.]고 했다. 즉 국가나 지자체가 시효취득할 수 있다는 것이다. 이 대법원판결은 수없이 반복되어 선고된 것이다.

그렇다면 어떠한 경우에 국가나 지자체가 보상절차에 관한 증거를 제출하지 못하는 사유가 있다고 보아야 하느냐가 중요사항이 될 것이다.

일반개인이라면 몰라도 국가나 지자체가 서류를 분실하는 일은 상상하기 어렵다.

이에 대하여 대법원(2011.11.24. 선고 2009다99143 판결)은 [국가나 지방자치단체가 해당 토지의 취득절차를 밟았다는 점에 관한 서류를 제출하지 못하고 있는 이유가 토지에 관한 지적공부 등이 6·25 전란으로 소실되었거나 기타 사유로 존재하지 아니하기 때문이라면 몰라도, 국가나 지방자치단체가 해당 토지의 점유·사용을 개시할 당시의 지적공부 등이 멸실된 적 없이 보존되어 있고 거기에 국가나 지방자치단체의 소유권 취득을 뒷받침하는 어떠한 기재도 없는 경우까지 함부로 적법한 절차에 따른 소유권 취득의 가능성을 수긍하여서는 아니 된다.]라고 판결하였다.

즉 우리나라는 6.25 사변을 거치면서 관공서의 문서가 상당부분 소실되었고, 그렇지 않더라도 화재, 도난등의 사유가 있다면 증거서류를 제출하지 못하는 사유로 받아들일 수 있지만, 그러한 사유가 없는데도 보상서류가 없다는 변명은 받아들여질 수 없다는 것이다.

그리하여 6.25 사변이 종식된지 상당한 기간이 경과한 지금에 와서는 관공서에 화재, 도난 등의 사유가 없는 한, 국가나 지자체가 보상서류를 보관하지 못하는 사유에 대하여 변명의 여지가 거의 없기 때문에, 현재로서는 국가나 지자체가 개인 재산에 대하여 취득시효를 주장할 여지는 거의 없다고 보아야 한다.

이와 관련하여 주인이 없는 미등기 토지에 대하여 국가가 무주부동산공고를 통하여 소유권등기를 한 후에, 진실된 소유자가 나타나 국가명의의 등기를 말소하라고 청구하는 경우가 많다. 이때 국가는 거의 예외없이 오랜기간 소유권등기까지 한 상태에서 점유하였다고 하여 취득시효를 주장한다.

이 경우에도 대법원은 국가가 자신의 소유라고 믿은데 과실이 있다는 이유로 취득시효를 인정하지 않았다(대법원 2008.10.23. 선고 2008다45057 판결).

한편 국가나 지자체가 장기간 도로, 구거, 하천, 제방부지로 점유한 경우에도 대법원은 국가가 보상등 취득절차를 밟았다는 자료가 없다면 국가에게 취득시효를 인정하지 않는다는 입장이다(대법원 2011.11.24. 선고 2009다99143 판결).

단적으로 말해서 현재로서는 정당한 보상절차를 거치지 아니하고 국가나 지방자치단체가 취득시효를 주장하여 개인의 재산을 빼앗아갈 가능성은 거의 없다고 보아도 좋을 것 같다.

저자 약력

이택수

충북 음성 출생

경기고등학교 졸업

중앙대학교 법학과졸업

제25회 사법고시합격(연수원15기)

전 강원지방변호사협회장

전 춘천지방법원 가사조정위원장

전 춘천지방검찰청 화해중재위원장

전 강원대학교 법과대학 겸임교수

전 춘천교도소 교정협의회장

전 춘천아마복싱연맹회장

전 강원도골프협회장

초대 한국기원 강원본부장

전 춘천청소년교향악단장

현 '이제' 첼로앙상블 단장

수상경력

대통령표창

법무부장관표창

소송에서 문제되는 부동산쟁점 1

초판발행	2024년 7월 25일
중판발행	2025년 2월 10일
지은이	이택수
펴낸이	안종만·안상준
편 집	양수정
기획/마케팅	박세기
표지디자인	Ben Story
제 작	고철민·김원표
펴낸곳	(주) **박영사**
	서울특별시 금천구 가산디지털2로 53, 210호(가산동, 한라시그마밸리)
	등록 1959. 3. 11. 제300-1959-1호(倫)
전 화	02)733-6771
f a x	02)736-4818
e-mail	pys@pybook.co.kr
homepage	www.pybook.co.kr
ISBN	979-11-303-4750-9 94360
	979-11-303-4749-3 94360(세트)

정 가   17,000원